中国自由贸易试验区协同创新中心

自贸区研究系列

2022上海城市经济与管理发展报告

上海五大新城打造独立综合性节点城市研究

上海财经大学上海发展研究院　上海财经大学城市与区域科学学院
上海市政府决策咨询研究基地"赵晓雷工作室"
上海市教育系统"赵晓雷城市经济与管理工作室"　编

主　编　赵晓雷

副主编　张锦华

编　委　（按姓氏笔画排序）
　　　　胡　彬　何　骏　张祥建　邓涛涛　杨　嬛

格致出版社　上海人民出版社

前 言

习近平总书记强调,要着力提升城市能级和核心竞争力,不断提高社会主义现代化国际大都市治理能力和治理水平。牢记总书记嘱托,上海不断完善城市化战略,推动大城市多中心、郊区化发展,"十四五"期间将重点推进嘉定、青浦、松江、奉贤、南汇五个新城建设。上海作为超大城市,通过空间布局的优化重塑,推动要素资源的科学分布和高效组合,既是高质量发展的内在需求,也是畅通经济循环的必由之路。

新城是上海推动城市组团式发展,形成多中心、多层级、多节点的网络型城市群结构的重要战略空间。"十四五"期间,上海将构建"中心辐射、两翼齐飞、新城发力、南北转型"的空间格局,在产业发展、公共服务、综合交通和环境治理等方面集中规划建设、全面赋能,加快建设嘉定、青浦、松江、奉贤、南汇"五大新城"。"五大新城"的实质是在中心城区外围建成五个"独立的""综合性的"节点城市,不仅与中心城区功能互补、相互赋能,并且也不再局限于郊区的定位,而极有可能成为上海的副中心,连接近沪城市,成为上海城市空间结构的重要组成部分。把新城建设成为独立的综合性节点城市,成为上海强劲活跃的增长极和未来经济增长的主动力主引擎。

全书共分五章,依次分析了嘉定、青浦、松江、奉贤、南汇五大新城如何建设独立综合性节点城市。本书的主要内容包括:五大新城各自发展的历史沿革与"十四五"功能定位、新城作为独立综合性节点城市的产业发展战略、建设独立综合性节点城市的公共服务提升以及独立综合性节点城市的创新性政策支持。

本书的研究工作由上海市政府决策咨询研究基地"赵晓雷工作室"及上海财经大学上海发展研究院、城市与区域科学学院负责实施。本书的主题设计、框架确定及总体组织由赵晓雷、张锦华负责。各章的分工如下:第1章,胡彬、仲崇阳、王媛媛;第2章,何骏、郭岚、张后来;第3章,张祥建、李凌寒;第4章,邓涛涛、许泽庆;第5章,杨嬛、代昌利。

目 录

第1章
"十四五"时期嘉定新城建设独立综合性节点城市研究

　　嘉定新城是上海郊区城市化发展进程的主要载体,作为嘉定区未来的政治、经济、文化中心,承担着服务上海和联结整个长三角城市群的重要功能,在创新规划理念、合理布局空间、完善配套设施、集聚各类资源、改善人居环境等各方面建设的支持下,嘉定新城已逐渐成为具有一定辐射影响力的上海现代化新城。从整体空间结构看,嘉定新城由核心城区和若干功能区构成,植根于老城丰富的历史、文化元素,并与现代城市特征相融合来进行创新,未来的嘉定新城将成为集新兴商业、服务业和生态宜居于一体的区域中心城市,同时还将囊括国际体育竞技、汽车文化和观光等配套服务,充分体现上海国际化大都市的建设特色。新城规划范围约200平方千米,规划人口80万—100万人,由嘉定新城主城区、安亭辅城和南翔辅城组成,其中嘉定新城主城区规划人口约50万人,规划面积120平方千米,南翔组团和安亭组团规划面积均为40平方千米左右,人口均在15万人左右。在功能定位方面,三个城区各有侧重:安亭组团旨在建设成为全国最重要的汽车产业基地之一,充分对接上海国际汽车城核心区和嘉定新城对外交通枢纽建设,加大研发和对外贸易,拓展汽车产业链;南翔组团重点利用与上海中心城区距离接近的优势,以现代居住、传统古镇风貌和都市工业为特色,积极承接上海中心城区的疏导人口,形成环境优美、交通便捷、配套完善、各类城市用地布局合理、传统与现代景观风貌协调融合的现代化城区;嘉定新城主城区承载嘉定新城的核心功能,集商业商务、文化教育、科研培训、运动休闲、旅游度假、生活居住和都市工业等功能于一体,其中现代服务业、生活居住和都市工业三大功能是主要培育方向。作为大都市郊区城市化发展的先行者,嘉定新城的建设不仅对上海和长三角城市群的发展具有重要意义,对于中国其他地区的新城建设也将产生极大的示范作用,在优化城镇空间格局方面的有益探索,亦能为中国的新型城镇化进程积累宝贵经验。

1.1 嘉定新城发展的历史沿革与"十四五"功能定位

1.1.1 嘉定新城发展的历史沿革

1. 嘉定区的建置和发展

(1) 建置历史。

秦朝时期,嘉定属会稽郡娄县,至隋唐时属苏州昆山县。唐代时,昆山县嘺城乡就设在今嘉定境内,故又别称"嘺城"或"嘺"。南宋宁宗嘉定十年十二月初九(1218年1月7日)设嘉定县,以年号为名,县署设于练祁市(今嘉定镇街道),建县时共27个都,分别由春申乡领6个都、临江乡领8个都、安亭乡领6个都、平乐乡领4个都、醋塘乡领3个都。都之下设区(区分正副扇及中上下),区之下设图,图之下设圩。元元贞二年(1296年),嘉定县户口在5万户以上,例升中州,称嘉定州。明洪武初,嘉定复为县。永乐迁都后,嘉定县属南直隶苏州府。至弘治十年(1497年),析西北境划归太仓州领辖。南明弘光元年(1645年),清军攻破嘉定,康熙六年(1667年)起,嘉定县属江苏省苏州府。雍正二年(1724年)析东境设宝山县,雍正三年(1725年)改属太仓直隶州。嘉庆十一年(1806年),知县吴桓设赈灾粥厂31处,遂后以厂代乡,管理地方行政事务。光绪三十四年(1908年)全县分1区33厂,宣统元年(1909年)厂改称乡。1912年撤府州,1914年建道,嘉定县属江苏省沪海道。民国二十六年(1937年)8月13日,日军在上海挑起侵略战争,"八一三"战争爆发。上海解放前夕,嘉定属苏南行政区松江专区,县域面积476.93平方千米,可耕田4.61万公顷,人口26.4974万,57134户,设4个镇、29个乡。1949年4月,中共苏南区松江地委组建了中国共产党嘉定县委员会和嘉定县人民政府两套领导班子和工作班子。1949年5月13日凌晨,中国人民解放军第三野战军第10兵团解放嘉定县城,5月26日,嘉定县人民政府宣告成立,随后陆续建立区、乡(镇)人民政府[全县设1市、8区、73乡(镇)]。1958年,嘉定由江苏省划归上海市。1984年9月,真如镇划归普陀区。1992年7月,长征、桃浦两乡划入普陀区。1992年10月11日,国务院批复同意上海市《关于撤销嘉定县设立嘉定区的请示》,设立嘉定区,以原嘉定县的行政区域为嘉定区的行政区域,区人民政府驻嘉定镇。与南宋初建县时(东西40.5千米,南北26.5千米)相比,1993年嘉定完成撤县设区时,区域面积已达458.8平方千米,随后在1993—2010年间经历了土地面积调整——划出土地面积 1.21 平方千米、划入土地面积 5.97 平方千米,至第二次全国土地调查时,嘉定区总面积为 463.17 平方千米。①

(2) 发展现状。

从地理区位看,嘉定位于上海西北部,东与宝山、普陀两区接壤;西与江苏省昆山市毗连;南襟吴淞江,与闵行、长宁、青浦三区相望;北依浏河,与江苏省太仓市为邻。全境地势平坦,市、区级河道蕴藻浜、练祁河、娄塘河横卧东西,向东流经宝山区直通长江和黄浦江;盐铁塘、横沥、新槎浦(罗蕰河)纵贯南北,与吴淞江、浏河相连,水陆交通十分便利。从行政区划看,中心区域由嘉定镇街道、嘉定工业区(南区)、新成路街道和菊园新区组成,外围由北向南包括华亭镇、嘉定工业区(北区)、徐行镇、马陆镇、外冈镇、安亭镇、南翔镇、江桥镇和真新街道。

从经济概况看,根据 2020 年 12 月嘉定区人民政府公布的全区 2020 年 1—10 月统计数据②,全区规模以上工业实现总产值 4 218.3 亿元,全口径及属地规模工业分别完成工业总产值 560.5 亿元和 338.5 亿元,同比增长 6.5% 和 7.1%,战略性新兴产业累计完成工业总产值 944.8 亿元,工业生产持续复苏;全区实现商品销售总额 5 635.7 亿元,全口径及属地商品销售总额分别为 697.1 亿元和 480.5 亿元,同比增长 8.7% 和 22.9%,社会消费品零售总额 1 172.0 亿元,商业经济持续回升;全区汽车产业实现工业产值 2 908.2 亿元,占全区规模以上工业总产值的 68.9%,汽车产业销售额 2 671.1 亿元,占全区商品销售总额的 47.4%;固定资产投资总额 346.4 亿元,同比增长 21.9%,其中民间投资 150.8 亿元,同比增长 81.3%。房地产开发投资完成投资额 178.9 亿元,同比增长 8.0%。基础设施投资完成投资额 24.4 亿元,实现 1.7 倍的快速增长。此外,服务业企业营业收入稳步攀升,1—9 月,全区 466 家规模以上服务业企业实现营业收入 629.9 亿元,同比增长 8.3%,增幅较 1—8 月扩大 1.7 个百分点。其中,占比最高的是交通运输、仓储和邮政业,实现营业收入 181.4 亿元,同比增长 21.2%;增速最快的是科学研究和技术服务业,实现营业收入 160.9 亿元,同比增长 43.9%。

在社会、文化方面,据 2020 年《嘉定年鉴》数据,全区登记常住户口 64.1 万人,比上年增加 1.6 万人,其中城镇(非农业)人口比率为 83.21%;全区村级可支配收入总额 17.18 亿元,村均可支配收入 1 153.18 万元,村人均可支配收入 5 739 元;推

---

① 参见上海市嘉定区档案局:http://dangan.jiading.cn/dfzs/dfsl/content_716749,在此基础上有所补充。

② 参见《2020 年 1—10 月嘉定区经济运行情况简析》:http://www.jiading.gov.cn/qqpd/zjjd/jjgk。

进美丽乡村建设,农村"村庄改造"工程涉及农户 6 398 户;19 个主要休闲农业景点接待游客 141.9 万人次,实现营业收入 12 273 万元,带动农户 1 381 户,解决就业 1 751 人。全区有全国文物保护单位 1 处、市级文物保护单位 10 处、区级文物保护单位 43 处、区级文物保护点 133 处、区级博物馆、区级文化馆、广播频率和电视台频道各 1 个、影剧院 23 个、影厅 156 个、区级和街镇级图书馆 14 个,藏书 301.6 万册;不定期举办文化节、菊花节、美术节、疁城之春音乐会、菊灯联展等节庆活动。总体来看,嘉定区社会文化资源非常丰富,不仅能够满足本地居民的物质和精神需求,还拥有充足的资源发展旅游业,进一步带动本地发展。

在科技方面,嘉定区具有扎实的发展基础。早在 1958 年,嘉定城厢镇就被列为上海市卫星城镇,1960 年被确定为上海市发展新兴科学技术基地之一。此后,嘉定相继迎来了一批高水平科研机构,其中包括中央或市属的原子核、硅酸盐、计算机、自动化控制、激光等单位,嘉定由此获得了"科学卫星城"的称号。2015 年 5 月,中共上海市委十届八次会议审议通过《关于加快建设具有全球影响力的科技创新中心的意见》,确定嘉定区为市郊唯一的科创中心重要承载区。目前,嘉定区已形成了"十一所二中心二基地"集聚而成的国家级科研院所的研发布局[1],同时坐拥同济大学、上海大学等 7 所高校和上海地面交通工具风洞中心等科技基础设施,形成了新能源汽车、物联网、新能源、新材料、基础软件和信息产业、生物医药及医疗装备六大战略性新兴产业的科研优势。为了进一步提升科技实力,2018 年,嘉定区编制了新一轮科创中心重要承载区三年行动计划,以推动落实科创中心的具体建设任务;召开了科创中心重要承载区建设第三次联席会议,4 个院地合作平台揭牌(中科院上海光机所先进激光技术创新中心、先进核能创新研究院应用技术研发和工程设计中心、上海超声技术工程中心、上海先进材料产业技术研究院),并签署了 3 个院地合作项目。在科技成果方面,近年来嘉定区亦表现出彩。在国家科学技术奖励大会上,嘉定区内单位(包括驻区科研院所和高校)有 13 个项目(人)获奖;在上海市科学技术奖励大会上,有 18 个项目(人)获奖。此外,还实现了"嘉定一号"高性能微纳卫星的成功发射、国家智能传感器创新中心的揭牌成立、长三角数字经济协同发展高峰论坛暨长三角 5G 创新发展联盟成立大会的举办等一系列成就。专利申请量、授权量分别为 14 888 件、9 455 件,均位列全市第三。此外,还有区级以上科普教育基地 28 个、社区创新屋 6 个、社区科普大学 13 所、科普画廊和显示屏 511 块,开展的科普活动已达上千场次。

---

① 参见嘉定区人民政府:http://www.jiading.gov.cn/qqpd/zjjd/shgm/kj。

在改革的浪潮中,嘉定凭着特殊的区位条件和历史、人文、基础设施等方面的诸多优势,已发展成为著名的科技城、汽车城,吸引了一大批企业投资和产业入驻,不仅充分带动了本地就业,还有力地支撑了上海乃至长三角城市群的发展。而嘉定新城的规划与建设实践,将为嘉定区在新的历史阶段创造更多的发展机遇和更大的增长潜力。

2. 新城的历史沿革

嘉定新城建设起步于最初的卫星城建设思路。早在 1959 年,嘉定就成为上海规划建设的五座卫星城之一,1970 年卫星城规划数量增至 7 个,规划居住、就业的人口占上海城市规划总人口的 10%。在此基础上,20 世纪 80 年代初,嘉定制定了初步的城镇规划,其主要目标是 2000 年规划人口 15 万人,建设用地 13.5 平方千米,1989 年调整为 2020 年规划人口 25 万人,建设用地 21 平方千米。此后,嘉定的建设基本上是沿着这一规划目标进行的,到 1998 年底,嘉定城镇常住人口约为 15 万人,集中建设用地 12.3 平方千米左右。但由于基础服务设施供给不足,产业结构过于单一,卫星城的建设长期处于一种自发状态,总体发展并未取得预期目标(陈群民等,2010)。1999 年的《上海城市总体规划(1999—2020 年)》提出建设"多核、多轴、多层"的城镇体系,嘉定成为计划打造的 11 座新城之一(人口规模为 20 万—30 万人),被期望于促进郊区城市化进程和疏解中心城区人口。

随着城镇规模、空间布局、发展导向发生变化,上海市委、市政府于 2003 年召开了上海市城市规划工作会议,指出上海郊区的原有发展模式造成了人口、产业、城镇的分散布局,使中心城区的外围难以形成充分的集聚优势,从而不利于郊区的长远发展。对此,会议明确了新一轮的城镇发展规划,即集中力量建设"基础设施完善、环境优美、有产业依托、有一定人口规模的新城"。然而,多年以来存在的统一性开发主体缺失、功能定位不甚明确、人口导入困难、缺乏鲜明的支撑产业、城市公共和生活服务配套设施成熟度不足、开发速度与城市发展需求失衡等瓶颈问题成为嘉定新城推进建设的难点所在(陶希东,2009)。此时的嘉定新城,亟须一套能够兼顾郊区城市独立而平衡的发展、统一规划而注重效率、以人为本、因地制宜等各项原则的发展思路,同时划定新城功能定位并制定一系列配套政策和市政基础设施建设的具体方针。

为了适应这一现实需要,在 2006 年发布的上海市"十一五"规划纲要中,嘉定被明确为"1966 四级城镇体系框架"中的 9 个新城之一,并与松江、临港共同成为上海市郊区规划的三大重点发展新城,规划人口规模为 80 万—100 万;同时,规划还明确了新城建设的重要目的,即通过建立完善的服务体系,承担疏解中心城区人口的功能,同时聚集新的产业,形成带动区域发展的规模化城市地区(参见图1.1),形成规模效益和聚集效益,以弥补城市化过程中的不足之处。①总体来看,"十一五"期间,嘉定新城的城市建设发展取得了一系列突破——基本形成了市政基础设施建设框架,汇聚了一批市级优秀教育、医疗资源,创建了国家4A级旅游景区,国际汽车城的影响力进一步提升,北部先进制造业基地和南部综合商贸区建设进展稳步推进,为"十二五"期间加速推进城市化和产城融合奠定了坚实的基础。

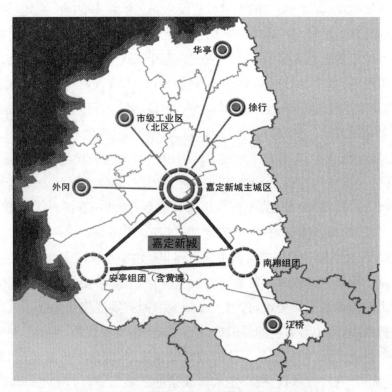

图1.1 "十一五"期间嘉定城镇体系规划示意图

资料来源:《上海市嘉定区国民经济和社会发展第十一个五年规划纲要》。

2006年9月,《嘉定新城主城区总体规划(2006—2020年)》获得上海市政府正式批复。随后为更好地适应长三角区域联动发展的需求推动,应对上海城市发展转型,经上海市人民政府同意,嘉定区人民政府联合上海市规划和国土资源管理局对此启动了修改工作,并最终形成了《上海市嘉定新城主城区总体规划修改(2009—2020年)》(以下简称《规划(2009—2020年)》)。其内容重点关注与土地利用总体规划、国民经济和社会发展规划和大型居住社区规划等规划的衔接,明确对

---

① 中央政府门户网站:http://www.gov.cn/jrzg/2006-02/05/content_178052.htm。

下一层次规划用地布局、居住和产业用地比例、公共服务设施配置等指标的指导，严格按照《城乡规划法》逐步完成嘉定主城区总规后评估、战略研究。《规划（2009—2020 年）》在充分考虑嘉定于长三角和上海市发展全局的定位基础上，结合嘉定自身的发展实际，进一步确定了嘉定新城的性质：一是依托中心城优势，建成相对独立、功能完善、生态宜居、产城融合、富有内涵的综合性城市；二是配合上海西部发展战略，作为上海推动长三角联动的窗口，成为长三角城市群中重要的服务型节点城市；三是作为上海郊区产业转型的示范区，积极发展科技研发，优化产业结构，促成产城融合；四是有序承接市区疏解人口，加强对高水平劳动力的引进工作。其主要规划内容如下：在人口与用地规模方面，至 2020 年新城主城区规划常住人口 79 万人（加上南翔、安亭组团，人口规模为 124 万人），规划建设用地 76.7 平方千米，人均建设用地 97.1 平方米/人；在空间布局方面，打造以北部老城区为基础、南部区域公共活动中心为核心的"一核心区、一环一园多轴"①的空间结构；在产业体系方面，以汽车制造业及其周边新兴高新技术产业为重点，推动既有产业向生产性服务业转型，大力发展总部经济、商务办公、会展旅游等现代服务业；在交通系统方面，既要通过快速路建设强化主城区与长三角、中心城、虹桥枢纽、新城其他组团以及其他外部地区的联系，也要打造全区地面公交体系并确保慢行交通出行比重，构筑多元化的交通网络；在城市风貌方面，以"景城相抱""蓝绿镶嵌"为目标，积极营造路网、水网、绿网相互交织的格局，促成城市景观与生态景观的互相渗透、相辅相成。

2010 年 6 月，国家发改委印发《长江三角洲地区区域规划》，对促进长三角地区转型升级、增强综合竞争力与可持续发展能力以及更好地带动全国经济又好又快发展作出了顶层谋划。在城镇发展与城乡统筹一节中，新城建设与提升上海核心地位共同组成了完善和提升各类城市功能的重要环节，其明确指出，嘉定新城的发展重点在于依托沪宁高速等交通网络，重点发展以汽车产业为依托的现代服务业，建设集科研教育、运动休闲、生活居住、商业贸易、文化娱乐、旅游度假和都市工业等功能于一体的现代化城区。2011 年 1 月，嘉定区第四届人民代表大会第六次会议审议并批准了《上海市嘉定区国民经济和社会发展第十二个五年规划纲要》，在肯定"十一五"期间嘉定新城主城区建设取得的重大进展之基础上，规划了"一核、

---

① "一核心区"包括南部城区、马陆社区、马东一期、上海国际赛车场体育休闲区、南门社区、北郊湿地等区域；"一环"是指由城镇建设区外围的生态结构绿地为主构成的嘉定绕城森林；"一园"是指在毗邻主城区的西北部规划约 10 平方千米范围的北郊湿地作为"城市绿肺"，是嘉定主城区生态环境建设的重要节点区域；"多轴"即公共活动轴线和由城市主要绿化通廊构成的生态轴线。

两翼、四市镇"的城市空间①和"一城、两轴、四高地"的产业布局②,并指出从体制机制、人才战略、改革创新等方面重点发力,将嘉定建成功能完备、经济发达、生态宜居、内涵丰富、具有科技特色和高端制造功能的长三角综合性节点城市。与其他一些城市追求的总量经济不同,嘉定新城的产业发展起点在于兼顾质量与水平,重视产业贡献率以及对环境的友好,并最终形成低碳循环、良性互动的产城融合之格局。除首次提出建成综合性节点城市以外,《上海市嘉定区国民经济和社会发展第十二个五年规划纲要》对于战略性新兴产业和民生事业的侧重也体现出两处亮点:新能源汽车、新一代信息技术、新能源、新材料以及信息软件技术等具有高端科技含量的产业成为重点发展项目;按照"以人为本、适度超前"的原则增加教育、卫生、文化、体育等资源供给(参见表 1.1),努力实现"政府投资优先服务于人的全面发展",构成了民生服务的核心内容。③

表 1.1 "十二五"期间嘉定部分重大工程情况

类 别	建 设 项 目
文化教育	区图书馆(文化馆)、保利大剧院、交大附中嘉定分校、华二初级中学、中福会幼儿园等。
医疗卫生	瑞金医院北院、东方肝胆外科医院、区第一福利院等
体 育	嘉定体育中心
环 境	嘉北郊野公园

资料来源:《上海市嘉定区国民经济和社会发展第十三个五年规划纲要》。

在《上海市嘉定区国民经济和社会发展第十二个五年规划纲要》出台后,上海市政府围绕推动新城发展迅速展开部署,2011 年 5 月,上海市政府发布《关于本市加快新城发展的若干意见》(以下简称《意见》),提出到 2020 年在郊区基本形成与中心城区功能互补、错位发展、联系紧密的新城群,并再次明确了嘉定新城初步成为长三角地区综合性节点城市的目标。为了实现这一目标,具体的政策举措包括:基础设施建设方面,实行土地出让收入专项支持政策、协同推进轨道交通和新城内

① 一核:嘉定新城主城区建设成为嘉定行政、经济、文化中心;两翼:安亭地区建设成为产城融合的国际汽车城,南翔、江桥地区建设成为具有综合城市功能的新型城区;四市镇:外冈、工业北区、徐行、华亭建设成为区域公共服务中心。详见:http://www.jiading.gov.cn/publicity_qfzhggwyh/fdzdgknr/ghjh/110503。
② 一城:嘉定新城主城区优先发展商业办公、金融、科研等高端服务业;两轴:沪宁发展轴优先发展汽车研发、商贸物流等商务服务,轨道 11 号线发展轴优先发展品牌连锁商贸、大型商业中心等产业;四高地:国内领先的汽车产业高地、战略性新兴产业高地、文化信息产业高地以及现代农业高地。详见:http://www.jiading.gov.cn/publicity_qfzhggwyh/fdzdgknr/ghjh/110503。
③ 参见凤凰网报道:《解读嘉定"十二五"规划亮点:长三角"节点城市"呼之欲出》。

部以及新城之间的骨干道路建设、加大对新城公共交通、住房、供水、垃圾处理等内容的财政支持、积极支持绿化建设和低碳发展、支持新城信息基础设施建设等内容。社会事业发展和社会管理方面,以提高新城公共服务保障能力、加快社会事业功能性项目(教育、医疗、文化、体育等)建设、通过优化居住证和户籍操作办法和改善公租房供应大力吸引人才、创新治理体系并强化基层治理和应急管理为重点。夯实产业支撑方面,推动全市重大产业项目布局向新城倾斜,促进制造业能级和水平提升以及各类服务业发展,促成产城融合。[①]为了确保各项措施顺利施行,《意见》还架构了两方面的体制机制保障:其一是建立新城建设的协调机制,旨在加强新城建设统筹协调,形成市、区县联动的工作格局;其二是在新城投融资模式、基础设施建设的新标准和新规范以及市政设施运营等方面积极探索新模式,提高新城建设和管理水平。根据2016年嘉定区人民政府工作报告,"十二五"期间,嘉定坚持以"新城建设出好形象"为目标,基本实现了既定的加快基础设施和生态环境建设、完善城镇框架体系、优化升级产业机构、稳步提高民生服务水平等"十二五"规划确定的各项目标任务,为"十三五"开端创造了良好的发展环境。值得注意的是,本轮新城建设期间在聚焦重点建设、市级层面与区县联动、融资支持力度、规划审批效率等方面也出现了一些问题,在如何对新城建设给予分类指导、及时评估和调整规划项目、完善新城建设推进体制、简化行政审批程序等方面对后续新城建设的顺利推进提出了挑战(上海市人民政府发展研究中心课题组,2013)。

2016年2月,《上海市嘉定区国民经济和社会发展第十三个五年规划纲要》(以下简称《"十三五"纲要》)发布,较为全面地判断了上海发展中新增长动力孕育和传统增长动力减弱并存交替的新形势以及嘉定自身发展面临的诸多问题,提出到2020年嘉定的建设目标——科技、产业、文教、生态、民生共同发力,基本形成功能独立完善、创新创业创效、城乡一体发展、生态环境优美、社会文明有序、宜居宜业宜人的现代化新型城市框架,上海科创中心重要承载区建设取得重大突破,在更高水平上全面建成小康社会,成为引领上海郊区发展的样板。其中对于城镇空间布局与产业分布的调整构成了城市系统发展的总体引领,其聚焦于嘉定新城核心区和科技城自主创新产业化示范区、国际汽车城产城融合示范区、北虹桥商务示范区之"一核三区"建设,功能定位更加清晰(参见图1.2)。在具体举措方面,一是新城核心区努力完成全面的基础设施建设,实施东扩西联,加快推进东拓伊宁路、南延

[①] 详见上海市人民政府网站:https://www.shanghai.gov.cn/nw25262/20200820/0001-25262_27166.html。

阿克苏路、北连新成路的外围交通主干道建成。二是完善公共配套设施,加快建设
重点医院等社会事业项目。三是建成大融城商业广场、保利凯悦酒店等功能性项
目并投入使用,提升新城服务辐射影响力。四是围绕做好上海科创中心重要承载
区这一目标,以总部、金融、商业等特色产业为重点,推动上市企业总部集聚商务
区、医疗健康集聚区和远香湖文化休闲区等三个板块,初步形成现代服务业特色集
聚发展态势。①

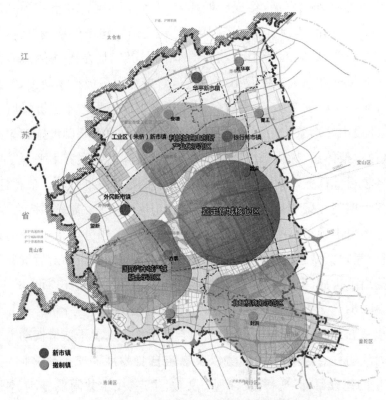

图 1.2　"十三五""一核三区"规划示意图

资料来源:《上海市嘉定区国民经济和社会发展第十三个五年规划纲要》。

与前几轮的规划相比,新一轮规划的亮点主要体现在以下三个方面。第一,结
合国家新型城镇化要求和上海现代化国际大都市建设格局的现实需要,对此前提
出的长三角综合性节点城市的定位进行了拓展,即将嘉定建设成为更具内涵的现
代化新型城市,具体内涵涉及区域影响力、产业构成、城镇空间布局、生态友好、社

---

① 参见《上海市嘉定区国民经济和社会发展第十三个五年规划纲要》:http://www.jiading.gov.cn/
Upload/fagai/InfoPublicity/PublicInformation/File/201908091656006317.pdf。

会风气等方面。①第二,三大产业发展示范区产城融合前景更加明朗,其中科技城自主创新产业化示范区坐拥国家级科研院所集聚和新型工业化产业优势,国际汽车城产城融合示范区便于依托上汽大众、同济大学等平台放大传统汽车产业优势和溢出效应,北虹桥商务示范区能够借助于全面对接虹桥商务区功能,加快形成多产业、多功能、多业态协调发展的空间布局。第三,突出了新城与老城的联动,体现在以商业商务、公共服务和文化休闲为主导,依托商务集聚区、商业综合体和重点公共服务项目,共同打造为面向长三角城市群的、以生产性服务业和生活性服务业为主的、具有地区级中央商务区功能的综合性城市中心。②

"十三五"期间,嘉定综合实力持续增强(参见图1.3),经济总量实现稳定增长,全社会固定资产投资、战略性新兴产业规模、高新技术企业数量等指标均超额完成目标;还成功创建了全国文明城区、全国平安建设先进区、国家公共文化服务体系示范区、国家社会信用体系建设示范城区和国家公立医院综合改革成效显著区等。同时,新城建设取得极大进展,新城核心区、科技城自主创新产业承载区、国际汽车城产城融合示范区、北虹桥综合商务区、嘉北生态涵养区建设成效显著,新型城镇化和乡村振兴战略稳步推进,在主动融入长三角一体化发展方面取得了一系列成就(参见表1.2)。

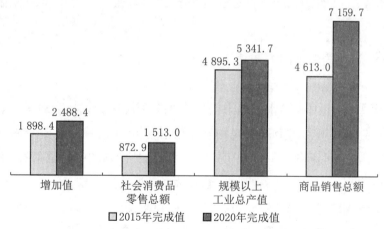

图1.3　"十三五"嘉定部分经济指标完成情况(亿元)

资料来源:《上海市国民经济和社会发展第十四个五年规划和二〇三五年远景目标纲要》。

---

① 一是节点辐射力强、功能完善;二是产业竞争力强、科技引领发展;三是组团向心力强、城镇布局协调合理;四是发展持续力强、绿色低碳;五是文化亲和力强、文明有序;六是群众感受度强、宜居宜业。详见:http://www.jiading.gov.cn/Upload/fagai/InfoPublicity/PublicInformation/File/201908091656006317.pdf。

② 参见上海嘉定新城发展有限公司网站:http://www.jdxc.net/doc/2016/02/15/4223.shtml。

表 1.2 "十三五"期间嘉定新城部分项目建设情况

项目/类别	建 设 成 果
新城核心区	城市形象功能不断完善,总部集聚区建设态势良好,保利凯悦大酒店等一批高能级功能性项目投入运营,嘉定新城中福会幼儿园等一批高能级公共服务设施建成使用
科技城自主创新产业承载区	技术产业化基地等项目建设顺利推进,吸引重点科创项目落地,科技创新服务功能和资源整合加快
国际汽车城产城融合示范区	构筑国家智能网联汽车(上海)试点示范区等平台载体,产业、人才、项目集聚态势明显,城市功能逐步完善
北虹桥综合商务区	全面融入虹桥国际开放枢纽建设,加速形成研发总部集聚效应,有力推进园区二次开发,新兴产业发展格局初步显现
嘉北生态涵养区	绿色功能不断凸显,多样化绿色生态系统初步构建
新型城镇化和乡村振兴	四个新市镇公共服务设施不断完善,"乡悦华亭""向阳新里"项目品牌效应显现
努力融入长三角一体化发展	积极推进嘉昆太协同创新核心圈、温州—嘉定更高质量一体化发展各项合作举措,城北路对接太仓岳鹿公路正式通车,温州(嘉定)科创园一期投入使用,长三角科技成果交易博览会效应不断放大,安亭—花桥—白鹤毗邻地区融合发展实践区建设取得初步成效

资料来源:《上海市国民经济和社会发展第十四个五年规划和二〇三五年远景目标纲要》。

1.1.2 嘉定新城的"十四五"功能定位

2021 年 1 月,上海市第十五届人民代表大会第五次会议批准通过了《上海市国民经济和社会发展第十四个五年规划和二〇三五年远景目标纲要》,在"优化功能布局,塑造市域空间新格局"一节中明确指出,要加快形成"中心辐射、两翼齐飞、新城发力、南北转型"空间新格局,其中"新城发力"便是指嘉定、青浦、松江、奉贤、南汇等五个新城要按照"产城融合、功能完备、职住平衡、生态宜居、交通便利"的要求和独立的综合性节点城市定位,运用最现代的理念,集聚配置更多教育、医疗、文化等优质资源,建设优质一流的综合环境,着力打造上海未来发展战略空间和重要增长极,在长三角城市群中更好发挥辐射带动作用。对于嘉定新城,具体的功能定位是:成为具有创新活力、人文魅力、综合实力的科技教化之城和沪苏合作桥头堡,深化世界级汽车产业中心承载区建设,集聚发展新能源和智能网联汽车、智能传感器、健康医疗等产业;依托嘉闵线及北延伸、沪通铁路等和安亭北站、嘉定北站等站点周边开发建设,立足嘉昆太、联通苏锡常;聚焦环远香湖、嘉定老城、横沥河文化水脉等重点区域建设,提升保利大剧院、上海赛车场等文体设施功能。①

2021 年 2 月,《上海市嘉定区国民经济和社会发展第十四个五年规划和二○三五年远景目标纲要》(以下简称嘉定"十四五"规划纲要)发布,嘉定新城建设迎来了新一轮的顶层设计。顺应新的发展形势,本轮规划突出强调了强化城市核心功能、加强空间载体保障、打造战略增长极的重要性,对土地、人口等要素资源的配置作出了科学布局,提出了着力优化城市空间结构、全力打造五大功能区的构想,并明确了"十四五"时期的总体目标——锚定 2035 年远景目标,到 2035 年,世界级汽车产业中心核心承载区、上海科创中心重要承载区建设取得重大进展,长三角综合性节点功能和新城辐射带动效应显著增强,基本建成创新活力充沛、融合发展充分、人文魅力充足的现代化新型城市。具体来看,嘉定"十四五"规划纲要对于推动新城建设节点城市的最新规划主要体现在调节自身发展需要和承接外来产业迁入的城市空间功能区划分、内部资源整合,以及增强对外连通性等方面,具体包括(但不限于):

第一,优化城市空间布局,提出构建"134857"新型城镇布局体系,其中的"1"即嘉定新城。②与此前规划不同的是,为了使新城建设能够更加符合规划定位,更好地促进产城融合,承载长三角一体化发展的桥头堡作用,嘉定新城的规划范围有所拓展,其中向北拓展片区面积由 122 平方千米增加至 159.5 平方千米,向西联合安亭枢纽面积为 2.2 平方千米,调整后的新城合计规划面积为 161.7 平方千米,建设用地规模由 83 平方千米扩大至 113 平方千米,规划常住人口规模由 70 万人提高至 100 万人。

第二,积极打造各具特色的新城功能区。在发展理念上,全面围绕建设长三角城市群中具有辐射带动作用的独立综合性节点城市的功能定位,牢靠"最现代、最生态、最便利、最具活力"的建设理念,积极注入现代功能、现代设施和现代元素,努力打造产城融合、功能完备、职住平衡、交通便利、生态宜居的现代化城市。在功能布局上,集聚汽车产业链、智能传感器、健康医疗等高端行业,着力建成"一轴四心五片区"的功能布局和空间结构(参见图 1.4),打造汇聚科技创新、融合发展、人文教化、智慧交通的高地。其中,"一轴"即横沥河城市发展主轴,"四心"即老城风貌文化中心、北部科创服务中心、马东产城融合中心和远香湖 CAZ 核心;"五片区"即

---

① 详见上海市人民政府网站:https://www.shanghai.gov.cn/nw12344/20210129/ced9958c16294feab926754394d9db91.html。

② 此外包括 3 个中心镇、4 个新市镇、8 个撤制镇和 57 个保留保护村。

老城风貌区、新城核心功能区、北部自主创新产业承载区、东部产城融合发展区以及生态体育休闲区。此外,按照五大功能区的规划,亦可进一步划定核心城区、国际汽车城产城融合示范区(以安亭镇、外冈镇为主体)、科技城自主创新产业承载区(以菊园新区、嘉定工业区、徐行镇为主体)、北虹桥综合商务区(以江桥镇、南翔镇等为主体)以及嘉北生态涵养区(以华亭镇、徐行镇为主体)。

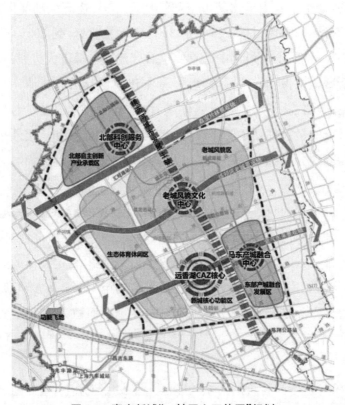

图 1.4　嘉定新城"一轴四心五片区"规划

资料来源:《上海市嘉定区国民经济和社会发展第十四个五年规划和二〇三五年远景目标纲要》。

第三,高标准打造中央活动区和城市景观,增强城市活力。一方面,以远香湖周边约 4.5 平方千米片区为重点,融合发展总部、文化、商业、居住等重要功能,提升空间品质,打造集中展示嘉定新城形象风貌的样板区。支持大型国企设立总部、研发类平台和创新联合体,积极引进跨国公司地区总部、贸易型总部、民营企业总部等各类机构,积极发展后街经济和夜间经济,塑造国际范、上海味、嘉定韵和时尚潮相互交织的城市社交空间。另一方面,在改善老城服务功能、强化新老城联动的同时,围绕古镇文化、水系文化提升江南文化显示度,打造生态廊道和文化创意廊道,促成"产、城、景"交相辉映,努力营造市民宜居空间。

第四,着力实现交通体系的枢纽型、多元化、智能化。对周边城市和地区的辐射效应是节点城市的应有功能,为了实现这一目标,嘉定新城应聚焦西向和北向两个扇面,全力打造两大综合性交通枢纽——其一是以京沪高铁、沪宁城际铁和沪通铁路客运功能为基础,全力打造安亭枢纽;其二是积极推进嘉闵线及嘉闵线北延伸项目规划,提前谋划研究沪苏通铁路、南沿江高铁站点的规划布局,推动形成嘉定北枢纽。其次,在增强外部交通的连通性的同时要兼顾顺畅内部道路。一方面,加快 S7 沪崇高速路建设、G15 嘉浏段拓宽改建、S22 嘉安高速选线规划等工程,增强东北部交通网络通达性,同时推进嘉闵联络线建设以强化与虹桥国际开放枢纽的交通联络,配合推进新建陈翔路匝道和沪嘉快速路抬升工程以强化北虹桥综合商务区高快速路网整体架构,切实完善高快速路网。另一方面,大力发展灵活多元的公共交通出行体系,包括完善公交运行线路和站点设置、增强轨道交通运力、健全区域停车设施和管理方式、确保高品质交通慢行系统占有一定比例等。此外,全面推进交通数字化转型、打造智慧交通体系对于提高城市交通效率和增强城市活力具有重要意义。为此,要着力打造智慧交通网络示范区域,积极探索实现示范区内智慧环路建设,拓展智慧交通应用场景。

第五,积极融入虹桥国际开放枢纽,努力在上海打造国内大循环中心节点、国际国内双循环战略链接中展现嘉定特色。为全面融入虹桥枢纽,需要在构筑北虹桥四大承载功能、进一步扩大对外开放、打造高品质的国际化宜居环境等方面共同发力,增强要素流动和产业联系,塑造国际化现代化城市形象。而融入长三角更高质量一体化发展,则需要围绕产业规划与项目合作、提高创新水平和地方品牌影响力、强化与周边城市的合作共享等方面努力。

1.2　嘉定新城建设独立综合性节点城市的产业发展战略

1.2.1　嘉定新城产业发展的定位、建设节点城市的客观要求与问题

1. 产业发展定位

城市发展,产业先行。"十一五"以来,上海在郊区新城建设中结合自身优势,取得了先发效应,实现了向"自然和谐,创业创新"城市特质的靠近,其中,为了打造"世博园外的城市实践区",突出强调了留足产业发展空间,推行商业、办公、旅游、文化、教育等产业与居住的融合,增强新城可持续发展能力(何鹏,2013)。"十二

五"之后,上海市政府在"进一步把建设重心向郊区转移,建立包括嘉定在内的7个新城"的工作规划中,对新城的产业发展愈发重视,明确了新城产业发展要以功能完善、产业融合、用地集约、绿色生态等方面为指导原则和目标。"十三五"期间,"产城融合"发展战略的实施得到进一步明确,即重点发展产业板块,以总部、金融、商业等特色产业为重点,加大存量土地、厂房回购的力度,通过资源整合,重点推动建设上市企业总部集聚商务区、医疗健康集聚区和远香湖文化休闲区等三个板块,初步形成现代服务业特色集聚发展态势(王剑锋,2016)。此外,为了实现初步建成现代化新型城市框架的目标,嘉定将积极推进科创中心重要承载区建设,重点形成以生产性服务业和生活性服务业为主、具有中央商务区功能的综合城市中心。

2021年4月,上海市人民政府发布《"十四五"新城产业发展专项方案》①,提出了"两个聚焦(聚焦实体经济和协同发展)、两个融合(推动产城融合和制造业与服务业融合)、两个防止(防止产业空心化和同质化竞争)"的新城产业发展指导原则,划定了包括外冈产业园、嘉定工业区北区及智能传感器园、南门产业社区、菊园产业社区、马陆产业社区、汽车城制造区、新能源基地、汽车城零配件园区、徐行产业基地、安亭医疗产业社区等在内的15个产业协同区园区,并明确了"强化高端产业引领功能,全面推动先进制造业和现代服务业提质发展,提升产业链、价值链位势,加快构建系统完善的产业创新生态,大力培育新产业、新业态、新模式,着力打造上海产业高质量发展的增长极、'五型经济'的重要承载区和产城融合发展的示范标杆区"的新城产业发展目标。

2. 建设综合性节点城市的客观要求

与此同时,建设独立综合性节点城市,为嘉定新城的产业发展提出了更多新的要求。2015年5月,商务部等10部门联合印发《全国流通节点城市布局规划(2015—2020年)》,确定了国家级流通节点城市37个和区域级流通节点城市66个,旨在加快构建全国骨干流通网络,努力提升流通节点城市功能,更好发挥流通产业的基础性和先导性作用,这是节点城市首次作为核心主体出现在国家城市发展规划中。②与综合性节点城市相比,流通节点城市侧重于城市的商流、物流、资金流、信息流的汇聚和辐射带动能力,建设重点在于提升节点城市的流通服务功能,形成辐射内外、高效畅通的全国流通网络。而根据上海市人民政府2021年2月印

---

① 详见上海市人民政府网站:https://www.shanghai.gov.cn/jkxcjs/20210416/828c9d57db134d46ab e2fd1844d3d436.html。

② 详见中华人民共和国商务部网站:http://www.mofcom.gov.cn/article/ae/ai/201506/2015060099 8472.shtml。

发的《关于本市"十四五"加快推进新城规划建设工作的实施意见》,综合性节点城市将具备"最现代、最生态、最便利、最具活力、最具特色"五个特点,除了交通便利外,还要实现产城融合、功能完备、职住平衡、生态宜居、治理高效等目标。与上述五大城市特点的建设需要相适应,嘉定新城的产业发展至少要在五个方面予以支撑:第一,"最现代"强调高端产业和战略性新兴产业应该占有足够的比重,以现代科技提高新城生产力水平和综合实力;第二,"最生态"重在产业结构优化升级,重点发展低碳产业和绿色产业;第三,"最便利"突出合理布局产业功能分区,加强产业配套基础设施建设,并完善产业就业政策;第四,"最具活力"要求产业类别和承载平台的多元化以及产业链的拓展,强化以高能级功能支撑人口集聚;第五,"最具特色"可以理解为以当地特色资源为基础,推动地方品牌建设。然而,从目前来看,嘉定新城的产业发展仍然面临着一些亟须解决的问题。

3. 嘉定新城产业发展面临的主要问题

(1)产业结构仍需进一步优化升级,高端产业竞争力亟待提升。

嘉定新城要走在长三角高质量一体化发展的前沿,必须形成优越的产业竞争力与合理的产业机构,但高端产业占比较少仍是嘉定新城产业发展的限制因素。从高端产业的形成路径来看,不外乎从中心城区转移而来或依靠自身培育两种方式,但这两条路径都需要相应的时间与条件才能完成。在承接上海中心城区的高端产业转移方面,由于配套服务和设施还相对缺乏,导致愿意入驻的高端产业数量较少;同时,给予高端产业的优惠政策有待进一步细化,应着重避免"一刀切"现象;另外,发展高端产业离不开高端人才,当产业入驻之后,只有源源不断地注入高水平劳动力,才能为其提供持续的创新动力,因此如何保障劳动力市场中高水平人力资本的供应,也是引进高端产业需要考虑的问题。而在培育自身高端产业方面,虽然拥有良好的产业(尤其是汽车产业)发展基础,但想要实现现代化新城要求的"最现代、最生态、最具活力"等条件,还需要在传统产业改造升级、促进生产性服务业发展、不同部门之间协同分工等方面多管齐下;此外,当新城自身培育的高端产业发展成熟后,如何应对上海中心城区对新城的"虹吸"效应也是一个严峻的问题,如果难以将新城建设成为强有力的"磁力中心",势必会导致新城在区域竞争中处于不利地位。

(2)用地、财税、平台建设等政策支持需要研究细化。

首先,产业用地保障需要进一步加强。当前,新城工业与研发用地规模仍面临着存量用地转型、产业发展预留区不足、零散产业用地布局缺乏合理性等问题,长期来看,不利于产业用地管控与区块整体的开发升级。其次,金融财税支持政策尚需完善。在制造业税收留存比例、专项资金倾斜方向、新项目引进等方面,现有财税政策与资金支持情况需优化调整;社会资本对产业发展的参与度需要进一步提高。最后,产业创新平台建设生态尚存在较大的提升空间。一是产业创新平台建设力度不足,与新城主导产业、特色产业相匹配的制造业创新中心、研发与转化功能型平台、工程技术中心、重点实验室等创新平台发育不成熟;二是产学研协同发展水平较低,新城"大院大所"集聚优势尚未凸显,地方产业与新城内外高校、科研院所尚未形成持续而稳定的联动发展格局;科技成果转化的制度性障碍仍然存在,重点领域产业亟须建立一批有助于强化优势产业协作攻关的产学研协同创新中心。

(3) 社会事业服务缺乏总体协调,教育、医疗等基础设施及社会保障等方面有待完善。

当前,新城人口对主城区的就业依赖度不高,消费依赖度却很高,但新城与主城区在人均学校数、人均医疗机构数、人均图书馆数等公共服务指标上差距明显,在消费便利性和多样性等方面也有较大差距。①这种配套服务的缺失,既不利于新城吸引人口集聚以增强内生发展动力,亦不利于相关服务行业的发展和高端服务的消费水平提高,也给引导主城区的居住人口到新城居住和生活以缓解主城区承载压力造成了困难。与此相对应的是,从高质量发展和建设现代化新型城市的标准来说,产业发展既离不开城市配套功能的建设和完备,又能够同时为完善城市功能和提高宜居性而服务,但当前嘉定新城的产业发展水平与这一标准尚存在一定的距离,主要体现在服务业辐射范围较小、商业体系不完备、文化功能区尚未建设成熟等方面。此外,距离主城较远且用地规模较大,建设用地开发强度低,也是造成新城产业可持续发展水平较低的潜在原因(王肖惠等,2017)。

1.2.2 建成独立综合性节点城市的产业发展战略

《"十四五"新城产业发展专项方案》清晰地界定了嘉定新城的产业定位和发展方向。其中产业定位是:以汽车产业为主导,加快发展智慧出行服务,做大智能传感器及物联网、高性能医疗设备及精准医疗等特色产业,培育新业态、新模式。深化世界级汽车产业中心核心承载区建设,加强汽车研发、智造、出行等业态发展,提升嘉定新城在世界汽车产业发展格局中的显示度。加强创新空间、创新社区建设,

---

① 参见陈杰《推进五个新城建设,比"兴产"更优先的是"建城"》,上观新闻 2021 年 8 月 15 日。

依托高校院所集聚优势,打造集产业链、服务链、生活链等于一体的创新联合体。发展方向包括以下几个重要领域。第一,汽车——围绕新能源汽车、智能网联汽车、燃料电池汽车等领域,加快驱动电机、汽车电子、汽车动力传动控制系统及智能控制等关键技术和零部件的攻关突破,推动汽车产业向低碳化、智能化、网联化、共享化发展,建设成为全球汽车产业创新发展的重要策源地。第二,智能传感器及物联网——加快推动国家智能传感器创新中心、传感器工程检测验证服务平台等平台建设,深化产学研用,加快培育孵化新兴企业;以物联网应用为导向,加快智能传感器在汽车电子、医疗电子、消费电子和工业电子等领域的规模化应用,建设嘉定智能传感器产业园。第三,高性能医疗设备及精准医疗——推进高端医疗影像设备、诊断设备、治疗设备、临床辅助设备、临床检验设备等高性能医疗设备发展,围绕精准医疗产业链,形成集研发中心、产业园区、临床医院于一体的产业生态。同时,聚焦工业互联网、在线文娱、电子商务、新型智慧交通等领域,加快新业态新模式发展,培育经济新增长极;发挥市民体育公园、保利剧院、州桥老街等文体资源,拓展体育旅游、健身休闲等特色服务。①根据上述指导方针,助力独立综合性节点城市的建设,嘉定新城下一步的产业发展可以从以下方面重点发力:

第一,把握新城建设的本质,适时制定和调整产业发展规划。新城建设实质是借力新城建设进一步优化大城市空间格局,从而更好地服务上海和长三角城市群的发展。这是在超大城市核心区功能过于集中需要疏解,且有合适的城区可以做大做强做优新城,以及城市群发展需要更广大的区域空间提供多点多中心支撑的背景之下作出的重大决定。毫无疑问,新城建设的顺利推进能够促进资金、人口等资源的均衡分布,打造新的增长极,促进区域高质量一体化发展。嘉定新城的建设目标是综合性节点城市,是上海融入、服务长三角的前沿阵地,因此,新城产业发展既要承接好上海中心城区的转移产业,也要努力做强自身主导产业和特色产业,还要积极引进国际高端产业进驻,这要求在产业发展的各个阶段都要妥善处理好外来产业与本土产业、不同类别产业之间的空间布局,市场竞争等关系以及产业的入驻和置地生产等行政审批事宜。为此,一是在产业承接和引进方面,要做好事先协商和协议签订工作,明确未来要承接的来自上海中心城区或者周边其他城市的以及引进的外资产业的类别、用地规模、环保标准等各项内容,做好预先用地规划和项目核算。尤其要注意的是,对于环保水平不达标的产业,应签订生态补偿协议或禁止其进入。二是在注重产业集群、资源集约和功能集成的同时,做好政策支持工

---

① 详见上海市人民政府网站:《"十四五"新城产业发展专项方案》。

作。以工业园区和科技功能区为载体,提高项目承载能力和投资强度,促进优质资源、先进要素的聚集。鼓励园区承接带动力强的大型龙头企业,发挥以商招商作用,以大项目、大企业带动产业链的转移,引进与之配套的中小企业和关联机构,形成优势产业集群。对有利于形成产业链和明显集聚效应的开发园区,优先纳入重点产业发展规划布局,并在重大项目推荐和配套项目安排上给予重点支持,对推动形成产业链的关键企业或产业集群的核心企业,可以根据注册资本大小给予优惠或补助。三是要通过实地调研等方式,把握地方产业发展的阶段特征和各类需求,适时完善产业发展环境。作为经济"领头羊"的长三角地区,投资软环境已成为产业入驻发展的主要门槛,因此,地方政府必须高度重视产业配套政策和设施的支持,经常开展调研活动以及时了解产业发展存在的问题。具体来说,要切实转变政府职能,进一步加强审批事项改革,减少政府审批项目,优化办事流程;深化投融资、土地、资本、劳动力等体制改革,为市场主体和资源、信息、技术、人才,以及各类生产要素的自由畅通流动创造条件,积极营造"亲、清"政商关系;此外,对已出台的政策,需定期进行梳理、整合、督查,确保各项措施落实到位,对已经不适应产业发展现状的政策及时作出调整。

第二,做大做强主导产业,兼顾各类产业协调发展。从主导产业类型来看,要重点推进三大产业板块建设,具体包括:上市企业总部集聚商务区主要吸引各类优质现代服务业及生产性服务业企业行政总部、研发中心、销售中心入驻;医疗健康集聚区鼓励质子中心、护理机构、国际医院等医疗卫生服务行业等企业入驻;远香湖文化休闲区以保利大剧院、区图书馆(文化馆)、保利凯悦大酒店为亮点,围绕远香湖吸引各类文化、创意企业落户,打造文化旅游、文化商业、文化互动的综合平台,实现核心区内商旅文产业联动。在产业发展的人才支撑方面,要进一步强化新城人才引进政策,完善居住证积分和落户政策,加大对紧缺急需人才和优秀青年人才的引进力度,拓宽海外人才引进渠道。[①]同时,要提供更为具体的政策支持,具体可以考虑以下方面:首先,设立产业投资和专项发展基金,重点支持科技含量高的新兴产业与发展相对落后的产业,对于综合实力较弱的产业,适时降低用地和用房成本。其次,加快形成较为完善的人才激励措施,支持有条件的产业园区扩大试点,建设人才公寓和职工宿舍,为产业人才提供居住保障,提高主导产业领域的重点企业人才享受新城内大居、保障性住房等优惠政策的比重,促进职住平衡。研究出台人才引进专项政策,在住房、资金支持等方面加大力度,实施更加开放有效的

---

① 参见新浪网:《上海:将完善五个新城居住证积分和落户政策 拓宽海外人才引进渠道》。

创新创业激励政策,提高对人才的吸引力。再次,进一步促成稳定、持续的产学研合作关系,鼓励企业与高校、科研院所围绕主导产业和特色产业通过联合研发、共同攻关等方式开展紧密合作,对取得重大技术突破的给予适当奖励。此外,鼓励各类资本参加产业园区建设,在项目落地、承载力提升、土地性质转化等方面给予支持。最后,由政府部门牵头引导产业多元化发展,在突出新城科技创新、文化教育、总部经济等核心产业的同时,兼顾发展商业服务、休闲娱乐、文化艺术等业态,打造多功能复合型产业结构。在产业协调发展方面,既要重视内部产业协调推进,也要强化与周边区域的联动发展。一方面,要探索建立产业协调推进机制,统筹新城开发公司、产业园区与街镇管理机制,形成产业发展的合力;加强市、区联动,在产业定位、招商引资、项目导入、开工建设等环节,共同服务产业发展。另一方面,积极推动新城对接中心城区创新资源和服务资源,推动与其他新城之间的产业链关联、创新链共享、服务链共建,推动对接长三角周边城市、探索形成关联产业集群。

　　第三,重点加强城市节点、产业网络和交通体系建设工作。首先,独立综合性节点城市重在成为节点。嘉定新城作为新时期上海郊区新城发展的重点建设城市之一,未来将构成上海内部及长三角城市群的重要网络节点,对于支撑上海发展乃至辐射周边其他城市具有积极意义。但根据前文所述的卫星城建设历史和传统的新城建设规划,可以发现嘉定与上海中心城区仍然存在很强的从属关系,长期以来仅作为承接某些特定产业的"辖区"而非完整意义上的城市。有鉴于此,嘉定新城的建设要凸显新城相对于上海主城区或中心城市的独立性,即建成独立于中心城市的完备的城市功能体系;同时,新城建设要注意避免过度依赖上海中心城区而忽视与周边其他城市建立密切联系的问题,应立足于融入长三角高质量一体化发展的战略背景,积极开展区域贸易和地方项目合作。其次,增强主导产业的节点影响力。新城建设节点城市,在产业网络方面要凸显新城在特定的全球经济和区域产业网络中具有头部性。如果上海中心城市承担全球城市的综合功能,那么新城建设就要承担上海全球城市某个方面的专业功能,并围绕专业功能拓展产业链和价值链,形成强大的头部引领作用和资源配置功能,这有利于新城引入有世界影响力的跨国公司和大型国有企业。为此,要发挥新城增量空间优势,积极承接中心城区产业、创新、人才等资源,为提升主导产业竞争力提供支撑。另外,通过经济发展走廊加强与周边城市的联动发展,推动产业协同分工,共建高端产业集群。①最后,完

---

① 诸大建:《以"节点战略"赋能"独立的综合性节点城市"》,《潇湘晨报》2020 年 11 月 28 日。

善内外交通体系,加快交通枢纽节点建设。综合性节点城市,离不开以对外连通便利、内部交通方式多元化为特征的完备的交通体系,新城建设节点城市,应该且必须在交通联系方面凸显自身对于各自所在的交通网络和交通通道上的枢纽性。为此,既要推进与周边城市的快速交通通道建设,提高与上海周边枢纽节点的连通性(例如,嘉定具备成为上海到苏州的交通通道上重要节点的潜力),也要加快完善以轨道交通和公交车组成的公共交通体系,可以通过鼓励社会资本参与公共交通设施建设和运营以提高管理效率。

第四,应在上海整体战略中理解产城融合。产城融合应该结合长三角一体化的进程去落实,而不一定非要在新城内部去实现。新城可以有自己的产业发展思路与布局策略,但应避免相互之间或与主城区之间形成内部恶性竞争,搞重复建设,盲目争夺上海内部的产业发展要素。新城发展,应该是形成协同合力,共同做大上海整体的蛋糕。新城的产业发展,可以眼睛向外,多争取外部资源,与外省市在土地、资金、技术、人才等层面形成多形式的合作,在长三角高质量一体化过程中形成自己独特的产业体系。①在嘉定新城推进产城融合的进程中,一方面,不能将"产城融合"的"产"简单认为是制造业。诚然,中国的城市化进程离不开高速工业化的推动,正是因为制造业创造了大量就业,才使一座座城市拔地而起。然而,这种规律不一定适用于所有区域和任何发展阶段。对于发展基础较为薄弱并且在远离大都市的位置建设的新城,基于制造业来"以产兴城"的思路显然是合适的,但对上海新城来说,其已经拥有比较扎实的建成区基础,并且处在上海都市圈体系中,因此其产业发展思路需要具体问题具体分析。事实上,建设现代新型城市的目标,已经决定了嘉定新城不可能在城市建成区范围内实现产城融合,而是只能在区域范围、都市圈范围乃至城市群范围内去实现。这是因为制造业产品面临的市场竞争范围广阔,对城市土地的高成本十分敏感,而城市用地成本又是难以降低的,即便能够人为降低部分成本,但长期来看会对市场价格机制产生不利影响,进而扭曲城市要素配置,削弱城市发展潜力;同时,新城的生态宜居导向内含城市居民对高品质生活的追求,这决定了嘉定新城未来是以服务业而非制造业为主,除了生产性服务业中的一部分从业人员可能会在远离城区的工业园区和产业园区工作,大部分的服务业人员均在城区就业。另一方面,要从城市功能的角度,深化对"产城融合"中的"城"的认识。具有完备功能的城市才能成为产业持续发展的平台,举例来

---

① 参见陈杰《推进五个新城建设,比"兴产"更优先的是"建城"》,上观新闻,https://view.inews.qq.com/k/20210815A01KJK00。

说,加强公共服务供给质量和交通等便利性配套设施的建设,能够增强人口集聚水平,即便制造业就业机会较少,但众多人口也必定会推动许多内生产业的出现,如生活服务业和公共服务业。事实上,这也是早期卫星城和郊区建设的短板所在。

1.3 嘉定新城建设独立综合性节点城市的公共服务提升

根据《上海市城市总体规划(2017—2035 年)》细则,嘉定新城将以"迈向最现代之城"为目标导向,按照"产城融合、职住平衡、生态宜居、交通便利"的要求,将嘉定新城建成为结合现代、便利、生态、活力、特色为一体,具有辐射带动作用的独立综合型节点城市。同时新城的建立将以满足人的需求为最基本的出发点和落脚点,重点关注人居品质的提升,落实人民城市理念,增强人民幸福感和获得感,这就需要高标准、布局完备的公共服务体系以及高质量的公共服务设施和资源,在教育、医疗、文化、交通与通信、生态环境等方面进一步完善,为吸引人才集聚、创造高品质生活,推动区域发展提供强有力支撑。

1.3.1 公共服务体系涵盖内容与提升意义

1. 嘉定新城公共服务体系的构建

公共服务是指由政府或公共组织提供用来满足公民生活与发展直接需求,具有共同消费性质的公共物品或服务(党秀云,2009),城市公共服务的高低将直接关系到居民的满足感与幸福感,也关系该城市对人口吸引力的大小。Tiebout(1956)提出的关于公共服务"用脚投票"机制认为,公共服务供给通过提供高品质的教育体系、高水平的医疗卫生资源、多样的文化设施与活动、衔接的交通网络以及良好的生态环境来影响居民的生活便利性与生活质量,进一步对城市间的人口分布与结构产生影响(夏怡然、陆铭,2015;Da Silva, et al.,2017)。借鉴韩峰、李玉双(2019)对公共服务的分类方法,并结合嘉定新城在公共服务方面取得的客观成果数据,可以分为民生类公共服务与基础设施类公共服务。其中,民生类公共服务包括基础教育、医疗卫生、社会保障;基础设施类公共服务包括城市文化、城市环境、城市交通。表 1.3 中详尽地给出了嘉定新城多层次公共服务体系指标及其含义。

表 1.3　嘉定新城公共服务指标体系

公共服务种类	二级指标	具 体 指 标	单位
民生类	基础教育	市示范性学区集团数 普惠性托育点覆盖率 小学每百名学生拥有区级以上骨干教师数 初中每百名学生拥有区级以上骨干教师数	个 % 人 人
	医疗卫生	三甲综合医院(院区)数量 每千常住人口医疗卫生机构床位数 每千常住人口执业或助理医师数 每千常住人口全科医生数	个 张 人 人
	社会保障	社区级公共服务设施 15 分钟步行可达覆盖 每千常住人口社区养老服务设施建筑面积	% 平方米
基础设施类	城市文化	每十万人拥有文化场馆拥有数量 人均体育场地面积 体育公园或运动中心	个 平方米 个
	城市环境	人均公园绿地面积 森林覆盖率 水功能区水质达标率 河湖水面率	平方米 % % %
	城市交通	新城内部通勤及联系周边中心镇,到近沪城市、中心城和相邻新城,衔接国际级枢纽的出行时间 建成区公交站点 500 米服务半径覆盖	分钟 %

资料来源:依据《嘉定新城"十四五"规划建设行动方案》整理。

2.嘉定新城公共服务提升意义

(1)扩大内需,驱动新城经济增长。

公共服务设施是由政府投资建设,一方面政府在公共设施建设上的支出增加了市场中的社会消费,在教育、医疗、社会保障以及基础设施建设方面的支出,能够增加居民的生活保障;另一方面完善的公共服务体系能够切实解决居民的教育、医疗以及养老问题,通过市场给居民传递积极信号,改变消费预期,有效减少居民的预防性储蓄,进一步达到促进消费、扩大内需的目的,从而增强消费对嘉定新城经济的拉动作用。近年来,虽然嘉定新城在汽车产业、现代服务业等方面取得了一定的成果,在一定程度上促进了嘉定新城经济的增长,但是受到新冠疫情影响,国内流通受阻,经济的复苏与恢复需要促消费、扩内需。

(2)增强人口集聚,推动新城高质量发展。

基于涵盖教育、医疗、养老、文化、体育、环境在内的多层次、高能级、完善的公共服务能够更好地发挥嘉定新城的人口吸纳功能。高品质的教育水平不仅能够培育嘉定新城自有人力资本,其健全的医疗卫生服务、多样化的文化设施、发达的交通和通信以及江南水乡韵味的居住环境能够吸引更多的高水平人力资本的快速流入,全面增加嘉定新城的人力资本储备,推动嘉定新城的经济增长。另外,嘉定新城汽车行业"人无我优"的特色产业功能,以高端制造、电子商务为特色的产业体系,以及打造"国际汽车智慧城"的美好愿景均需要高精尖人力资本的大力配合,这也正是嘉定新城提升公共服务供给,打造一流的公共服务体系的必要性。另外,从嘉定新城的实际情况来说,新城受到公共交通、生活配套、就业机会等方面的影响,对于外来高端人才没有太大的吸引,因此站在吸引人口集聚与改善人口结构的角度,提升新城公共服务是时势所需。

1.3.2 嘉定新城公共服务提升的历程与现状

结合上海新城建设历程,起初新城的设立是为了实现疏散中心城区人口,同时优化城市空间结构的设想,但由于彼时的上海城区还处于高速发展阶段,发展的重心在市区,根本无暇顾及城镇的发展。后来,政府着重抓工业假设,而市区没有足够的地方容纳厂房建设,因此仍出于疏散人口和合理布局工业的目的建设嘉定新城,但是仅有工厂没有合理公共配套和商圈服务,就没有人会舍弃中心城区便利的生活,这时便有了通过提升公共服务导入并留住人口的发展规划。而公共服务设施的建设并非那么容易,需要与人口相匹配并进行合理的规划,同时公共服务设施的建设需了解居民的切实需求,这便有了初步的公共服务提升。随着人才政策的实施和新城建设完善后本身的吸引力,新城人口逐年增加,外来人口在新城集聚,而此时的新城产业结构单一,无法满足外来人口的就业需求,新城也就变成了"睡城",住在新城的人在中心城区工作,为满足居民的通勤需求,节省通勤时间,政府开始加快新城交通网络的建设。但到目前为止,新城疏散人口的作用也没有完全发挥出来。故政府加快开展新城建设,持续完善新城公共服务设施,"十四五"规划将新城建设作为重中之重,提出建设辐射长三角的独立综合型节点城市,而不再是中心城区的附属品,同时出台多条政策促进新城公共服务的提升。

后文将根据第五次人口普查数据、第六次人口普查数据、第七次人口普查数据特征,以上海近二十年间的人口变动为依托,详细介绍新城人口的变化情况,以及外来人口在总人口结构中的变化情况,剖析新城建设中的居民对公共服务需求的变化历程。

1. 上海人口增长与嘉定新城人口集聚

在快速城镇化背景下,上海市因较高的经济发展水平和较好的公共服务吸引了大量人口在城市中集聚,数据显示,1990 年上海市人口总量为 1 334.19 万,2000 年增加至 1 640.77 万,增长率为 22.9%,2010 年上海市常住人口数据为 2 301.91 万,较 2000 年增长了 40.29%,2020 年上海市常住人口为 2 487.09 万,较 2010 年增长 8%,由图 1.5 可以清晰地看到,2000—2020 年间人口集聚增长后增速放缓,但是上海市人口总量仍呈现增加态势,这也印证了上海市建设新城的必要。一方面,郊区的开发与建设能够分担中心城区的人口压力。由中心城区人口柱状图可以看到,中心城区的人口总量基本维持稳定,且在 2010—2020 年间呈现下降态势,年平均下降率为 0.45%,由此可见,郊区的发展格局已经形成,中心城区的人口负载压力得到缓解。另一方面,郊区的人口集聚功能显现。在城市总人口正增长而中心城区的总人口呈现下降趋势的前提下,郊区成为人口的聚集地,由数据可得,中心城区人口疏散后,郊区人口从 2000 年的 947.73 万到 2020 年增加到 1 818.72 万,增加了近一倍,年平均增长率为 9.59%。从外来人口占常住人口的比重来看,2000—2010 年是上海市外来人口的快速增长期,外来人口占比从 21.12% 增长到 39%,增长了 17.88%,这一时期产业得到快速发展,能够为外来人口提供充足的就业岗位,外来人口的快速涌入增大了上海市区的人口密度,加重了中心城区的大城市病问题,另外中心城区的高房价使得外来务工人员望而生畏,郊区新城得到初步发展。2010—2020 年是上海中心城区发展进入平缓期,外来人口占常住人口比重从 39% 增长到 42.14%,增长了 3.14%,增长幅度明显减少,同时上海严格的落户政策、人才引进政策以及高房价均极大地限制了外来人口的涌入。

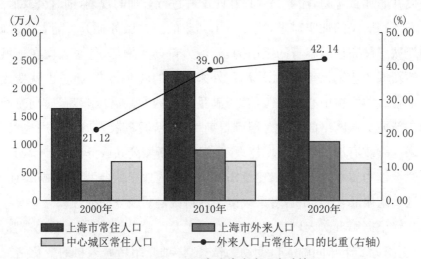

图 1.5　2000—2020 年上海市人口变动情况

资料来源:上海市第五次人口普查公报(2000 年)、上海市第六次人口普查公报(2010 年)、上海市第七次人口普查公报(2020 年)。

嘉定区在整个上海郊区发展中的表现如表 1.4 所示,近 20 年来嘉定人口增长具有以下特征:

表 1.4 嘉定区 2000—2020 年人口现状

年份	常住人口（万人）	外来人口（万人）	外来人口占比（%）	人口增长量（万人）	新增人口占全市新增人口的比重（%）
2000	75.31	21.36	28.36	24.95	8.14
2010	147.12	82.82	56.29	71.81	10.86
2020	183.43	103.69	56.53	36.31	19.61

资料来源:由嘉定区第五次人口普查数据、第六次人口普查数据、第七次人口普查数据汇总计算得到。

（1）嘉定人口增长速度高于上海市常住人口增长速度。

2000—2010 年间嘉定常住人口增长速度为 95.35%,而上海市的人口增速仅为 40.25%;2010—2020 年间嘉定常住人口增速为 24.68%,而上海市的人口增速为 8%,差距明显。上海郊区的建设直接缓解了市区的人口压力。同时,由第七次人口普查数据可知,在五大新城中,嘉定区常住人口总数增量最大。

（2）外来人口占嘉定的比重较大。

如表 1.4 所示,2000—2010 年外来人口占比从 28.36% 增加到 56.29%,增长了接近 50%,外来人口增加量占全区新增常住人口的 70% 以上,这表明嘉定人口增长的主要贡献方为外来人口,同时表明该十年间作为郊区新城,嘉定区基本成功完成了中心城区赋予的承载外来人口的任务。2010—2020 年间,外来人口占嘉定总常住人口的比重略有上升,增加了 0.24%,综合考虑到嘉定区总常住人口的增加,可能与嘉定新城开发有关,邻近居民受益于嘉定新城日趋完善的交通、生活配套等方面的便利性而迁居于此。从新增人口占全市新增人口的比重来看,2000—2010 年间,嘉定区新增人口占全市新增人口比例从 8.14% 增长到 10.86%,增长了 2.72%,相比之下,2010—2020 年间,嘉定区新增人口占全市新增人口的比重从 10.86% 增加到 19.61%,增加了 8.75%,增加幅度接近之前的 4 倍,嘉定区在五大新城中,人口承载的能力逐渐突出,这得益于近年来嘉定区正确的产业发展政策和近乎完备的公共服务体系。

（3）新城逐渐成为新增人口的蓄水池。

根据图 1.6 所示,嘉定新城人口总体呈现上升趋势,2000—2010 年间,新城的常住人口增长率为 50.61%;2010—2020 年间嘉定新城常住人口增长率为 31.07%,同时新城常住人口占全区总人口的比重存在波动,但是保持在 25% 以上。

从人口增加量来看,2000—2010 年间,嘉定新城常住人口增加量占全区新增人口的 17%;2010—2020 年间,嘉定新城新增常住人口占全区常住人口增加总量的 31.73%,嘉定新城在整个嘉定区承载人口能力显著提升。

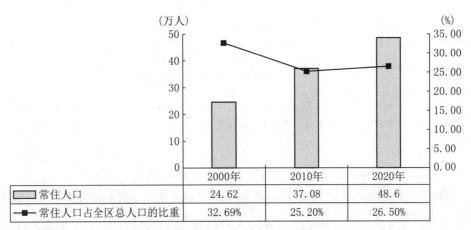

	2000年	2010年	2020年
常住人口	24.62	37.08	48.6
常住人口占全区总人口的比重	32.69%	25.20%	26.50%

图 1.6 嘉定新城 2000—2020 年人口变化趋势

资料来源:第五、第六、第七次人口普查数据,按照最新城市规划包含街道整理得到。

2. 嘉定新城公共服务提升历程

随着嘉定新城人口蓄水池的功能逐渐显现,激增的人口对城市的公共服务体系提出了新的要求。与人口规模变化相应的嘉定新城的公共服务在摸索中不断前进,总体分为三个阶段。

(1)卫星城建设阶段。

1959 年,根据上海新城建设的指导思想,嘉定作为五大卫星城之一,开启了规划建设之路。1986 年,《上海市城市总体规划方案》得到国务院正式批复,此时的上海城市建设主要以改善城市布局,改进基础设施不全、交通拥挤等问题为主,中心城区和近郊区的公共服务体系开始形成。在这一过程中,作为近郊区的嘉定也得到初步的发展。

(2)11 个新城规划建设阶段。

进入 20 世纪 90 年代,上海进入城市跨越发展的新时期。2001 年,《上海城市总体规划(1999—2020 年)》以下简称《总体规划》得到国务院同意,按照城乡一体、协调发展的方针,形成"多轴、多层、多核"的空间布局,规划 11 个新城,依托城市重要基础设施发展成中等规模城市,人口规模约在 20 万—30 万人。以促进人的全面发展为核心的嘉定新城公共服务体系逐步形成,新城社区公共服务设施进一步完善。

（3）"一城九镇"新城建设阶段和"1966"城乡规划体系建设阶段。

2003 年,上海市政府对《总体规划》进行细化,将新城分阶段建设,即 1 个中心城、9 个新城、60 个新市镇、600 个中心村,提出建设功能完善、2010 年人口规模达 30 万以上的新城,具有发展优势的嘉定、松江、临港等新城人口规模将达到 80 万—100 万人,新城建设目标逐步清晰。"十一五"期间,嘉定新城完成公共服务设施建设近 20 万平方米,同时完成中信泰富、保利在内的多家房地产开发项目。另外,城市交通和基础设施方面,嘉定新城中心区建设道路共计 11 条,总长 11.69 千米,同时包括电力、燃气、通信在内的多项基础设施配套建设完备;城市环境方面,新城绿化总面积达到 217 万平方米,人居环境稳步改善;城市文化方面,保利大剧院落座于嘉定新城;城市教育方面主要建设一所幼儿园和一所初中,嘉定新城的公共服务体系基本完备(朱龙铭,2009)。

（4）综合性节点城市建设阶段。

2021 年 2 月,基于《上海市城市总体规划(2017—2035 年)》,上海市政府提出《关于本市"十四五"加快推进新城规划建设工作的实施意见》,指出将嘉定、青浦、松江、奉贤、南汇等五个新城,培育成具有辐射带动作用的综合性节点城市,这意味着新城的规模进一步扩大,功能进一步完善。根据《"十四五"新城公共服务专项方案》及《嘉定新城"十四五"规划建设行动方案》,嘉定新城在基础教育、医疗卫生、社会保障、城市文化、城市环境、城市交通等方面进一步完善,打造全市一流的公共服务体系,特别是在教育上,与华东师范大学、上海师范大学、上海大学等教育名校合作办附属学校,争取与中心城区比肩;医疗上,在瑞金医院和上海中医医院的基础上,引入上海市中医药大学附属嘉定区中医医院;交通上,打造安亭综合交通枢纽,构建内外落网体系和多元公共交通体系;文化上,以保利大剧院为依托,开展汽车文化节、孔子文化节等品牌活动(如表 1.5 所示)。

表 1.5 "十四五"时期嘉定新城公共服务 2025 建设目标

领 域	具 体 时 期	领 域	具 体 时 期
基础教育	普惠性托育点覆盖率高于 85%;每百名中小学生拥有区级以上骨干教师≥1 人	社会保障	社区级公共服务设施 15 分钟步行可达覆盖率超过 85%
医疗卫生	每千人执业(助理)医师数 3 人	城市文化	每十万人文化场馆拥有数量达 4.5 个
城市环境	森林覆盖率>21%;水功能区水质达标率 95%;人均公园绿地面积 11.5 平方米;河湖水面率 8.93%	道路交通	30 分钟以内实现新城内部通勤实现 45 分钟以内到达中心城区或邻近新城实现 60 分钟以内到达国际级枢纽;100%实现公共站点 500 米服务半径

资料来源:由《嘉定新城"十四五"规划建设行动方案》整理得到。

3. 嘉定新城公共服务现状

截至 2021 年,嘉定新城以城市规划为城市建设准绳,坚持高质发展,以人的需求为导向,在新城公共服务方面取得了阶段性成果,但同时仍存在一些问题。

在新城基础教育方面,开办了中福会新城幼儿园、新城实验幼儿园、云谷路幼儿园,加上原有的马陆以仁幼儿园、双丁路幼儿园等两所幼儿园,上海交通大学附属中学嘉定分校、华东师范大学第二附属中学等两所名牌中学,德福路学校(小学、中学)、洪德路中学、上海市宋校嘉定实验学校、马陆育才联合中学、新城实验(小学、中学)等五所中学,丰富了基础教育资源。但是,高水平的名牌学校数量较少,导致培养出的学生在全市范围内缺乏竞争力。

在新城医疗卫生方面,拥有上海交通大学附属医学院瑞金医院北部院区一所三甲医院和嘉定中医院一所二级甲等医院,还有马陆镇社区卫生服务中心等非甲级医院。然而,尽管瑞金医院北部院区拥有 63 个科室,但仅在神经内科有一位主任医师,其他科室均为副主任医师及以下,医资力量薄弱,难以满足当地群众基本的看病需求,同时缺乏儿童专科医院。

在社会保障方面,拥有成规模养老服务中心三家,包括北管村综合为老服务中心、云谷老年人日间服务中心、大峪村老年活动室。北管村综合为老服务中心开拓了家门口养老的新模式,为老年人提供助餐、日托、全托等服务,老年人在活动中心可以享受看护、医疗、保健、读书、手工等服务,排解孤独感。云谷老年人日间服务中心与社区卫生服务中心,以新城内老年人阿尔兹海默症筛查为切入点,为老人提供专业锻炼反应能力的(手指操、算数、拼图等)各项专项活动,同时云谷服务中心还配备专业的医生、康复医师、营养师,能够全方位、一站式解决老年人的困难。大峪村老年活动室则是以为老年人提供活动场所为目的,为老年人读书、影音、健身提供场所。然而,仍然存在服务内容与结构相对单一,无法为老年人提供健康护理方面的帮助,也无法满足老年人的需要。

在城市文化方面,嘉定新城设有上海标志性文化设施——保利大剧院,其独特的设计能够满足各种类型节目的需要,包括可容纳 1 466 人的大剧场和容纳 400 人的小剧场,同时设有广场和散步道以满足居民交流的需求。新城中还设有嘉定图书馆,背靠嘉定文化馆,毗邻保利大剧院,内有藏书 60 万册,设座 981 个,供市民阅览借阅。作为上海汽车城营造汽车文化的重要组成部分,F1 赛车场由赛车场区、文化娱乐区和商业博览区在内的多个板块组成,同时为专业赛车人士和业余参观市民提供了适宜的板块;另外,嘉定新城内还设有上海市民体育公园,为市民提供丰富多元的体育设施,包括足球场和篮球场,还有场所可以跑步、健身。嘉定新城内共有五家电影院,但分布相对集中,如果没有便利的交通设施,电影院的分布与配置,难以满足市民的基本需求。

在城市环境方面,获得"最佳生态宜居城市"称号的嘉定新城生态空间初步建成,拥有远香湖、紫气东来、环城林带、石冈门塘"四大景观",新城绿化覆盖率超过40%。同时,截至 2018 年,嘉定的人均绿化面积达到 18.5 平方米,早已超过嘉定新城的 2025 年规划。

在道路交通方面,新城有城内公交 811 路,嘉定 9 路、嘉定 15 路、嘉定 18 路、嘉定 52 路、嘉定 53 路,共五条公交线路,方便市民在城内购物通行。新建嘉虹 2线,起点嘉定新城公交站,终点为虹桥枢纽西交通中心,全程 30 分钟,方便嘉定新城与虹桥枢纽之间的通勤。同时嘉定新城内还有轨道交通 11 号线及其支线,可直通徐家汇和迪士尼等热门地点,同时可换乘地铁 1 号线、9 号线等,交通网络基本完备。除了城内公交车和地铁线路,嘉定新城还有连接上海和南京的沪宁城际高速铁路,途经上海虹桥站和南京南站,运行速度高达 300 千米/小时;沪苏通铁路由赵甸站至安亭西站,是一条兼顾客运和货运的铁路,沪宁城际高速铁路和沪苏通铁路共同构成了嘉定新城的两条对外通道。2017 年嘉闵高架(S32—莘松路)全线通车,北起 S6 沪翔高速,南至 S32 申嘉湖高速,纵贯闵行、松江、青浦、嘉定四区,同时在金都路、银都路、元江路部分路段设置了 4 对平行匝道,缓解了南北车流量大的交通问题,极大方便了周边居住和出行。

为了更准确地分析嘉定新城在城市交通、环境、教育、医疗、社会保障、城市文化方面的现状,本节根据已经梳理的公共服务内容,搜集并计算嘉定新城各项指标数据,计算二级指标得分,并将"十四五"规划目标作为标准,绘制雷达图,如图 1.7 所示。

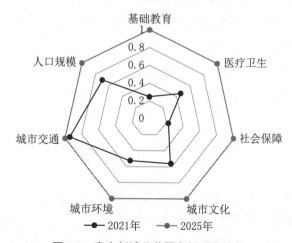

图 1.7 嘉定新城公共服务提升雷达图

资料来源:自行计算和绘制。

鉴于嘉定新城数据的缺失与行政规划的变动,本节中嘉定新城公共服务指标体系二级指标的权重采用德尔菲法确定。参照并沿用陈天等(2021)的研究结果,由12位城市规划专家对城市公共服务体系指标的重要性给出针对性判断,然后对结果进行一致性检验后,得到指标权重。据此,公共服务设施中城市环境和城市交通最重要,权重分别为0.27和0.25;基础教育和医疗卫生的重要性次之,其权重分别为0.17和0.14;城市文化和社会保障的权重分别为0.09和0.08。由此可以说明,目前嘉定新城以发挥近郊居住区功能为主,其运行较依赖上海中心城区,以弥补自身资源配置的缺失,尤其是教育、医疗等优质资源,同时相比于中心城区,嘉定新城内能提供的工作岗位较少,就业比例相对较低,新城的常住人口主要通过远距离通勤来实现就业,因此城市交通的重要性相对明显。

由图1.7可以看出,把"十四五"规划公共服务提升目标得分设定为1,嘉定新城在城市交通方面的建设基本能够满足居民的需求,但是在医疗卫生、社会保障、城市文化、城市环境方面距离较远,特别在基础教育方面,这可能与嘉定新城之前的功能定位相关。未来嘉定新城发展成为独立综合性节点城市,需要在基础教育、医疗、文化等方面减轻对中心城区的依赖,强化骨干教师以及主任医师等高端、高品质人才储备,补齐弱势公共服务短板。

进一步,为了分析公共服务体系中具体哪些方面差距较大,本节通过计算已完成的公共服务各项指标数据占"十四五"规划公共服务提升目标的百分比,可直观显示出嘉定新城在未来几年的重点努力方向。如图1.8所示,嘉定新城在公交站点500米覆盖率和新城内部通勤时间、河湖水面率、森林覆盖率和河湖水面率、体育公园或运动中心个数、三甲医院个数方面已经提前到达"十四五"规划公共服务建设目标。同时由于嘉定新城目前已经成为嘉定区承接外来人口的主要支柱,其人均公园绿地面积、人均体育场地面积、每千人常住人口床位数和医生数,以及每百名中、小学生拥有区级以上骨干教师数目前还远远没有达到"十四五"规划目标,同时伴随着嘉定新城人口的持续上升,这部分公共服务的提升将面临更大的挑战。

1.3.3 嘉定新城在公共服务提升方面发展优势与主要矛盾

1. 嘉定新城在公共服务提升方面的发展优势

嘉定新城的发展优势主要体现在强劲的汽车产业、较为成熟的新城设施(大型商场和超市并与医院的距离较近,发达的交通网络)、城市高精尖人才的配套。具体来看:

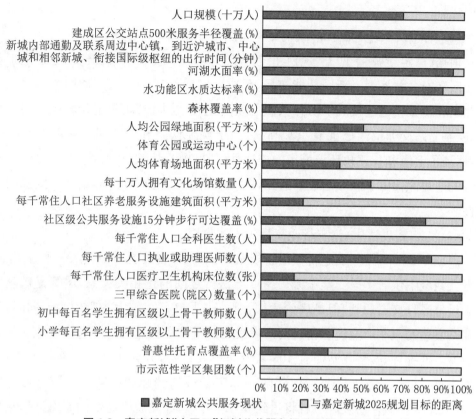

图 1.8 嘉定新城"十四五"规划公共服务提升目标完成百分比

资料来源：作者自行计算和绘制。

（1）世界级汽车优势产业，完善的汽车制造和服务产业链条。

作为上海打造世界级汽车产业的核心承载区，嘉定新城拥有 12 家名企公司总部，包括上汽大众、长城控股、福尔德派克电气等，同时拥有配套汽车零部件百强企业 200 多家，还有 10 多家 500 强企业，足以看出嘉定新城在产业方面的优势。汽车产业的飞速发展以及嘉定汽车名牌效应的逐渐显现给嘉定新城的公共服务提升带来了诸多便利。首先，从产值来看，2020 年嘉定新城中嘉定工业区和安亭镇完成产值共计 2 410.7 亿元，占全区总产值的 70% 以上，同时在汽车产业的带动下，行业集群规模扩大，百强企业发挥领导带头作用，工业总产值 2 304.4 亿元，占总产值比重的 65%，拉动嘉定新城工业产值增长 1.6%。汽车产业对嘉定新城经济具有极强的带动作用，一方面，经济快速增长和产业集聚扩大的背后给嘉定新城政府带来了丰厚的税收收入，政府有足够的财政收入投入到新城的公共服务设施建设上；另一方面，汽车产业的兴旺发展给外界传递积极信号，更多外源性资金涌入提升城市公共服务方面，将产业优势转化为经济优势，进而催化为嘉定新城公共服务提升的发展优势。

(2) 集高铁、城际轨交、市域轨交和地铁为一体的交通枢纽。

根据《嘉定新城"十四五"规划建设行动方案》,嘉定新城扩区调整,将嘉定工业区北区和安亭北站纳入新城功能布局,形成了四通八达的新城交通网络体系。安亭北站和新城城区连接成了协作共赢的发展纽带,协同保证嘉定新城的发展。目前,安亭北站交通枢纽已拥有京沪高铁,沪宁城际铁路和沪苏通铁路两条城际轨交,保证了上海和长三角环沪城市的连通性;新城内有地铁11号线和14号线。交通线的连通性保障了新城居民的通勤,极大地缩短了通勤的时间,增加了通勤的便利性。

(3) 人口密度适中,汽车行业高精尖人才集聚。

截至2021年,按照嘉定新城最新规划面积,人口密度为0.43万人/平方千米,在五大新城中位居中段。鉴于人口密度与房价之间的正相关关系,尽管嘉定新城处于近郊区且交通便利,但是房价适中,对外来人口存在较大的吸引力。同时,安亭北站发达的汽车产业链和骄人的产量吸引大量汽车行业的专业高端人才齐聚嘉定新城。据统计,安亭北站拥有106家汽车研发机构,并含173家高新技术产业,研发人员共计2.5万人,据估算,伴随着嘉定新城的崛起和国际汽车智慧城的建立,未来嘉定新城仅研发人员就将达到5—10万人,如此规模庞大的研发群体在嘉定新城集聚是嘉定新城公共服务提升的重要支撑。

2. 嘉定新城在公共服务提升方面的主要矛盾

(1) 公共服务配套相对完善,覆盖率较低且针对性较差。

从嘉定新城现有的公共服务配套来看,在城市交通、环境、文化、医疗以及社会保障方面的设施都是全面且相对完善的,但是从数据来看,基础教育、医疗、社会保障这些民生类公共服务的覆盖率是较低的。同时,还面临着不同年龄段以及不同受教育程度的人群对公共服务的不同要求(张珍等,2018)。对于城市文化设施来说,青年人和60岁以上的老年人均有此需求,但需求内容存在差异,青年人对图书馆、体育馆要求相对高,而老年人对广场、社区活动中心要求更高,中年人则忙于生计对此需求较少。对于基础教育设施来说,青年人关注幼儿园的配置情况,中年人则关注中小学的配置情况。对社区服务设施来说,老年人对养老院、社区活动中心需求更大,而中、青年人则关注儿童设施的配置。基于这种差异化需求,我们再来看一下嘉定人口结构分布。据第七次全国人口普查数据,嘉定0—14岁儿童占比9.8%,比第六次人口普查占比提高1.3%;15—59岁人口占比72.3%,比十年前占比下降8.3%;60岁以上人口占比17.9%,比十年前占比提高7%。从人口结构的变动来看,儿童和老年人口占比增加,这意味着居民对基础教育、医疗卫生和社会保障的需求增加,但是从现状来看,这三种公共服务的覆盖率较低,远远没达到居民正常需求。

嘉定新城公共服务配置的针对性低主要体现在没有根据居民切实需求对新城公共服务做出改善,或者说改善力度不够,未能综合考虑不同受教育程度的居民需求。近十年来嘉定常住人口的受教育水平的分布结构发生显著变化,根据 2020 年第七次人口普查数据,嘉定常住人口中大学以上受教育程度的人数为 51.23 万,与 2010 年人口普查相比,每十万人拥有大学及以上学历的人数增加了 15 343 人,增加了近 55%。平均受教育年限的提升,意味着居民对于教育品质的要求越来越高。但是目前新城内的区级以上骨干教师数量严重缺失,针对幼儿的普惠性托育点也配置不足;在医疗卫生方面,尽管儿童占比增加,但是新城内没有针对儿童的专科医院。

(2) 新城高能级公共服务配给的独立性不足。

嘉定新城高品质的公共服务供给对中心城区的依赖度较大,缺少自我发展的意识与能力,尚不能实现自我满足,更谈不上辐射周边城市。譬如,嘉定新城唯一的三甲医院瑞金医院北院,其主治医生较少,同时医生在总院与北院之间轮班,缺少归属感,也缺乏完善的人才引进激励制度。另外,医疗条件比之市区较差,导致来沪看病的病人还是会优先选择中心城区医院,未从根本上缓解中心城区医疗上的压力。

从教育来看,嘉定新城教育方面的硬件配套设施较好,但是软实力不足。优质示范性高中的比例太少,嘉定仅有嘉定一中和交大附中两所示范性高中,39 所一般初中,按照分配到校名额,每个学校仅有 5% 的到校名额,即嘉定的初中生想要进入重点高中难度极大。这使得很多家长选择让孩子去中心城区读初中,增加孩子进入重点高中的概率,无形中增加了中心城区的负担。从高考的结果来看,嘉定教育水平靠后,资金和名师的匮乏是造成嘉定区教育水平低下的首要原因。

1.3.4　嘉定新城公共服务提升的思路与对策

鉴于上一小节中提出的嘉定新城在公共服务提升方面的发展优势和主要矛盾,提出以下针对性的思路与对策。

第一,基于不同层次居民需求特征,差异化供给。与中心城区不同,新城的人口构成结构中,无论是年龄结构、收入水平、居住区域还是受教育结构均具有其特殊性,因而需要根据居民特征差异化供给(张晓伟等,2016)。首先,统计不同社区居住群体的年龄结构和收入水平,并结合居民喜好及需求进行分类与规划,重点关注儿童与老人等弱势群体,由于新城的外来人口占比约50%,因此他们在新城的居住区域应该具有一定的规律性,呈现集群式分布。其次,针对高出生率的高知社区,重点改善对儿童游乐园、高品质托育所、幼儿园以及儿童专科医院的配置;针对老年人口占比较大、老龄化严重的社区,则需要重点配置老年活动室、社区卫生服务中心、养老院、社区食堂,保证老年人正常且有保障的生活;对于受教育水平较高,且新生儿较少的社区,应重点配备体育公园、健身器材、咖啡馆、图书馆等适合交流与学习的地方,匹配不同阶层居民的生活需求。

第二,匹配新城人口规模,动态配给,政策优化。尽管目前嘉定新城的人口规模距离目标存在一定的差距,但是随着开发的深入、优势产业的进一步强化、强有力人才引进政策的实施,嘉定新城的人口规模会持续扩大。人口规模的增加会给嘉定新城的公共服务带来一定的挑战,那么新城的公共资源配置就需要前瞻性规划(茅冠隽,2021),根据人口规模的变化动态调整,逐步强化新城的独立供给能力。另外,保证外来人口及其随迁家属能够享受与本地人同样的公共服务,尽可能实现公共服务均等化,特别是在教育和医疗两个方面。目前,嘉定新城对外来人口子女入学采取积分制度,同时在学校的选择上存在限制。针对这种歧视关系的存在,应该打破户籍制度壁垒,找寻一条完备的外来人口本地化的路径,争取实现义务教育全覆盖,保证外来人口子女的升学顺畅,最大化地利用新城的教育和医疗资源。

第三,强化市级高层次公共服务优质资源下沉与转化,减轻对中心城区的依赖。推动市级优质教育资源与医疗资源向嘉定新城倾斜。针对嘉定新城目前示范性初中及高中学校数量少、竞争大的问题,应该着力推进市区优质学校在嘉定新城办校,同时为保证办学质量,加强对引入学校的监督与绩效考核。对于现有学校区级以上骨干教师数量较少的情况,除去加速引进教师资源,还应该建立自有的人才引进与激励政策,将教学质量与薪资待遇挂钩,建立全新的考核体系。嘉定新城现有的瑞金医院北院存在问题较多,在医生数量、患者信赖度、管理等方面均有待改善,应加强对瑞金医院北部院区服务的考核,增加其可信赖度。

第四,拓展公共服务供给渠道,丰富供给主体类型。嘉定新城的公共服务供给一般由区县政府主导且由政府管理,而这种单一的供给模式不利于多元公共服务设施的建立,导致公共服务配置效率较低,同时单一主体也不利于通过竞争达到优化公共服务供给的效果。如果能够拓宽公共服务供给渠道,允许社会组织或个人进入教育、医疗、环境绿化等环节的投资,不仅能够减轻政府财政支出的压力,还能够强化公共服务供给主体的服务能力,提高公共服务的综合水平。

1.4 嘉定新城建设独立综合性节点城市的创新性政策支持

1.4.1 支持新城发展的政策演进

上海市政府为了优化城市空间结构,克服中心城区的制约,提出建设工业卫星城,最早可追溯到 20 世纪 50 年代,但由于此时政府对于新城的建设规划不明了,缺乏相应的配套细则,虽取得一定成效却规模太小,难以推动地方发展。直到 90 年代末,上海中心城区不堪重负,人口拥挤、交通拥堵、环境恶化等问题显现,城市规划几经调整,在《上海市城市总体规划(1999—2020 年)》中提出上海市城市体系应为 1 个中心城和 11 个新城构成,新城建设正式拉开帷幕。在其后的十年中出台多个相关政策文件(例如《关于上海市促进城镇发展试点意见的通知》),特别在上海市"十一五"规划中提出了"1966"城镇规划体系,新城建设也在此框架下持续推进。但是,由于当时上海市政府在着力推进中心城区建设,虽然提出推进郊区城镇化及建设新城的目标,但未把郊区新城建设上升到城市发展的战略核心位置,导致新城建设目标不清晰。同时,上海市政府对新城的开发没有进行能级层次开发和更细致的规划,造成所有新城均匀用力,使得原本有限的资金和项目分散,难以得到充分且有效的利用;另一方面,新城定位为单纯的"睡城"或"产业城",产业结构单一,缺乏具体的产业扶持政策和项目配套,同时新城与原工业园缺乏互动,更谈不上产业联动,也缺乏产业项目向新城倾斜的政策。

到"十二五"时期,上海市政府发布《关于本市加快新城发展的若干意见》,提出城市建设重点向新城倾斜,率先发展松江、嘉定、临港三大新城,完善新城产业发展和公共服务,加强产业发展与新城建设互动,促进产城融合,针对不同新城出台"双特"意见。首先,加大基础设施建设和市政配套建设,启用《上海市工程建设标准体系表》以对上海项目进行合理规划,对公共交通基础设施建设和维护给予专项扶持资金补贴;在产业政策方面,部分新城将原有工业园区纳入新城规划单位,增强产业联动,同时完善生活商业服务配套。其次,在公共服务设施方面,支持小区公共服务设施同步配套,2011 年出台《关于调整本市城市基础设施配套费征收标准和使用范围的通知》,提高对居民住宅建筑面积征收费用标准,同年出台《上海市郊区二级公立综合医院建设与发展的指导意见》,加快"5+3+1"医院项目建设。在人才引进方面,2012年上海市政府印发《持有上海市居住证人员申办本市常住户口办法》,居转户政策向郊区新城引进人才倾斜,在远郊新城的教育、医疗、农业等方面工作且具有上海居住证的人员,可优先享有参保满5年拿到上海户口的政策。在教育方面,上海出台延长支教教师退休年龄,并采取远郊区任教奖励制度,同时在2013年出台《上海市教育委员会关于推进中小学特级校长流动的实施意见》,以达到提高远郊区教育水平的效果。上海市政府在新城发展方面出台多项政策,从效果来看,新城建设进一步完善,在人才引进和人才住房保障政策方面出台创新型政策效果甚佳,但是总体来看,新城的人口规模总体偏小,产业结构合理性稍差(郭岚,2016),同时由于新城间发展优势与发展基础的差异,造成新城建设发展程度不一。

"十三五"时期,正值我国着力推进"两个百年"奋斗目标的关键时期,同时也是上海建成社会主义现代化大都市的时期,在这种背景下,新城发展的战略性更加突出,产业转型任务更紧迫(王振等,2016)。2016年,上海市发布《上海市国民经济和社会发展第十三个五年规划纲要》,提出改变城市发展模式,推进城市由规模扩张向精明增长转变,以新城和镇作为新增人口居住和就业的主要载体,根据人口需求动态配置公共资源,同时深化积分管理,完善落户政策。推动新城功能建设,优化新城空间、集聚人口和带动发展,将松江新城、嘉定新城、青浦新城、南桥新城、南汇新城打造成为长三角城市群综合性节点城市。2017年,《上海市城市总体规划(2017—2035)》中明确了将位于重要区域廊道上、发展基础好的五大新城培育成长三角城市群中具有辐射带动作用的综合性节点城市,全力推动新城发展。

"十四五"时期,新城建设迈向新的高度。2021年,上海市政府发布《关于本市"十四五"加快推进新城规划建设工作的实施意见》,指出要将新城建设作为一项战略命题,并举全市之力推动新城发展。规划中将新城建设实施细化,并出台《"十四五"加快推进新城高质量发展的支持政策》《"十四五"新城交通发展专项方案》《"十四五"新城产业发展专项方案》《"十四五"新城公共服务专项方案》《"十四五"新城环境品质和新基建专项方案》,从人才引进、土地保障、财税支持、优化营商环境、产业发展、交通优化、企业落户等方面支持新城发展。

从新城政策的整个变革历程来看,新城发展政策在实践中改进,在改进中完善。新城建设从缺乏项目引进、项目配套与相应的产业扶持,到如今明确、聚焦、有力的专项扶持政策;从因缺乏资金、信贷支持和税收返还等优惠难以引导企业落户,发展到有专门的财税支持政策,吸引企业落户发展;从新城因新城偏远、服务设施不健全、生活不便利等因素被外来人口舍弃,到如今因交通设施和基础设施建设相关政策而实现交通便利、公共服务设施齐全;从原先的医疗难、教育难、落户难,到如今,这些困难早已不是问题。新城支持政策的不断完善,对推动新城高质量发展,成长为长三角有辐射带动作用的综合节点城市意义重大。

1.4.2 嘉定新城创新性政策支持

除去嘉定新城在新城产业发展上的努力,为推进新城规划,建设独立综合节点性城市,在"十四五"规划中,上海人民政府为五大新城出台与中心城区存在差异的人口导入与人才引进政策、购房与租赁政策、土地政策、财税支持政策、营商环境政策、产业政策,同时教育、医疗、养老等服务人才公共服务配套政策与新城各自情况相适应。嘉定新城也同样享受到这种创新性政策支持,未来的嘉定新城,不再是上海"睡城"或上海郊区新城,而是产业集聚且拥有独立人才引进政策、独立住房政策、独立产业政策,同时拥有近百万人口的独立综合性城市(如表 1.6 所示)。

表 1.6 中心城区与嘉定新城政策分类及部分细则比较

政策类型	中心城区	嘉定新城
落户政策	1. 省部级以上政府奖励人员、重点支持产业高级经理同时具有研究生学历、高新技术领域急需人才可直接落户 2. 在沪"世界一流大学建设高校"的本科应届毕业生,符合申报条件即可落户 3. 博士生、"世界一流大学建设高校"和"世界一流学科建设高校"建设学科的应届硕士毕业生符合基本申报条件即可落户 4. 非上海生源进沪就业标准分 72 分	1. 归国紧缺急需专业学士及以上学位的留学人员,在新城全职工作并缴纳社会保险满 6 个月后,即可申办当地户口 2. 在沪所有高校的应届研究生毕业生符合基本条件即可直接落户 3. 新城范围内教育、卫生等公益事业单位录用的非上海生源应届普通高校毕业生,直接落户打分加 3 分
居转户政策	1. 持上海市居住证满 7 年,且同时缴纳社会保险满 7 年 2. 持居住证期间依法在本市缴纳个人所得税 3. 取得本市中级及以上专业技术职务或国家二级职业资格或技能等级及以上证书且被聘任在相应岗位工作	1. 在新城重点产业用人单位和教育、卫生等事业单位工作满一定年限并继续在新城工作 2 年以上的人才,经新城所在区推荐后,"居转户"年限可由 7 年缩短为 5 年 2. 居住证持证人在新城工作并居住的,予以专项加分,即每满 1 年积 2 分,满 5 年后开始计入总分
购房与租赁政策	1. 单身有房,限购 2. 已婚,一方非上海户籍,需缴纳社保满 5 年 3. 非沪籍,限购一套,居住证满 3 年,社保满 5 年	1. 优先购房政策购买 2. 租购并举、租售衔接 3. 加大对事业单位、重点产业级基础服务人员的租赁住房供应

（续表）

政策类型	中心城区	嘉定新城
土地政策	1. 限定开发强度等级 2. 严格限制建设用地，控制城市规模 3. 市级土地出让，出让金归市级政府所有	1. 适当提高开发强度，放宽住宅地块容积率 2. 加大新城土地供应，鼓励先租后让，长期租赁 3. 市本级土地出让金，扣除专项基金剩余部分30%以上返还
财税支持政策	1. 土地出让申请人需满足：剔除预收款后的资产负债率不超过70%；净负债率不超过100%；现金短债比不小于1	1. 支持市级土地出让 2. 支持新城政府债券发行 3. 对新城基础建设补贴，享受最高贴息标准 4. 新城内旧住房，享受市级补助计划

资料来源：上海市人民政府门户网站以及嘉定区人民政府门户网站。

1. 针对新城制定差异化人口导入与人才引进政策

"十四五"规划以前，新城人才引进是与中心城区实行统一的政策，鉴于新城与中心城区在经济发展水平、产业配置、生活配套等方面的差距，新城对于外来人口没有足够的吸引，2021年出台的《关于本市"十四五"加快推进新城规划建设工作的实施意见》中指出，为推进新城高质量发展，在新城推行区别于中心城区的差异化人才引进政策，吸引各类人才在新城集聚。具体创新如下：

（1）放宽落户政策和居转户政策，新城为吸引人才落户改进了许多条款。

在上海市中心城区想要落户需要满足获得省部级及以上政府奖励、或者被列入省部级及以上人才培养计划等条件、或者重点产业和领域具有研究生学历的高级经历等条件。在新冠疫情冲击的背景下，上海市人社局在2022年6月出台了《关于助力复工复产实施人才特殊支持举措的通知》，对于落户政策作出了一些新的规定：毕业于世界排名前50名院校的留学回国人员，取消社保缴费基数和缴费时间要求，全职来上海市工作后即可直接落户；毕业于世界排名51—100名的院校，全职来上海市工作并缴纳社保满6个月后可申办落户。在嘉定新城，人才落户政策更加灵活。在学历要求方面，来自上海交通大学、复旦大学、同济大学、华东师范大学的本科、硕士、博士应届毕业生符合申报条件即可直接落户，而根据第二批2021年非上海生源应届普通高校毕业生进沪就业落户的相关规定，在沪所有高校的应届研究生毕业生符合基本条件即可直接落户；在居转户方面，对在新城重点产业用人单位和教育、卫生等事业单位工作满一定年限并继续在新城工作2年以上的人才，经新城所在区推荐后，"居转户"年限可由7年缩短为5年；在留学生方面，新城重点用人单位引进的国(境)外高水平大学获得科学、技术、工程和数学等紧缺急需专业学士及以上学位的留学人员,在新城全职工作并缴纳社会保险满6个月后,即可申办当地户口;在居住证积分方面,对新城范围内教育、卫生等公益事业单位录用的非上海生源应届普通高校毕业生,直接落户打分加3分,对上海市居住证持证人在新城工作并居住的,予以专项加分,即每满1年积2分,满5年后开始计入总分,最高分值为20分。

(2)着力培养技能人才,加强对事业单位和海外人才引进力度。

优先支持新城的重点产业人才,优先推荐新城中申报的科研工作站和创新实践基地。给予"首席技师""技能大师工作室"评选资助政策倾斜,对新城中急需的技能岗位骨干,直接纳入技能人才引进范围。在社会事业引进上,对新城事业单位人才职称评审政策倾斜,同时新城教师在职称评审中享受乡村教师待遇。在海外人才吸引上,除去放宽落户政策,另外,在上海取得学历的国际学生可直接在新城创新创业,同时简化外籍高层次人才注册企业的办理程序和申请材料。

2. 实施人才安居住房政策

(1)完善多元化住房供应体系,引导住房合理布局。

相比于中心城区,新城的保障性、租赁性住房供应量和比重更大,充分缓解购房压力,对基础服务人员增加宿舍型租赁住房办法。企业用房租赁政策也有了新的突破,支持产业园区内集中配件租赁住房,简化创业产业园内租赁住房审批环节。

(2)完善新城大型居住社区功能。

规范大型居住区价格核实政策以及市属征收安置住房差价资金使用机制。对已有大型社区,优化部分用地建设保障性租赁住房,同时确保共有产权保障房的供应。

3. 改善土地开发政策,加大规划土地保障力度

(1)提高开发强度,强化用地保障。

加大轨道交通站点600米服务范围的周边区域开发强度,差异化中心城区开发强度等级设定,新城其他区域放宽住宅地的容积率,特别是租赁住房。支持新城建设用地开发,同时给予净增建设用地指标奖励机制。加大新城产业空间扩大,在新城内产业区块实行混合用地、创新性产业用地等政策。

(2)优化供地结构,支持存量土地二次开发。

保证产业基地充足的工业用地空间,减少综合性商用地,增加小型商办用地供地,允许新城内低效办公楼改为租赁住房。在土地开发方面,对新城减量化指标政策倾斜,以增量用地带动存量用地调整。支持划拨土地上的存量房产利用,土地用途和权利人、全力类型在过渡期内暂不变更。

4. 针对新城建设加大财税金融支持

(1)支持基础设施建设,实行土地转让收入支持政策。

对新城基础设施建设开展专项投资支持,对新城骨干交通设施加大资金补贴力度。对新城地下综合管廊补充调查和数据库建设给予专项补贴,同时对基础设施补贴,享受最高贴息标准。新城土地出让的创新型政策主要是新城出让土地取得的市级土地出让收入,扣除各项专项基金(资金)后的结余将返还新城,返还比例不少于30%,用于城市道路等符合土地出让金支出范围的项目。

(2)调整新城产业结构,推动老城区更新。

提高新城主导产业领域增量企业的增值税和所得税的区级分成比例,加大新城产业结构调整专项资金支持。针对新城内低效待转型地块引进重大项目给予资金支持。在老城区更新方面,优先将涉及历史文化古镇保护、撤制镇改造的城中村列出改造项目。新城旧住房优先改造,同时享受市级补助计划。

(3)拓展投融资渠道,支持新城开发建设。

支持新城政府发行债券,并优先对新城开展基础设施领域REITs发展项目给予专项资金支持。支持市属国有企业参与新城开发,同时支持政策性银行、商业银行组团给予新城开发贷款。

5. 向新城放权,营造高质量营商环境

主要可从加大放权赋能力度,完善新城建设机制体制考虑。扩大新城发展自主权,加强事权下放的业务衔接和培训指导,提高办事效率和服务水平。按照独立综合节点城市要求健全新城统计体系。进一步推动资金、土地指标、产业资源、公共服务等要素向新城集聚,对新城重点区域和项目开通绿色通道,加强项目服务,优化项目监视,建设一流营商环境高地(如表1.6所示)。

6. 完善产业发展政策,助推新城产业集聚

针对嘉定新城的发展,嘉定区在上海市政府的引导和相关政策的启发下,曾先后出台多项政策和规划文件,促进新城产业成长和发展。同时随着政策的完善,上海市逐渐放开了对新城发展的管辖,特别是"十四五"时期,上海市政府出台多项差异化创新性政策,在新城人才引进政策、住房政策、土地政策、财税支持政策等方面给予新城特殊性的"照顾"。相比以上政策,不得不提的是新城的产业政策。其实,针对新城产业发展政策出台的权力早已下放,在新城建设阶段,由区级政府依托自身优势进行产业发展。尽管之前在人才政策、财税支持政策、土地政策与中心城区

保持一致性,但创新性产业政策对推动嘉定新城的发展起到非常重要的作用(如表 1.7 所示)。

表 1.7　嘉定区推进嘉定新城产城融合的产业扶持政策文件及出台时间

文件名称	出台时间
《嘉定区关于加快产业集聚发展的意见》《嘉定区优秀人才住房优惠实施意见》	2008 年
《2009 年嘉定区促进现代服务业发展扶持意见》《促进总部经济发展若干意见》《促进文化信息产业发展若干意见》	2009 年
《嘉定区促进产业协调发展指导意见》《嘉定新城推动服务经济发展暂行办法》《嘉定区推进"小巨人计划"行动方案(2011—2015)》	2011 年
《2012 年嘉定区促进现代服务业发展扶持意见》	2012 年
《嘉定区关于进一步完善扶持创业政策的实施意见》	2015 年
《进一步加快产业转型推动四大产业集群创新发展若干政策》	2016 年
《嘉定区关于贯彻落实"公交优先"发展战略的实施意见》《关于大力引进高层次创新创业和急需紧缺人才及团队的实施意见》	2017 年
《嘉定区促进文化信息产业发展若干意见》《嘉定区产学研合作项目扶持资金管理办法》	2019 年
《嘉定区加快新旧动能转换、促进产业高质量协调发展若干意见》《嘉定区促进在线新经济发展若干意见》《嘉定区关于支持汽车"新四化"产业发展的若干政策》《嘉定区促进高性能医疗设备及精准医疗产业发展的若干政策》《嘉定区关于支持智能传感器及物联网产业发展的若干政策》《嘉定区关于加快本区高新技术企业发展的实施方案(试行)》《嘉定区财政改革与发展"十四五"规划》	2021 年

资料来源:嘉定区人民政府门户网站。

具体来看,"十一五"时期,随着郊区新城建设的持续推进和快速发展,2008 年嘉定区人民政府发布《嘉定区关于加快产业集聚发展的意见》,提出依托汽车服务业,发展汽车零部件制造业等相关产业,形成具有辐射能力的制造业产业集群,同时发展现代服务业产业,涵盖专业服务业、总部经济、教育品牌、医疗保健、文化信息产业等,重点支持国家级市级产业园。可以看到,嘉定新城在嘉定产业集聚发展方面没有明晰的规划,也没有相应的倾斜性产业政策支持。2009 年,嘉定区政府明确了现代服务业、总部经济和文化信息产业发展细则,在企业落户新城政策方面,实行开办补贴、项目补贴、创业扶持等优惠政策。《2009 年嘉定区促进现代服务业发展扶持意见》中指出,鼓励重点项目引进,并给出一次性开办补贴,同时对大型入驻企业购买办公房给予房价 10% 的补贴,租赁办公用房超 1 000 平方米,且合同在五年以上的,开办后前三年补贴 30%。除去重点项目,引进的总部经济和文化创意产业、商贸服务业、旅游饭店均给予不同程度的补贴。同时鼓励融资平台、信息平台、知识产权平台在内的公共服务平台建设。

　　"十二五"时期,嘉定区政府出台《嘉定区促进产业协调发展指导意见》着力推进"小巨人计划",主抓研发创新,培育创新企业,促进创新成果转化,通过处于领军地位的小巨人企业集聚,推动产业结构转型升级依托人才政策,吸引高层次人才落户。2015年,《嘉定区关于进一步完善扶持创业政策的实施意见》提出完善创业扶持政策,对小微企业人员发放创业补贴。截至"十二五"末期,嘉定区在汽车相关产业和现代服务业上已经有了较大的发展。上海市政府对于新城发展在人才引进、住房优惠、交通基础上有了较为完备的政策,嘉定区从自身实际情况出发,一方面在吸引企业新城落户,为企业提供开办补贴、项目资助、创业扶持等政策;另一方面,在财政支持政策方面,在小巨人扶持、创业投资、科技孵化器等项目上投入数亿元专项补贴资金(谢东升,2014),对产业在新城主城区内的集聚提供了强有力的吸引力。

　　"十三五"时期,为推动嘉定转型升级,发挥嘉定在科研和产业配套上的综合优势,2016年,嘉定区政府印发《进一步加快产业转型推动四大产业集群创新发展若干政策》提出,加大企业培育力度,鼓励优质企业落户嘉定,并为新型产业设立投资资金;支持企业依托高校和科研院所开展产学研合作,针对研发企业奖励激励。在此基础上出台《关于大力引进高层次创新创业和急需紧缺人才及团队的实施意见》,面向海内外引进重点产业和社会公共事业紧缺项目的高层次创新创业人才,并为他们提供创新创业资助、安家生活补贴、政府薪酬补贴,最大限度地激发人才创新创业活力,建设嘉定新城人才集聚高地。

　　"十四五"时期,为全面融入虹桥国际开放枢纽建设,嘉定区对已有政策进行全面更新换代,出台大批全新的产业政策,构建了"1＋4＋N"产业结构体系,持续推进嘉定新城进一步规划建设,其中"1"是指《嘉定区加快新旧动能转换、促进产业高质量协调发展若干意见》,"4"是指聚焦四个重点产业发展(在线新经济领域、汽车四化产业、高性能医疗设备及精准医疗产业、智能传感器与物联网),"N"是指加强政策支撑的领域。《嘉定区促进在线新经济发展若干意见》围绕在线新经济"四个倍增"目标,制定多个包括《关于加快嘉定区直播和短视频园区(基地)建设的若干意见》等在内的专项政策,同时在知名企业或机构入驻、基地建设、品牌建设等方面加大用地补贴,对相关企业与个人给予补贴并支持人才集聚,加大对他们的保障力度。《嘉定区关于支持汽车"新四化"产业发展的若干政策》中明确提出支持优质企业落户,并对迁入嘉定的企业给予补贴;鼓励优质项目落地,在土地政策上给予优惠,不增收土地款;支持企业创新与发展,如加氢站建设、智能网联汽车改装,保护企业知识产权;通过提供2%的贷款贴息,给予企业上市补贴、企业并购补贴(并购金额的 10％)等,加大企业金融扶持。《嘉定区关于支持智能传感器及物联网产业发展的若干政策》从企业创新、企业规模发展、知识产权保护等多个方面支持产业发展,对于企业落地的优惠低价补贴 10％—30％,同时对租赁用房的企业给予50％—100％的补贴,最高 1 000 万元。《嘉定区促进高性能医疗设备及精准医疗产业发展的若干政策》则是从理论与实践的角度支持企业与重点科研院所、高等院校、医疗结构、研发机构等单位合作,在嘉定新城内建设生物医药产业园区,给予20％的补贴,最高 2 000 万,可以看到嘉定新城为加快新旧动能转换,对产业发展的支持和补贴力度非常大。

第 2 章
"十四五"时期青浦新城建设独立
综合性节点城市研究

2.1 青浦新城发展的历史沿革与"十四五"功能定位

2.1.1 青浦新城地理位置与规划简介

青浦区地处上海市西部,太湖下游,黄浦江上游。东与闵行区毗邻,南与松江区、金山区及浙江省嘉善县接壤,西连江苏省苏州市,北与嘉定区相接,位于东经120°53—121°17,北纬30°59—31°16 之间。目前,青浦区总面积约为 676 平方千米。

青浦区东西两翼宽阔,中心区域狭长,境内地势平坦,地下水位较高。由于青浦区沟通江浙两省的位置优势,该区也成为水运交通的重要枢纽。

青浦新城是上海市市域空间布局结构中"多核"的一个节点,是上海市城市总体规划(2016—2040)的上海五大新城之一,新城位于青浦区中心、区政府所在地,是全区的交通汇聚点和产业集中点。

青浦新城由现青浦老城、青浦新区(东部)、向西延伸区域和朱家角镇区四部分组成,它具有居住生活、产业、旅游等综合功能,是全区政治、经济、文化中心,是具有"水乡文化"与"历史文化"内涵的现代化中等城市,服务长三角的上海西部综合性生态宜居城市。青浦新城在整体规划中定位为:在具有"水乡文化"和"历史文化"内涵的现代化城市的基础上,进一步提升新城功能。

青浦新城总体规划以"产城一体、水城融合"为理念,在原总体规划范围基础上,向北将工业园区整体纳入新城范围,强化产业支撑作用,推动产城一体化发展。向西充分利用水体资源,拓展新城范围,建设蓝、绿、城高度融合的"绿色水城"。青浦新城总体规划优化后四至范围为(自北侧开始顺时针方向):沪常高速公路(原苏沪高速公路）—油墩港—章泾江—老通波塘—公园路—油墩港—沪青平公路—淀山湖—盈港路—老青赵公路,规划范围总面积为 119 平方千米。人口规模为 70 万人,建设用地规模为 85 平方千米,人均建设用地 120 平方米。

青浦新城战略发展总体布局形成"三轴、六片、四心"的发展结构。其中,"三轴"包括淀山湖大道发展轴、公园路发展轴和老西大盈港发展轴。"六片"指:东片——同三国道以东,油墩港以西部分,以居住为主,构建配套设施完善的以多层高密度为主的居住区;中片——西大盈港与同三国道之间部分,是青浦区区政府所在地,主要由多层高密度为主的居住区以及行政、文化、商业等公共服务功能集聚区构成;西片——西大盈港与西九路之间地区,是高端服务功能集聚区,包括会议、会展、商务、商贸等功能;北片——上达河以北,外青松公路以西部分,实现产业转型,提升产业能级,形成以生产性服务业为主导的高科技创意研发产业园区;工业区片——上达河以北,油墩港以东部分,现状工业予以保留,规划进行环境改造和设施完善;滨湖片——西九路以西至淀山湖沿岸部分,以旅游服务和特色居住为主导功能。"四心"指青浦新城要打造老城商业中心、公共服务中心、朱家角休闲旅游中心、创意研发中心四个城市功能中心。

2.1.2 青浦千年文化历史悠久,拥有众多名胜古迹

1. "水文化"孕育下的青浦非物质文化遗产

青浦区历史悠久,经考古界鉴定,青浦地区是上海迄今为止发现人类最早的聚居地。7 000 年前这里已经形成陆地,6 000 年前已有先民居住。在崧泽、福泉山等10 处古文化遗址发掘了大量生活和生产遗物。

早在新石器时代,青浦区原住民就开始种植水稻,祖祖辈辈以稻作生产为主要经济方式,因此产生出各种适应稻作劳动或以田间劳作为载体的非遗项目,例如田山歌、阿婆茶等;此外,摇快船、船拳等传统民间活动应运而生。

阿婆茶据传诞生于淀山湖西畔的水乡小镇商榻地区。这里的农家人,特别是农村里的阿婆,每天你来我往,聚在一起,几张桌椅围坐在农家客堂里或廊棚里,桌上放有咸菜苋、萝卜干、九酥豆等自制的土特产,边喝茶边聊天,谈山海经、拉家常、嘴不闲、手不停。这种以茶为礼、以茶待客,并能交流思想感情的生活习俗便成为了青浦区商榻风俗礼仪。

虽然商榻阿婆茶的起源至今难以考证确切,但是这里的许多人家至今仍然或多或少地保存着祖辈传下来的各式茶具。商榻人煮茶的工具依然保留原始特色:

家里保留有一只壁灶,场上留有一只风炉。商榻人认为,这样烧的水,泡出来的茶,才更为清纯、香郁。

新中国成立以来,随着社会文明程度和人民生活水平的提高。商榻人除了保持传统的喝茶方式之外,发展延伸了与家庭和人生几件大事相关的喝茶新习俗:如结婚"喜茶"、生孩子"添丁茶"、造房子"进屋茶"、上大学"状元茶"、参军"报国茶"等不下20多种喝茶方式。现在逢年过节,商榻人每家每户会买上几斤茶叶和几张大红纸,把茶叶分开包装用来迎客。即使走亲访友,茶叶也是必备礼品之一。

青浦的非物质文化遗产,富有浓郁的江南水乡特色,结合了劳动人民的勤劳智慧、爱憎感情和对美好生活的热情向往。目前青浦区拥有区级非物质文化遗产10个项目的保护名录,其中田山歌列入国家级名录项目;"阿婆茶""摇快船""宣卷"列入上海市级名录。

专栏2.1　　　　　　　　　　　　　　**青浦田山歌**

青浦地区的田山歌是农民在耘稻、耥稻时,由一人领唱,众人轮流接唱的田山歌,又称吆卖山歌、落秧歌、大头山歌。主要流传于青浦区的赵巷、练塘等地区。其演唱形式独特,自成一格。例如,赵巷的吆卖山歌由分头歌、前卖、前嘹、发长声、赶老鸦、后卖、后嘹、歇声等部分组成。其中赶老鸦、歇声是合唱,而前卖、后卖、发长声等部分是独唱;前卖和后卖即是承上连接的意思。而所谓的前嘹、后嘹是顺着前句接唱辅助词"虚词"的意思。练塘的落秧歌分头歌、买歌、嘹歌。头歌部分独唱,接着是买歌部分由男声合唱;然后是嘹歌部分由女声合唱并重复演唱。而练塘南泖浜的大头山歌演唱形式分头歌、前铲、吆档、后铲,也是重复演唱。

青浦田山歌的歌词内容来自生活,反映生活,丰富多彩,具有社会认识、教育、娱乐、审美等功能,其主要内容表现在劳动、生活、思想、爱情等方方面面,是观察青浦及周边稻作地区社会生活、风情民俗的重要手段。

青浦田山歌有其独特的音乐特点。田山歌音调高亢,旋律起伏也较大,经常出现八度的大跳进行,其他如三、五度的跳进也经常出现。另外,由于田山歌是散板散唱,因此形成较多的拖腔。田山歌的曲调,一般在句逗结束处旋律都有下行的规律性特征,而段落的结束音一般都落在调式的主音上。田山歌的织体基本上是单声部,但在各句逗连接时,后句逗常常采用侵入法,侵入到前乐句的结束音上,构成二乐句的重叠,民歌手称之为"叠起来"。由于演唱时形成的前后乐句的重叠,就构成了两个声部的和声音程效果,产生了同度、八度、四度、五度等不同和声效果;也有二度、七度不协和音程出现,这就产生了特殊的多声因素。田山歌是由劳动人民自己创造的一种劳动歌曲。它既能抒发劳动人民的感情,诉说自己的欢乐与痛苦,又能陶冶性情、解除疲劳。因此田山歌在青浦区各地流传极广,在农村代代相传,流传至今。

专栏 2.2   **宣卷**

宣卷,即讲书的意思。由一人主宣,二人帮衬,小乐队伴奏,形式近似苏州评弹。宣卷源于唐代的"信讲"和宋代的"谈经",至清代出现以唱宣卷为职业的艺人。宣卷艺人以讲故事的形式,为百姓说讲民间事物和民间传说,因此又被人们称之为"说讲人"。由于听讲的对象大都是本地农民,所以宣卷艺人的说讲语言注重通俗易懂,以吸引和取悦观众。据传,当时的宣卷艺人表演没有脚本,故事情节是艺人们从平时观看的戏中照搬过来,写上自编的唱词,卷成纸卷,表演时摊在桌上,用通俗的语言宣讲卷中故事,并加入了应景的即兴演唱。为了增加演出气氛,表演者还配备了一只木鱼,边敲边唱,形成了原始的木鱼宣卷。后来,宣卷艺人逐步开始注重自身形象,脱下土布衣,身穿长衫服,袋放丝绢,手拿折扇;同时增加了两名女演员作帮衬,有对有答,有呼有应,一改以往一人说到底的单调状况。二胡、三弦、竹笛、扬琴、琵琶之类的民俗乐器伴奏取代了木鱼,演变成了丝弦宣卷。

新中国成立初期,宣卷艺术在商榻地区被人们淡忘,但仍有几位宣卷爱好者即兴表演,其中最有影响力的当属新罗村农民孙建达。他表演的宣卷剧目《肚背对话》,名闻四邻八方,曾在当时的昆山县民间文艺会演中荣获表演一等奖(商榻曾隶属昆山县),宣卷从此走出了客堂,走上了舞台。十一届三中全会后,商榻文化站曾组织以宣卷为主的宣传队,在全乡巡回演出两个多月,受到村民欢迎,每场演出观众都报以热烈的掌声。1981 年,商榻乡宣卷队在县文化馆的帮助指导下,先后创作排练了《懒阿新遇仙》《阿塔卖茶》等一批反映改革开放以来农民勤劳致富的宣卷剧目,其中《懒阿新遇仙》参加上海市业余曲艺创作节目交流演出中被评为优秀节目。

中年农民孙留云是已故宣卷艺人孙建达的嫡派传人,也是商榻地区唯一完好掌握宣卷表演技艺的传承人。他在原有宣卷艺术的基础上勇于创新,自行摸索出了如:起拍一响,眼目清亮,润润喉咙,宣卷开场的开场白之类的表演形式,他还将一些歌曲戏曲滑稽唱段融会贯通,令人叹为观止。2006 年,孙留云被镇文体中心重新聘用,专门从事商榻宣卷的传承工作。在他的带领下,宣卷表演队成立,并用独特的艺术形式,寓教于乐,营造了社会主义新农村建设良好的文化环境。

2. "水文化"哺育出的物质文化遗产

青浦区名胜古迹众多,有全国重点文物保护单位福泉山遗址、崧泽古文化遗址、旧青浦和江南水乡古镇朱家角镇等。

崧泽古文化遗址位于青浦县城向东五公里处的崧泽村,它东近佘山、南临淀浦河、西傍油墩港、北依 318 国道。该遗址发现于 20 世纪 60 年代,距今约有五六千年,并保存了大量的文物和史迹。它是上海地区迄今为止最早的古文化遗址。

崧泽文化遗址证明了,6 000 年前的上海先民,已经用树干、芦苇、茅草等材料构建起自己的"别墅",并在房柱的底下使用方块垫板,防止地面下陷。室外挖有饮煮用的灶坑,进行生活居住功能的区分。在崧泽遗址上,考古学家还发现了全国年代最早的"马家浜文化"水井。井口近圆形,说明当时居民的生活饮水,已经不必依赖河流和泥潭中的浊水,而是在住地近旁掘地取水,享受纯净的"自来水",这样,既提高了取水的时效,又坚持了人类健康繁衍生存的可持续发展规律。此外,考古学家在崧泽遗址发现可人工培植的籼稻和粳稻的谷粒,证明了青浦地区的先民在距今 6 000 年左右已掌握了水稻种植技术,更证明了中国是世界上最早栽培水稻的国家。

朱家角城隍庙坐落于青浦区朱家角镇,原为青浦城隍的行宫,又称"伯府行台",原庙址在镇南雪葭浜,于清乾隆二十八年(1763 年)迁现址,现位于朱家角古镇的核心部分,临河而建。整座庙规模宏伟,主体建筑基本完好,于 1992 年恢复开放。庙内殿宇基本沿中轴线布局,轴线分明,纵横对称。中轴线上从八仙照壁始,石狮、头门、戏楼、宝鼎、大殿、寝宫及后花园(现已无存)、两侧配以廊庑等。各殿飞檐凌空,斗拱交错,整个布局,疏密有致,气势雄伟。

专栏 2.3 **曲水园**

曲水园位于青浦区青浦镇城中东路东端,公园路西端,东临盈江,西依城隍庙(今青浦区博物馆)。园初建于清乾隆十年(公元 1745 年),原为邑庙(城隍庙)的附属园林,曾名灵园,距今已有 230 多年历史,具有较高的江南园林建筑艺术价值。曲水园与上海市内的豫园、南翔古猗园、嘉定秋霞圃、松江醉白池齐名,为上海市五大古典园林之一,为县级文物保护单位。

曲水园整体坐北朝南,占地约 30 亩,其中水体约占 15%,以小巧玲珑、典雅古朴著称。新中国成立后,曲水园不断修葺扩建,构成一组错落有致的古建筑群。目前,全园有迎仙阁、迎曦亭、镜心庐、天光云影、恍对飞来、小濠梁、坡仙亭、二桥、濯锦矶、虬龙洞、玉字亭、米拜石、环碧楼、花神祠、清虚静泰、喜雨桥、舟居非水、夕阳红半楼、得月轩、有觉堂、清籁山房、白云坞、凝和堂等 24 景。园中银杏参天，藤萝缭绕，古木林立，四季花卉长新，园内建筑以青瓦、白墙、青砖构成，树木枝荣叶茂，花繁果硕，素有"春日樱桃争艳，夏天荷花出水，入秋金桂馥郁，冬令蜡梅璀璨"之誉。

练塘古镇

练塘古镇是古代江南闻名的商业集镇，也是无产阶级革命家陈云同志的故乡。古镇区老街就在镇中市河两侧，两条石板路隔河相望。"高屋窄巷对街楼，小桥流水处人家"构成了练塘独特的景观。街道两旁的民居重脊高檐，过街楼、河埠头、长廊、幽弄和深宅使古镇呈现古朴、恬和、幽静的风貌。横跨市河的十多座元、明、清古桥掩映在垂柳之间，各桥各式，小木船不时轻轻划过，人走其上，船行其下，桥影、船影、屋影、人影在微波中荡漾。两岸老房子的建筑特色对比鲜明：上塘街多连续的两层楼，门面临街，以前多为店铺，屋后临水，上筑楼台兼顾堆货和观景纳凉；下塘街多民居院宅，圆头山墙，粉壁黛瓦，前门沿河。

这里人文历史丰富、文物古迹充盈。春秋佳日，携酒泛舟，荡漾期间，绿水青山，平林修竹，悠然尘外。有"九峰列翠、三泖行帆、塔院晓钟、西来挹秀、天光古刹、圆通朝爽、明因夕照、鹤荡渔歌"八景。

3. 新世纪青浦的文化品牌打造

青浦作为上海水乡文化的典型代表，在新世纪的文化品牌建设中，以上善江南为气质内涵，打造江南特色、多元包容的人文活力高地。传承水乡文脉，彰显人本理念，探索"新江南水乡"的现代空间演绎模式，提升公共服务品质和能级，推进全龄友好、开放共享的社区生活圈建设，塑造富有地方特色的人居环境。围绕青浦区的新时代特色空间，植入生态教育、消费休闲、文化体验、先锋时尚等多元主题的功能，营建本地居民与商旅人士共享的开放活力街区，丰富城市体验，打造上海城郊人文休闲新地标。

东方绿舟建于 2000 年，是上海市落实科教兴国战略和大力推进素质教育的一项重大工程，也是市委市政府新世纪送给百万青少年的一份厚礼。东方绿舟位于青浦区西南、风景宜人的淀山湖畔，占地 5 600 亩，其中水域面积 2 000 亩。园内有 17 万平方米四季常青的草坪，11 万棵大树，400 余种花卉树木。有上海最长的亲水平台（沿淀山湖 2.4 公里）；数量最多的群雕区（160 多尊人物雕像），拥有智慧大道、仿真航空母舰、潜艇、湖滨广场、渔人码头、月亮湾、地球村等 16 大景点和岩壁攀登、趣桥体验、科学探索、拓展训练、素质测试、军事体验等 30 余项活动项目。

陈云故居暨青浦革命历史纪念馆位于练塘镇。馆区北依市河,南临西塘港,占地面积52亩,建筑设计体现江南特色,并尽量与陈云故居及周边民间建筑保持风格一致与和谐。纪念馆主馆高14米,共三层(地上两层,地下一层),建筑面积5 500平方米。建筑设计既体现江南民居风格,又兼顾现代化纪念馆的大体量特点,朴素而庄重。一楼和二楼的四个展厅基本按时间顺序展示反映陈云生平的图片、文献、实物等史料。地下一层为展示青浦人民在中国共产党的领导下,进行社会主义革命和建设的光辉历程。陈列布展充分运用各种展示手段,力求达到内容与形式的完善统一。

青浦区人民政府借助多元形式的历史文化特色资源挖掘和活化路径,围绕"一环两廊诉千年、五区一带显亮点"的核心文旅空间,复原重要历史节点,联动朱家角、金泽和练塘三个古镇,着力提升新城的旅游集散能力与服务水平。吸引社会资本投入本地旅游目的地建设,激发青浦古文化、水文化、江南文化底蕴。立足地方民俗的演绎与拓展,推出文化节庆、特色赛事、民间集市等国际性地域活动品牌,鼓励根植本土的文化创意产业发展,形成"全年有活动、四季有亮点"的文旅体验。支持上海古文化走廊、全域旅游集散中心等文旅地标建设,鼓励社区文化中心举办地方文化传承相关活动,结合常态化主题教育活动等,扩大区域知名度和影响力。

未来,青浦区政府将继续依托历史文化优势打好"江南文化牌",做好地域物质与非物质人文要素的活态传承,塑造特色文旅品牌,领衔上海"文化西进",建设新江南人文传承领军城市。

2.1.3 青浦物产丰富,积极推动农业现代化发展

青浦区现有耕地面积29 078.3公顷,适宜种植稻、麦、蔬菜和水生作物等。青浦区水域面积占全区总面积的22.1%,位于西北部的淀山湖是上海市最大的淡水湖泊。淀山湖跨青浦区和昆山市,面积约62平方千米,在青浦区境内为46.84平方千米,约占75.5%。区境淡水资源丰富,拥有水资源总量为116.63亿立方米,人均水资源拥有量2.65万立方米,比全国人均拥有量高出10多倍。全年仅用总水量的5%左右。青浦区水产资源丰富,可养鱼水面有1.1万余公顷,养殖鱼类达59种,有青、草、鳜、鳊、鲤、鲫、银鱼、鳗、鳝等上等鱼类;软壳爬行类有甲鱼、河蟹、河虾等珍贵水产。

1. 积极探索农业品牌建设

青浦区政府积极推动农业安全控制与品牌建设,推进农业产业化发展。2015

年,青浦区政府成立农业生态与安全专项资金,主要用于保护农业生产资源和改善农业生态环境、农业面源污染防治和资源循环利用、提升农业生态安全水平和农产品质量安全水平等方面。同年安排农业综合补贴专项资金,用于支持农作物生产补贴,农机购置补贴,农业保险保费补贴及农业保险大灾风险保费补贴,农业组织化经营奖补等方面。2018 年,推动建设农业园区林下菌菇示范基地建设工程,积极研究建设林地食用菌生产基地,包括支架、喷灌系统、塑料大棚及基础土建配套等工程。

2. 重视现代化农业人才培养

近年来,青浦区委、区政府及农业部门积极探索创新农业经营体制机制,拓展农业综合功能开发。为加快培育现代农业经营管理人才,区农委发布《青浦区全面加强"三农"工作三年行动计划》和《青浦区"十三五""三农"发展规划》,并结合青浦区新型经营主体发展现状,对特定主体开展针对性培训。在 2019 年度"科技创新行动计划"农业领域项目中,上海青浦现代农业园区发展有限公司申报了优质抗病草莓新品种"申琪""海丽甘"的示范应用项目,并于 2020 年获得 10 万元拨款,预计在 2022 年项目结案后还可以获得 2.5 万元的后续区级财政拨款。青浦区希望能够通过人才培养推进现代绿色种养业、农产品加工流通、林下产业发展等方面的高质量发展,并以此辐射带动农民共同致富。

2.1.4　青浦新城"十四五"功能定位

青浦新城"十四五"规划总体定位立足上海大都市圈,目标成为引领示范区、辐射长三角的独立综合性节点城市。青浦新城对标国家战略使命要求,充分发挥区位优势和国家战略优势,着力打造上海大都市圈的门户城市、一体化示范区的中心城市和长三角城市群的枢纽城市。此外,青浦新城将联动上海自贸试验区新片区、浦东新区、虹桥国际商务区等,培育延安路—世纪大道东西轴线上链接国际国内"双扇面"的新载体、新支点,争取融入上海大都市圈全球城市区域功能网络,打造对话全球、辐射长三角及广大内陆的"上海之门"。在绿色发展方面,青浦新城承东启西,西向紧密联动环淀山湖创新绿核,打造生态、创新、人文融合发展的高品质"样板间",东向与虹桥国际开放枢纽及周边组团打好配合、寻求错位分工,推进高端商务、会展、文化及相关配套服务深度融合,推动平台经济向枢纽经济进阶。

表 2.1　青浦新城"十四五"规划建设核心指标

类别	指　　标	2025 年规划
发展规模	常住人口	55 万人
	规划建设用地总规模	61.6 平方千米
	新城所在区(管委会)GDP	2 000 亿元
产业创新	规模以上工业企业产值	1 400 亿元
	总部和功能性结构组织	16 个
综合交通	新城内部通勤及联系周边中心镇,到近沪城市、中心城和相邻新城,衔接国际级枢纽的出行时间	30 分钟、45 分钟、60 分钟
	全路网密度	4.6 千米/平方千米
	轨道交通及骨干公交站点 600 米用地覆盖率	22.40%
	公共交通机动化出行分担率	28.20%
	慢行网络密度	9 千米/平方千米
公共服务	社区及公共服务设施 15 分钟步行可达覆盖率	85%
	公办园和普惠性民办园在园幼儿占比	>85%
	小学和初中每百名学生拥有区级以上骨干教师数	>1 人
	每千常住人口医疗卫生机构床位	7.88 张
	每千常住人口社区养老服务设施面积	40 平方米
	博物馆、美术馆、剧院等专业文化艺术场馆数量	6 个
	人均体育场地面积	3 平方米
人居面积	地表水环境功能区水质达标率	100%
	森林覆盖率	18.32%
	人均公园绿地面积	12 平方米
	骨干河道和主要湖泊公共岸线贯通率	80%
	历史文化风貌区面积	0.781 平方千米
基础设施	新能源汽车充电桩及加氢站数量	充电桩:1 100 个 加氢站:4 个
	5G 网络覆盖率	97%
	智慧城市应用场景	22 个

资料来源:《青浦区政府性社会事业设施建设三年行动计划(2020—2022 年)》。

　　未来,青浦新城将进一步放大南、北、西链接长三角的三向通道优势,增进协同发展,集聚引领型功能、提升服务辐射能力。

　　1. 依托地理优势,打造新城综合交通节点

　　青浦新城位于上海市最西侧,是上海市"十四五"规划中的重要左翼,素有"上海之门"的称谓。"十四五"规划中,青浦新城北至 S26 沪常高速,东至油墩港—章泾江—老通波塘,南至沪青平公路—中泽路—沪青平公路(新),西至青赵公路—上

达河—西大盈港—五浦路—青浦大道—青顺路—新塘港路—新开泾—三分荡路—青浦大道,总面积 91.1 平方千米,其中城镇开发边界面积 68.5 平方千米,开发边界内规划建设用地规模约 61.6 平方千米,战略留白区约 11.3 平方千米。预计至 2025 年,青浦新城常住人口规模将达到 55 万;至 2035 年,青浦新城常住人口规模将达到 65 万(不含战略留白区)。

在青浦区"十四五"整体战略规划中提到,未来朱家角镇区与青浦新城之间的生态空间仍作为生态间隔带予以控制。功能联动区在衔接示范区、先行启动区规划的基础上,与青浦新城密切联动,促进就业和居住在更大范围内的均衡,实现部分高等级高品质公共设施的共建共享,协同推进淀浦河"蓝色珠链"城区段建设与特色功能植入,更好地发挥对示范区,尤其是先行启动区的支撑作用。

在长三角一体化示范区 2021 年的 65 个重大项目中,青浦新城将凭借三省交界的地理优势,加快开展嘉青昆快速路、江陵路—同周公路—锦淀公路—崧泽高架快速路的前期研究工作;推动浦港路南延—西塘至芦墟公路(吴江—嘉善)、锦商公路—金商公路(青浦—昆山)、丁新公路北延—莲龚路(青浦—嘉善)的前期工作,力争开工建设;打通复兴路—曙光路,继续推进外青松公路、胜利路—沿沪大道建设。进一步推动青浦新城周边交通基础设施建设,为新城发展提供便利。

青浦新城依托紧邻虹桥国际枢纽、多向链接长三角的区位,放大"上海之门"优势。青浦新城襟带青东、青西,同时承接虹桥国际开放枢纽和长三角生态绿色一体化发展示范区的战略红利,贴近长三角交通枢纽的中心位置。"十四五"期间,青浦新城应当充分借势虹桥的进出便利及商务总部功能的辐射服务,利用上海中心城市势能,培育链接对话全球、辐射长三角及更广大内陆的"窗口"和"中枢",打造综合交通节点城市,更好地服务长三角区域一体化发展。

2. 依托绿色景观优势,打造生态宜居之城

《青浦新城"十四五"规划建设行动方案》中强调,青浦新城建设既要做强数字经济,也要做好滨水文章,打造一个人与自然密切互动的公园城市。青浦是上海生态环境最好的区域之一,青浦新城将以 21 千米长的环城水系建设为先导,强化示范河湖建设,打造"百步见绿、百米见水"的新城碧道,展现"百河绕村镇、千桥卧清波"的水乡韵味;将以上达河中央公园建设为引领,完善"城市公园—社区公园—口袋公园"的公园体系,营造"开窗有景、出门见绿"的品质人居。

青浦新城打造生态宜居环境,就是要把"水"作为城市的核心元素,深入推进生态修复、岸线贯通和复合利用,全面恢复城水相依、人水相亲、绿水相融的江南水乡风貌和文化生活场景,全方位展现江南风、江南美、江南韵,重塑"江南好,风景旧曾

谐"的历史记忆和"小桥流水人家"的诗意栖居。

未来,青浦新城将以水韵公园为风貌特色,打造人水共生、低碳绿色的公园城市典范。以水为核心特色,擦亮生态底色,依托淀浦河、上达河、东大盈港、西大盈港等骨干河道,构建蓝绿交织、层次丰富的生态网络,实现新城建设与地方特色生态本底的有机渗透,打造"水清岸绿、鱼翔浅底、城景交融"的新一代公园城市。依托城市更新、美丽街区等工作,实现空间建设向精细化、品质化转型,率先推进"低影响开发""零碳""新基建"等面向未来的城市建设理念实践。

青浦新城将持续发挥绿色资源优势,依托长三角生态绿色一体化发展示范区的创新先行机遇,放大生态人文新经济的"前沿实践地"优势。近年来青浦新城的发展建设中,一直将"坚守生态"放在原则位置,相对于上海市区及其他近郊城市组团,开发强度和密度适中,预留了较好的发展潜力和品质空间,应当抓住新一轮的生态优势转化新机遇,探索绿色经济发展空间,试点打造低碳乃至零碳街区,面向区域提供引领型的碳交易市场、绿色金融等绿色服务,探索更多元、更高价值导向的新发展模式。

3. 承载长三角一体化战略功能,引领数字产业发展

长三角是中国经济最活跃的地区之一,也是"一带一路"与长江经济带的重要交汇地带。长三角在中国国家现代化建设大局和开放格局中具有举足轻重的战略地位,是中国参与国际竞争的重要平台、经济社会发展的重要引擎、长江经济带的引领者,也是中国城镇化基础最好的地区之一。

《长三角生态绿色一体化发展示范区重大建设项目三年行动计划(2021—2023年)》(以下简称《三年行动计划》)的发布,标志着长三角示范区从区域项目协同向区域一体化制度创新迈进了坚实的一步。《三年行动计划》按照"谋盘子、定重点、配资源、滚动式"的总体思路,突出生态绿色、一体化和高质量,重点推进有显示度、感受度、创新度的重大项目。《三年行动计划》包括"一厅三片"集中示范和生态环保、设施互通、产业创新、民生服务四个方面分类示范共5大板块、18项主要行动。

青浦区政府认真梳理长三角一体化示范区挂图作战要点,并批准相应课题落实研究。青浦区对全区各单位在全年目标任务中涉及长三角一体化发展相关的工作进行集中挂图展示,并积极推进示范区内部分重大规划课题研究。同时,区政府协调推进青西三镇现状管控和空间腾退工作,全面开展人、房、地等现状资源排查,锁定现状图版和空间资源。在与对接城市的沟通方面,青浦区加强与吴江、嘉善等长三角有关示范区工作对接。牵头完善了三地2019年一体化发展工作方案,围绕规划契合、设施汇合、产业耦合、功能聚合、治理融合、环保联合"六个组合拳"和保

障措施共七个方面,细化了 51 项具体合作项目。

青浦新城积极推动数字经济引资与建设。青浦新城城市推介大会上,青浦新城与包括国有企业、民营企业和外资企业在内的 43 个项目签署合作框架协议,其中总部经济项目 10 个,数字经济和智慧物流项目 12 个,城市开发建设和投资咨询项目 13 个,氢能、电子信息等特色产业项目 8 个,项目意向总投资超过 1 000 亿元。

青浦新城引入大量通信明星企业协助打造数字经济产业。在通信基础设施建设方面,青浦新城引进上海电信,为各个项目提供高水平的 5G 和固网双千兆宽带商住网络配套,为中央商务区和各产业园等打造智慧城市和数字园区的新基建基座。在云计算与数据中心建设方面,青浦新城引进并打造 UCloud(优刻得)青浦数据中心项目,该项目作为青浦区重大项目,从摘牌到获得桩基施工许可只用了 3 个自然日。在通信设备研发方面,青浦新城在建华为青浦研发中心,建成后预计可达到近 100 亿年产值。

未来,青浦新城将依托上海东西发展轴上数字信息产业集聚的优势,沿 G50 高速打造一条"长三角数字干线",向东加强与张江科技城联动,向西加强与长三角沿线城市对接,中间加强虹桥国际开放枢纽、青浦新城和一体化示范区的串联,力争形成一条万亿级的数字经济发展带。青浦新城将整合北斗创新基地、市西软件信息园、人工智能产业园、华为研发中心等平台,向东加强与张江科技城和中心城区的对接,向西进一步联动、辐射和引领长三角沿线城市的数字产业发展,加快集聚形成万亿级的数字经济带。

2.2 青浦新城建设独立综合性节点城市的产业发展战略

在打造"独立综合性节点城市"的目标下,青浦新城按照"产城融合、功能完备、职住平衡、生态宜居、交通便利、治理高效"的要求,对标上海市主城区建设标准,以及苏州、杭州等有国际影响力的城市。青浦新城着重彰显"高颜值、最江南、创新核"优势,加快"五型经济"发展,引入更多重大产业项目、功能性项目和重大公共服务设施项目,提升新城开发强度和经济密度,争取在五大新城中率先发力,打造生态优势转化新标杆、绿色创新发展新高地。目标在"十四五"期末,青浦新城基本实现"产城融合、水城融合、景城融合",建成功能相对独立的社会主义现代化新城。

在产业规划方面,青浦新城以先进制造业为基础、向两端延伸、提高附加值,在规划上突出外青松产城融合发展轴、崧泽大道城市门户景观轴的引领作用。同时，新城对接虹桥，提升青浦综合保税区发展，推进产业园区的提档升级与融合发展，并作为集中承载战略性新兴应用技术孵化基地。"十四五"期间，青浦新城重点打造五大产业组团。目的在于吸引龙头企业研发总部、专业研究机构等核心创新载体与平台在园区落地，搭建面向长三角乃至国际的合作研发中心、技术交流中心等平台，引导关联产业的集群建设和高效互动（如表2.2所示）。

表2.2　青浦新城"十四五"产业建设目标

建设目标	具　体　要　求
推进创新产业平台建设	沿外青松公路、崧泽大道推进不同导向的用地转型，植入创新"园中园"和公共创新平台，建设创新交流与综合服务中心、园区服务中心，实现产研一体、产研联动。
推进断型产业社区建设	对标张江科学城，加快完善园区生活服务配套，增加商业休闲、共享办公、户外活动、创新交往、人才公寓等功能配套，重点沿外青松产城融合发展轴和崧泽大道城市门户景观轴进行布局。
试点探索工业用地政策创新	依据新兴产业导入和培育的需求，严格准入门槛，有序释放战略留白区。适应未来产业发展需要，试点供给新型产业用地，适当提升产业与研发用地的开发强度。鼓励和支持多元主体联合推进工业用地更新改造。

资料来源：《青浦新城"十四五"规划建设行动方案》。

青浦新城将持续以开放创新为核心动能，打造产研互动、产城融合的前沿创新中枢。青浦新城坚持以发展导向，强化三省（市）交汇处的枢纽引领作用，以提升区域直连快通和多层次网络化交通支撑能力，建设具备国际竞争力的科技研发与创新服务引领区。未来，青浦新城将以数字经济为核心特色，在新一代网络通信、现代物流、工业互联网、人工智能、生命健康等前沿产业领域布局一批有影响力的项目和集群。青浦新城持续增进三次产业协同，完善创新创业生态，将城市搭建为高水平的国际创新交流平台。

2.2.1　大产业规划具体介绍

1. 人工智能产业：多元协同创新发展

青浦新城针对上海市人工智能产业发展状况与人工智能企业布局，针对性地发展人工智能，并强调产业的多元协同创新发展。青浦新城计划围绕人工智能、新材料、物联网等长三角区域共同攻关领域，设立制造业创新中心、研发与转化中心、重点实验室等创新功能型平台，引入应用研究类高校分支、科研院所，支持龙头企业技术中心建设,深化"校地合作、校企联合、区域协作",促进创新成果本地转化。

青浦新城人工智能产业园规划面积约 3.38 平方千米,东至外青松公路,南至北青公路,西至胜利路,北至新金路—久业路—香大路—东大盈港—徐家港。沿外青松两侧,规划打造以启迪国际科技城、哈工大人工智能产业园、爱仕达人工智能谷为代表的"人工智能产业走廊",至 2025 年聚集人工智能、智能制造企业 500 家。产业园计划以"先进制造+科技创新"双向突破,形成优质高效服务环境和融合共生的发展生态。

青浦新城人工智能产业计划在"十四五"期间将吸引新项目总投资约 20 亿元。此外,相关政府依托产业邻里、园区综合服务中心等,鼓励园区搭建集检测认证、信息共享、科技成果转移、科技金融等功能于一体的集群组织和公共服务平台。优化孵化器运作模式,提升创业孵化服务能级水平,形成一批具有国际影响力的众创空间与"创业社区""创业街区"。

(1)哈工大人工智能产业园。

由上海中军哈工大企业发展有限公司投资的哈工大人工智能产业园,是一家以知识、信息、标准、资本、市场等共聚的全要素服务企业的集聚平台。产业园建成后将吸引数十家哈工大旗下的人工智能企业落户园区,基本涵盖机器人、无人机、激光通信、智能制造、大数据、虚拟现实、超级材料等多个高新前沿领域。未来,哈工大人工智能产业园将成为青浦新城打造人工智能中心的一大品牌。产业园具有以下两个特征:

第一,"保姆式"服务智能制造。为入驻企业提供全方位的"保姆式服务"是哈工大人工智能产业园的服务宗旨。未来,哈工大人工智能产业园多方面支持帮助落户企业,不仅在资金、技术、市场开拓等方面给予支持,还在办证、用房、对接职能部门、人才培训、知识产权等各个方面提供服务,让落户企业"留得住""养得大"。

第二,"智能化"服务企业转型。哈工大人工智能产业园不仅为落户企业提供"保姆式"服务,还将使落户企业主动对接前沿科技,服务企业转型升级。未来,产业园将继续推广人工智能技术运用和人工智能运用场景,积极推动入驻企业进行人工智能改造。

(2)启迪科技城。

启迪科技城由启迪科技城集团建造,启迪科技城集团是启迪控股的全资子公司,拥有 26 年科技园区建设运营经验。在启迪控股深入落实校企改革精神的指引下,启迪科技城集团将聚焦"新产业+新基建"的"双新"道路,以政企深度融合的"双向"路径推动科技服务创新,打造区域经济亮点,支撑国家战略发展,引领全球城市科技的创新发展。

2018年9月14日,启迪科技城集团与上海青浦区政府在北京清华科技园签署合作协议,双方将共同发展总部经济,助力青浦区打造长三角科技创新产业集群。启迪布局上海时间较早、规模较大、发展速度较快,目前已在闸北、杨浦等区域取得良好的发展成果,此次和青浦区的合作是一轮新的尝试。

启迪坚持"以公益思想创造商业价值"的经营理念,在合作中遵从"顶天、立地、树人"的原则,一是根据国家战略,承担国家关键、大型的合作项目,争取"顶天";二是联手地方政府,把清华大学的先进技术推广到全国各地,做到"立地";三是通过合作项目,培育优秀企业家和科技创新人才,实现"树人"。

（3）爱仕达人工智能谷。

爱仕达集团有限公司是以浙江爱仕达电器股份有限公司、上海爱仕达汽车零部件有限公司为核心控股子公司的大型国家级无区域企业集团,主要以产业投资为主,涉及炊具、厨房小家电、汽车零部件等相关业务。爱仕达人工智能谷定位为爱仕达智能制造平台基地,响应青浦正在落实的"四大品牌"打造,力争打造若干个具有青浦特色、具备国际国内影响力的优质品牌。

未来,智能谷将打造智能制造技术研发中心、智能制造示范体验中心、智能制造创新孵化中心、智能制造人才培训中心、工业物联网云服务中心、智能产业金融服务中心,并与青浦新城一起,为入驻企业提供全产业链服务。

2. 电子信息产业:基础数字经济基地

青浦新城在"十四五"期间规划建设电子信息产业园,目标在于发展通信基础产业。规划区域东至崧波路,南至沪青平公路,西至油墩港,北至崧煌路,面积共约4.62平方千米。青浦新城支持骨干企业开展强强联合、上下游整合等多种形式的产业合作,以推进一批电子信息项目建设,形成信息产业生态。按照青浦区产业规划部门预计,电子信息产业形成规模后,仅"十四五"期间吸引的新项目总投资就能达到30亿元。

青浦新城联动青东、青西数字产业基地,推进青浦长三角信息技术产业建设。在细分行业规划方面,青浦新城大力发展基础软件、应用软件、工业互联网、信息安全等数字产业。落实到具体公司层面,重点推进优刻得、大美时代、紫光宏茂等一批重点项目重点企业,赋能企业科技合作、成果转化。目标在"十四五"规划完成后,青浦新城以"长三角数字干线"名园品牌,推进智能化、数字化、绿色化改造,加快企业上云、用数、赋智,打造园区转型承载区。

（1）市西软件信息园。

青浦"市西软件信息园"是上海优化软件园区布局的战略举措之一。青浦新城将在产业园区规划布局和建设机制上大胆创新,着力实现高科技园区建设与现代化城市管理的协调统一,推进产业和城市深度融合。市西软件信息园计划通过"十四五"时期的建设,聚焦中国制造 2025 年需要的物联网产业、工业软件产业、位置服务产业,着力推动"互联网+"、云计算、大数据等企业在园区内的集中集聚。预计园区到 2025 年经营收入达到 1 500 亿元。

青浦区政府十分重视市西软件信息园的建设,并在两方面着重打造产业园建设:

第一,凝聚资源、综合施策,全面打造新型软件和信息服务产业园。

青浦新城立足上海城市空间布局调整整体战略,充分发挥在上海及长三角地区区位优势,把握虹桥综合商务区建设和华为研发中心落户的历史机遇,合理提升园区开发强度,提高土地、能源、人力资源各类资源的产出水平,营造良好的营商环境和创新环境;根据地区功能定位,合理配置各类用地,形成布局合理的园区空间结构,促进土地使用功能的有效混合,形成功能复合化的园区形态;在政策上,将配套专门的市西软件信息园财政政策,保证产业资金及园区发展基金落实到位,全面助推园区建设发展。要将人员配备、资源掌握、运作模式等各方资源整合成为产业发展的推手,打造生态环境优美、配套服务完备的新一代软件和信息服务产业园。

第二,复制推广北斗西虹桥模式经验,加快市西软件信息园开发建设。

北斗西虹桥基地顺应青浦区服务国家战略、对接市级重点规划要求,对标世界先进水平,经过近几年的探索和实践,形成了一套因地制宜的独特运营模式——"北斗西虹桥模式",这种模式已经成为全国北斗产业园区学习的典范,它的经验值得大力复制推广,并横向吸收先进地区的管理经验,提升整个园区的全方位品质。市西软件信息园借鉴北斗西虹桥基地的经验模式,可以加速自身的产业开发建设,并学习先进的管理经验。

软件和信息服务业是国民经济的支柱产业之一,并且正成为推动中国经济创新发展的重要引擎,未来有很大发展空间。根据规划,上海市西软件信息园未来将打造成为上海市开发水平更高、成熟度更高、产业等级更高、产业规模更大的具有全球影响力的科创中心示范基地,成为软件和信息服务产业核心要素集聚区、行业应用先导区、创新创业实践区、产城融合示范区。

(2) 优刻得青浦数据中心项目。

优刻得青浦数据中心项目是优刻得在一线城市自建的第一个大型数据中心,建设目的在于打造长三角生态绿色一体化发展示范工程。该数据中心位于青浦区青赵公路与北盈路交叉路口东南角,总体建筑面积约 5.54 万平方米。根据规划,优刻得公司将按照行业最高标准,在园区建设3栋新一代高效节能绿色数据中心。

优刻得通过自建数据中心大规模集群,可以获得灵活定制、降低客户成本的优势,并可以为互联网和传统行业的大中型客户提供更具性价比的定制化"混合云"解决方案,帮助企业降本增效。青浦数据中心将通过创新设计以及精细化运营,将PUE(电源使用效率)严格控制在1.3以下(目前行业平均PUE在1.6左右)。优刻得青浦数据中心一期可容纳3000个机柜,并预计于2022年投产。

青浦数据中心建成以后,还将成为优刻得在华东地区的云计算核心基地。青浦数据中心以大数据、人工智能、物联网、电子政务等为着力点,充分发挥云计算平台的赋能优势,汇聚在线新经济和产业互联网行业,立足青浦、辐射长三角、服务全国。此外,随着越来越多的企业"上云",云计算市场规模不断扩大,优刻得将依托遍布全球的数据中心布局,发挥好规模效应,为用户带来更具性价比的上云方案和多元云产品,助力企业实现数字化转型升级。

(3)大美时代视听大数据产业园。

大美时代视听大数据产业园是打造以网络视听领域互联网电商、原创制作、直播平台、内容版权、数据服务、平台运营等业务为主导的"视听产业园"。该产业园位于青浦工业园区,由上海极有网络科技有限公司投资10亿元打造,大美时代公司本部位于长三角一体化发展示范区的大虹桥核心区,视听产业园的西迁是为了方便借助青浦新城云计算和数字化技术方面的布局,更好地发展公司自身业务。

大美时代视听产业园布局有助于青浦新城电子信息产业更好发展。视听企业是信息产业 To C 发展的重要一环,而从工业园区目前的产业布局来看,To C 的产业入驻较少。大美时代的入驻无疑可以加强青浦新城信息产业的丰富性。此外,大美时代借助国内数字化经济发展带来的诸多机遇,建立自主 IDC 建设运营平台,立足国内重要城市,布局辐射东西部主要区域,为企业提供大数据平台挖掘潜在价值。大美时代以高质量的新型基础设施为依托,打造更为准确的数据中心,提供一种全新外包的、大规模的、高性能的数据中心解决方案,满足高电力、高稳定性、覆盖核心经济枢纽、中立的、严谨的数据中心服务标准。未来青浦新城能够借助大美时代丰富的数据中心和建筑智能化经验以及专业的技术,学习和布局园内先进的数据中心开发服务。

(4)紫光宏茂扩建项目(一期)。

紫光宏茂是紫光集团自主可控的唯一封测厂,提供多样化的半导体芯片封测解决方案,拥有经验丰富的技术团队、先进的生产工艺和完善的品质体系。该项目坐落于青浦工业园区崧泽大道,隶属清华紫光集团"芯"战略核心企业长江存储。

除了半导体芯片封装技术以外,紫光宏茂具备汽车电子质量体系认证,并拥有十余年的车规产品封装和测试经验,以及完备的可靠性及失效分析的实验能力。2020年7月,紫光宏茂获评海关系统 AEO 高级认证企业,标志着公司在内部管理、守法合规、诚实守信和生产经营中具有相当完善的体系和制度。扩建项目完成后,紫光宏茂将专注闪存存储器项目,青浦新城有关部门也在形成合力支持该公司发展。

3. 生物医药产业:创新药制造集群

青浦新城规划在城内建成一个生物医药产业园,规划面积 3.65 平方千米,东至久乐路,南至陈泾港—向阳河—天瑞路,西至外青松公路,北至香大东路。青浦将加快推进建设生物医药产业园,主动对接大张江科创资源,着力打造上海市重要的生物医药技术创新成果产业化基地。计划"十四五"期间吸引新项目总投资 50亿元。

园内鼓励赛伦、辰光等一批园区企业与上下游配套企业建立"牵手联盟",发展产业技术创新集群。主动对接大张江科创资源,加快培育生物医药龙头企业,承接形成具有较高知名度和影响力的生物医药品牌,着力打造面向长三角重要的生物医药技术创新成果产业化基地。

(1)赛伦生物。

赛伦生物公司是专业从事抗毒素、抗血清类生物制品研发、生产、经营的生物医药高新技术企业。主要产品有马破伤风免疫球蛋白[F(ab')2]、抗蛇毒血清系列产品、抗狂犬病血清等,全部纳入国家人社部颁发的《国家基本医疗保险、工伤保险和生育保险药品目录(2017 年版)》中,马破伤风免疫球蛋白[F(ab')2]和抗蛇毒血清系列于 2015 年纳入国家卫计委《急(抢)救药品直接挂网采购示范药品目录》。其中马破伤风免疫球蛋白[F(ab')2]是公司应用现代柱层析纯化技术、改进传统破伤风抗毒素生产工艺,研发的"新一代破伤风抗毒素产品",它的应用使由于异源蛋白引起的阳性反应率大幅度下降,过敏反应和血清病的发生率明显减少。抗蛇毒血清系列产品是蛇伤治疗的特效急救药品,为挽救无数生命作出了卓越贡献。赛伦生物非常重视科技创新能力、核心竞争力的提升,加大研发投入,多个抗毒素抗血清新药项目在研。与多家科研机构建立了长期合作关系,联合开展抗毒素新品种、烈性病毒抗血清制品的研发,开发可供临床患者使用的药品。

(2)辰光医疗。

辰光医疗公司是超导磁共振系统核心部件的供应商,属于医疗仪器设备及器械制造业中的医疗诊断、监护及治疗设备制造业。公司长期致力于自主研发超导磁共振全产业链的核心部件,如 MRI 超导磁体、射频系统、梯度系统等。目前,加大对利润贡献较高的国内市场销售的投入,进一步扩大营销网络和销售渠道,对经销商进行系统管理,工程师提高对经销商配合的时效,国内射频线圈产品收入增长较为明显。辰光医疗着眼于内部流程和生产工艺优化,零部件标准化,进一步提高产品可靠性、安全性和成本优势增加客户合作黏度。公司积极拓展有更广泛应用领域的超导磁体市场,辰光医疗全资子公司上海辰昊超导科技有限公司为各知名大学及科学院所研究研制并销售的特种磁体都取得了很好的收益。

(3)同济堂药业。

同济堂药业公司是一家现代化的医药流通综合服务企业,经营业务面向全国。主营药品、医疗器械、保健品、保健食品等的批发零售;医药健康产业领域的投资;日用品、化妆品、卫生材料的批发、零售等。主要通过上游供应网络、下游分销网络、自有营销网络从事药品、器械、保健品、保健食品及其他健康相关商品等销售配送业务。

4. 智慧物流产业:打造总部功能性区域

青浦新城在发展智慧物流方面计划打造综合保税区,规划面积1.58平方千米,即海关特殊监管区,东至东环路,南至北青公路,西至西环路,北至横三路。按青浦新城规划,保税区主要打造加工制造、研发设计、物流分拨、检测维修和销售服务"五大中心",促进更高水平开放更高质量发展。"十四五"期间,按计划综合保税区可以吸引新项目总投资30亿元。

在公司布局方面,综合保税区重点促成宝能、东航GE、奥特莱斯等一批重大项目加速聚集,打造集加工制造、研发设计、物流分拨、检测维修和销售服务"五大中心"为一体的产业开放承载区。此外,保税区大力促进跨境电商发展,打造以进口商品展示、订货、交易、仓储、物流于一体的特色跨境电子商务产业园。

保税区以青浦新城中央商务区为引领,重点面向长三角区域、链接国际,集聚以研发、结算为主导的功能型总部企业及关联服务。未来,青浦新城将依托现有物流企业集聚优势,加快引进现代物流企业总部、研发中心、结算中心等服务,培育供应链管理、货运指数、智慧物流等前沿细分行业。未来承接进口博览会及国家会展中心溢出,在新型会展、国际贸易、跨境电商等领域延长产业链条,吸引跨国公司或组织机构进驻。

(1)申通快递上海智慧物流产业示范基地。

申通快递上海智慧物流产业示范基地是新一代新型转运中心样板工程,主要承担申通在上海地区快件进出港操作。基地集快递分拣、绿色环保、科技研发、智能仓储等功能于一体,并拥有自动化分拣、装车伸缩机、卸货机、六面扫全动态秤等行业先进的自动化设备。此外,快件在基地从装卸车、称重扫描到分拣,均实现了自动化、智能化。

青浦新城的项目一期工程占地面积 128 亩,建筑面积约 14.66 万平方米,集日常办公、智慧物流自动化仓为一体。项目中心库房设为四层,设置了进出港双层矩阵和单轨双层交叉带。基地的使用将上海地区运营效率和作业质量至少提升了 20% 以上,日均快件处理能力可从之前的 120 万票提高到 350 万票以上,"双 11"期间 24 小时最高日处理量已达千万级,极大提高了上海地区进出港快件操作效率和吞吐量,进一步提升上海辐射至长三角区域的快件时效。基地将全力打造成以智慧物流技术为支撑、快递信息服务平台为核心的仓储配送、快件分拨智慧物流示范基地。

(2)奥特莱斯。

奥特莱斯定位为新型现代服务业综合投资运营商,专注于大中华区物流研究、投资、开发及运营管理,并创建以奥特莱斯名牌折扣店为龙头的多种商业业态并存的新型现代产业模式。此外,公司致力于新型现代产业模式的投资、开发及运营管理。

青浦新城的奥特莱斯建设项目定位为奥特莱斯引领的城市新中心,并创建以奥特莱斯名品折扣为龙头的"3+X"多种商业业态并存的四级发展模式。该项目凭借奥特莱斯行业领先的开发及运营经验和实力,以欧美奥特莱斯模式为基础,结合中国国情,建立"泛奥特莱斯"发展概念,制定帮助地方政府和企业优化发展思路,帮助世界名品更好地进入并服务于中国,为城市引入真正头部全球的生活方式。此外,通过建立各大奥特莱斯现代服务产业区实现在大中华区的战略布局,成为中国奥特莱斯产业的引领者,最终打造成世界级商业航母。

(3)宝能物流。

宝能物流集团有限公司隶属于宝能集团,通过自建全球范围的物流基础设施和智慧物流骨干网,配合从产地到销地的全球采购分销体系和智慧供应链信息平台,致力于成为国内领先的新流通平台,实现"买卖做到全球,物流通往全球"。目前已在广州、深圳、贵阳、昆明等 30 多个全国重要节点城市布局 1 500 万平方米的智能冷仓、1 500 万平方米智能干仓,服务全国 66 个一类物流节点城市和 100 个二类物流节点城市,已拥有互联网运力骨干网,联通大农业、大食品产业,实现百姓生鲜食品和生活用品的日常采购和配送。

宝能公司入驻青浦新城有助于发展生鲜电商。截至 2019 年,中国生鲜电商交易规模为 2 554.5 亿元,但与其他行业相比,生鲜电商行业还有较大的上升空间。公司旗下宝能生鲜抓住时机,强势入局生鲜电商。宝能生鲜建立了产地仓+城市中心仓+到家社区店的三级分布式仓储体系,加上干线物流、城市配送和最后一公里到家的物流网络,能做到真正的在家购物,直接将产品送到消费者的家中。公司通过自建全球范围的物流基础设施和智慧物流骨干网,同时根据国家"一带一路"倡议和集团发展战略,结合当地特色,实现"宜铁则铁、宜水则水、宜公则公"的运输结构调整及优化。

（4）东航物流。

青浦新城数字经济规划赋能东航进行数字化发展。东航积极布局数字化物流,并与GE航空集团签署全面数字化合作协议。两家产业链伙伴紧密携手,通过收集和分析东航自有运行产生的大数据,结合GE在发动机领域的大数据平台和技术专长,开展包括飞机与发动机维护分析、飞行安全与效率分析、市场营销分析等方面的50个合作项目,形成成体系的数字化分析解决方案。

该项合作将为产业链合作创造新的典范,推动航空领域的发展与进步,不仅为航空制造商和航空运营商,也为社会公众创造出"更安全、更高效、更绿色"的经济价值和社会价值。一直以来,东航与GE航空集团保持着良好的战略合作伙伴关系,双方已经在许多领域展开务实合作,数字化联合创新便是重要的发展方向之一。

依托GE飞行大数据分析平台,东航集成自有QAR数据、飞行计划、导航及环境数据,从而逐渐形成一个航空公司飞行全数据全景以支持飞机飞行、运行及维护方面的大数据分析及监控体系。GE利用飞机发动机研发、生产、制造和航空公司的运行、维护数据,结合大数据分析建模和物理分析,为东航机队主动维护、优化机队运营创造价值。协议中,两家公司明确了未来三年内为东航机队提供全面数字化分析解决方案。比如在飞机和发动机分析方面,东航将联合GE共同开发新的维护流程以及飞机和发动机使用方案,对飞行风险进行分析,给出相关安全管理方面的改进措施,最终实现发动机的全生命周期管理,提升东航整体运行的安全水平,降低航班运行综合成本。在市场营销方面,双方将利用GE统计工具,通过对东航的航班计划、实际飞行数据等历史信息进行分析,对运营状况进行提升和改善。

5. 氢能绿色产业:新动能领跑新生态

青浦新城氢能产业园积极打造氢能全产业链。产业园规划面积2.4平方千米,东至胜利路,南至北盈路,西至青赵公路—北青公路—西大盈港,北至天盈路。大力发展氢燃料电池商用车、系统及零部件、加氢站等氢能主体产业,加快氢能基础设施建设、加强核心技术研发、推广氢能技术应用,逐步构建从加氢站建设、燃料电池及动力系统到氢能整车的氢能汽车全产业链,打造绿色低碳、循环利用的氢能经济生态圈。

根据青浦区政府《氢能及燃料电池产业规划》,氢能产业园的长期发展目标:产值达 200 亿元,建设国际一流氢燃料电池企业 10—20 家,示范运营车辆不少于 2 000 辆,优化完善加氢、储氢、运输网络,并完成建设"5G＋氢能"大数据平台。当前氢能产业园发展的主要任务有:氢＋配套,基础支撑布局加氢基础设施建设、发展氢能及燃料电池产业园;氢＋制造,融和提升推进燃料电池汽车系统生产、聚焦氢燃料电池汽车整车等;氢＋应用,相辅相成推广物流车示范应用、探索特种车示范运营、实施氢能医学、农学领域应用;氢＋平台,填补空白建设长三角氢能交易平台、推进第三方检验检测与标准制定。

截至 2021 年,产业园已成功引进了中石化氢能总部、艾德曼核心动力系统电堆、重塑重卡整车等重点项目,率先在落户企业永恒力氢能叉车上实现应用场景零的突破,促成韵达第一台 18 吨氢能源货运车顺利下线。产业园以"抢先一步就是领先十步"的超前意识,围绕"一个站点、一辆重卡、一部叉车、一根链条",逐步构建从加氢站建设、燃料电池及动力系统、到氢能整车的氢能汽车全产业链,打造绿色低碳、循环利用的氢能经济生态圈。

未来,在氢能规划方面,青浦将形成"一核"(青浦氢能产业园)、"两翼"(青东、青西联动)、"多站点"(加氢站建设布局)的氢能产业布局。此外,青浦新城将进一步完善氢能规划保障措施,通过建立组织协调机制、完善扶持政策体系、创新人才培养机制、建立专项发展资金、注重安全持续发展、开展国际交流合作等方式保证产业发展。

(1) 中石化氢能源。

中石化目前是国内最大的氢能源供应商之一,在碳达峰碳中和背景下,积极布局"一基两翼三新"产业格局,抢抓氢能发展的重大战略机遇,逐步培育并壮大中国石化氢能产供销一体化产业链,推进打造中国第一氢能公司。

中石化氢能总部在青浦的布局可以帮助完善氢能产业链的布局。目前,中石化拥有国内最大的制氢能力,年生产量达 350 万吨,占全国氢气产量的 14％;在运输方面,中石化的运输基础丰富,同时园内的规划为氢能运输提供便利。此外,中石化的入驻可以加速青浦新城氢能科研的投入,以及加快对风电制氢等绿氢项目的研发。

2.2.2 案例研究:华为研发基地——聚焦研发产业,打造工业互联网新高地

华为研发基地位于上海市青浦新城科创走廊建设的发展主轴,总用地面积近 100 公顷,总投资近 100 亿元,决心打造成全中国乃至全世界范围内具有领先地位

的研发中心。一期占地面积为 94.7 万平方米,办公区总占地面积达 4 000 亩,是华为松山湖本部的 2 倍,共可容纳办公人数达 1.5 万人,约占华为全球员工的 8.3%。华为研发基地的建立将推动长江三角洲半导体产业链的成熟,从上游的元件材料、中游的芯片制造到下游的电子成品,带动一大批企业的转型升级。

华为研发基地配套设施齐全,有助于青浦新城朝多样化方向发展。该基地采用"九大园三大岛"组团规划,打造服务、住房、交通和办公等多功能混合型社区,可比肩苹果、谷歌、脸书、亚马逊等国际顶尖企业总部园区。

根据上海市政府与华为公司深化战略合作框架协议,双方将坚持"务实高效,合作共赢"的原则,在集成电路、软件和信息服务业、物联网、车联网、工业互联网、智慧城市示范应用等领域,加强技术研发、示范应用、融合创新等方面的合作,扩大华为公司在沪业务范围,促进上海信息产业创新发展,推进新型基础设施建设和智慧城市建设。此外,青浦新城是长三角一体化的重要区域,华为研发基地落户于此必将对长三角产业形成良好的促进作用。

1. 国内领先的通信企业

华为是全球领先的信息与通信技术(ICT)解决方案供应商,专注于 ICT 领域,坚持稳健经营、持续创新、开放合作,在电信运营商、企业、终端和云计算等领域构筑了端到端的解决方案优势,为运营商客户、企业客户和消费者提供有竞争力的 ICT 解决方案、产品和服务,并致力于实现未来信息社会、构建更美好的全连世界。2013 年,华为首超全球第一大电信设备商爱立信,排名《财富》世界 500 强第 315 位。华为的产品和解决方案已经应用于全球 170 多个国家,服务全球运营商 50 强中的 45 家及全球 1/3 的人口。2017 年 6 月 6 日,《2017 年 BrandZ 最具价值全球品牌 100 强》公布,华为名列第 49 位。2019 年 7 月 22 日《财富》杂志发布了最新一期的世界 500 强名单,华为排名第 61 位。2018 年《中国 500 最具价值品牌》中,华为居第六位。12 月 18 日,《2018 世界品牌 500 强》揭晓,华为排名第 58 位。2018年 2 月,沃达丰和华为完成首次 5G 通话测试。2019 年 8 月 9 日,华为正式发布鸿蒙系统;8 月 22 日,2019 中国民营企业 500 强发布,华为投资控股有限公司以 7 212亿营收排名第一;12 月 15 日,华为获得了首批"2019 中国品牌强国盛典年度荣耀品牌的殊荣"。2020 年,排名《财富》世界 500 强第 49 位,中国民营企业 500 强第一名。

目前,华为的研究方向聚焦 ICT 领域的关键技术、架构、标准等方向持续投入,致力于提供更宽、更智能、更高能效的零等待管道,为用户创造更好的体验。在未来 5G 通信、网络架构、计算和存储上持续创新,取得重要的创新成果,同时和来自工业界、学术界、研究机构的伙伴紧密合作,引领未来网络从研究到创新实施。还与领先运营商成立 28 个联合创新中心,把领先技术转化为客户的竞争优势和商业成功。

　　华为致力于构建万物互联的智能世界,以无所不在的联接、无所不及的智能、绝佳的用户个性化体验,打造更优质化的数字平台为目标,不断提升自己的研发能力。从华为的历史来看,成立以来公司共计取得了 10 万多件全球有效专利。并且自 2019 年以后,公司授权的专利费就已经突破了 13 亿美元。截至 2021 年 1 月,华为仅在 5G 通信技术领域申请专利数就占到了全球的 15.39%,是申请专利数最多的企业。

　　在 5G 基站建设技术方面,华为以搭建总数与高技术含量领先世界。根据世界 5G 建设统计数据显示,华为在 5G 基站出货量位居全球第一。截至 2020 年,全球搭建商用 5G 网络的国家多达 60 个,网络建设数合计约为 140 个,其中华为的市占率超过 50%。截至 2021 年 3 月底,国内已经建成 5G 基站 81.9 万个,占全球 5G 基站总数的 70% 以上,而 5G 终端接入设备更是超过 2.8 亿。在专利数量方面,截至 2020 年,华为的有效专利数已经突破了 10 万个,稳居全球第一。2021 年俄罗斯的本土企业将与华为开展 5G 服务器的合作。此外,2021 年华为成为俄罗斯唯一的通信设备供应商。

　　在智能手机研发方面,华为虽然面临重重困难,但是依然在高端机市场取得突破。根据 Counterpoint 统计显示,2019 年一季度高端机市场上,华为市场占有率为 16%,达到世界第三位。根据信通院数据,2021 年 5 月,国内市场手机出货量 2 296.8 万部,同比增长 7.0%;1—5 月,国内市场手机总体出货量累计 1.48 亿部,同比增长 19.3%,未来 5G 手机市场空间巨大。华为作为国内 5G 手机的领先发行者,技术与研发能力将持续领跑行业。

　　在云计算技术方面,华为云目前位于中国云厂商安全领导者位置。华为云 20 多年来独特而完整的冰山安全体系为企业客户带来了绝佳体验。首先,华为云经过来自全球各地以及人和技术等不同维度的云安全经验和实战检验,形成了完整的云安全实战体系,为用户提供最佳实践。其次,华为配备了近万名的来自全球的安全人才,其中近 6 000 名为业内安全专家,仅公有云就配备了数百人的安全研发、服务、运营一体化的团队。再次,华为研发人员不断演进新一代云原生安全架构,支持零信任、微隔离、边缘计算等安全能力,在云服务内 100% 配置安全特性和隐私保护要求。最后,华为云发布了业界首个发布云可信白皮书,在技术研发等方面为用户提供最佳实践。

2. 华为深厚的研发能力带动产业园向产城融合方向发展

从国外新城发展的实践来看，无论是美国的 Reston，还是巴黎的若干新城建设，高科技产业的发展和新城建设所带来的高素质人口集聚形成互动，形成产业与人口不断升级的良性循环，都是新城发展的一条必由之路。上海目前正处于调结构、保增长的关键时期，青浦新城制造业的发展也面临着许多瓶颈问题。单纯依靠低能级产业的空间扩张已经不能适应上海新城发展要求，新城必须加快实现产业结构的转换升级。着力培育与上海新城发展成为人口蓄水池和人才高地的目标相适应的产业结构。在集约节约使用土地的基础上，实现产业的跨越式发展。

因此，针对上海郊区新城普遍存在的"产城不融合"现象，青浦新城从"产城融合"的概念与实质内涵出发，通过引进华为研发产业，调整产业结构与就业结构的关系，并通过就业结构对城市发展产生影响，改善新城发展的关键问题，让高科技产业的发展和新城建设所带来的高素质人口集聚形成互动，形成产业与人口不断升级的良性循环。青浦新城引进华为研发基地的方式是上海郊区新城"产城融合"的必由之路，也是青浦新城实现产城融合的具体途径。

（1）青浦新城产城融合发展的必要性。

城市发展的动因是产业集聚，产业和城市是不可分割的。与农村相比，城市产业集中度较高，可以提供更多的就业机会，因而能够吸引大量农村剩余劳动力的转移，使城市成为巨大的人口集聚中心。人口集聚不仅为产业发展提供丰富的劳动力，而且能够形成巨大的消费市场，带来金融、贸易、通信、运输以及生活服务行业的发展，第三产业的发展反过来推动城市的繁荣，进一步集聚城市人口，促进第一、第二产业的规模化和集约化。因此，城市本身是工业化的产物，城市化的发展始终与产业发展同步。"产城融合"不是一个新名词，更不应成为一个新概念。但是，从上海新城发展的实践来看，"产城不融合"又恰恰是一个普遍存在的问题。

2001 年，国务院批准的《上海市城市总体规划（1999—2020 年）》，明确了郊区是上海新时期城镇发展、生产力布局调整和基础建设的重点。明确浦东新区、漕河泾高新技术开发、闵行经济技术开发区、上海化学工业区和嘉定、宝山、金山、闵行、松江九大市级工业区，将作为上海工业建设发展的主要基地。紧随其后上海市政府提出以嘉定、青浦、松江市级工业区为试点，降低上海的商务成本，在上海郊区布局了面积为 173 平方千米的产业园区。青浦区工业园就是其中之一。

郊区产业园虽然提供了大量的就业岗位，但产业发展主要需要的是少量受过高等教育的人群以及大量的年轻工厂工人。而郊区本地居民及市区导入人口的劳动力文化素质偏低，且年龄结构偏大，难以满足产业园区用工需求。另外，他们也没有强烈的就业意愿,因为即使不工作,他们也有不少其他收入来源,如城镇居民低保、房租、失地补偿等,基本生活能够有所保障。因此,对于工资水平不高或苦、脏、累的工作,他们一般不会考虑。郊区产业发展所形成的用工空缺为外来流动人口所补充。来沪人员就业主要集中在工资相对较低、工作时间长、工作条件差的制造加工与建筑业等基础产业。

根据青浦区第二次经济普查数据显示,青浦工业区从业人口约为 11 万,其中约有 9 万外来人口,占总人口比例的 82%。产业园区虽然与青浦新城毗邻而建,但发展各自为政,新城人口增长缓慢,发展远远滞后于产业园区,与总体规划确定的目标相距甚远。因此,上海市有关部门积极开展上海郊区新城新一轮发展战略规划研究,在评估新城建设情况的基础上,对上海市新一轮郊区新城规划的战略导向和目标展开深入研究。并将"产城融合"作为促进郊区新城建设的重要战略方针。

(2)华为产业园带动青浦区就业率的上升与就业结构的改善。

在华为产业园建造之前,青浦新城存在人才吸引力不强的问题。一方面,青浦新城现有劳动力文化素质偏低,与产业结构升级对劳动力素质的要求存在矛盾;另一方面,中心城区高素质人口向青浦新城迁居的意愿不强,难以形成高科技产业所需的劳动力市场。产业和人口的恶性循环成为青浦新城发展的"瓶颈"问题。华为产业园的加盟帮助青浦新城突破停留在附加值低、能耗高、污染严重的加工制造这一低端环节,掌握以品牌为标志的研发环节,帮助新城摆脱仅靠原材料投入和产品组装赚取小部分产业利润的困境,利于新城的长远发展。

未来城市的竞争是品质的竞争、人才的竞争,良好的生态环境和可持续发展的潜力是青浦最为宝贵的资源,也是吸引人才集聚的必备条件。华为产业园的入驻可以帮助青浦新城更进一步发挥自身比较优势,创造生态宜居的自然环境;大力提高公共设施的服务能级,引进市级教育、文化、体育设施的优质资源和会议会展等功能性项目;从根本上改善对外交通条件,增强中心城人口迁居意愿,吸引上海乃至长三角地区高素质人才的集聚,形成产业和人口的良性循环。

(3)推进新城工业"腾笼换鸟",促进产业跨越式发展。

青浦新城的"产城融合",不仅存在产业能级提升的问题,还面临着产业空间更新调整的问题。根据 2008 年相关数据,青浦工业区占地 52.6 平方千米,目前已开发建设的土地占到工业区总面积的 60% 以上,单位土地工业产值为 30.5 亿元/平方千米,远低于国家级开发区、市级开发区的平均水平,只相当于上海市级开发区平均水平的 60%,上海市平均水平的 50%。

进入"后世博"时期的上海率先转变经济发展方式,在资源紧约束的阶段,走内涵式发展的道路,郊区新城的发展难以只依赖于简单的用地扩张。在"两规合一"和土地指标硬约束的背景下,青浦区的土地资源日益稀缺,面临着当前和未来发展、经济发展和环境容量、功能提升和结构调整等诸多矛盾。华为产业园的入驻帮助新城改变粗放单向型发展方式,向集约循环型转变,在有限的资源条件下实现产业的跨越式发展。

同时,青浦区政府对区内工业企业加以区别对待,将保留与搬迁相结合,对符合产业发展方向、具有良好发展前景的企业实施就地升级改造;对工业园区企业进行合理集中布局,提高存量工业用地的土地使用效率;集中统筹公共基础设施和生活设施,达到节约用地和投资目的。对于一些技术进步缓慢、产品经济价值低、产品开发能力弱、经济增长主要依赖大量资金投入及大量消耗原材料和能源的企业,尤其是自身存在经营困难的企业和生命周期较短的企业应实施关闭停产,为青浦新城产业跨越式发展创造空间。此外,新城强调产业园区中的企业更新改造应根据本地区的经济发展状况,制定一些特殊的优惠政策,激励工业用地开发企业的参与,权衡搬迁企业的利益,置换存量工业用地改造所需的土地,并且适当弥补企业搬迁过程中的损失及补偿部分企业的关闭。

(4)推进新城与附近工业区的空间整合。

青浦新城"产城融合"在空间上的体现就是产业空间与城镇空间的一体化协调发展。关于产业空间与都市空间整合的意义与目的,白瑾(2000)在研究总结台湾科学园区规划的经验时指出,园区开发建设之成果不只追求产业之发展,同时与地方及区域产业、经济发展及相关建设均息息相关,因此科学园区空间发展与社会改造之整合乃为必然之趋势。也就是说,华为产业园可以帮助青浦新城通过空间整合,提高产业空间与所在区域的一体化发展水平,优化产业空间自身发展、产业空间与依托城镇的互动关系,从而提高产业空间发展的综合效益。

城市和产业空间整合最主要的目的,一方面是提高工业区整体的自组织能力,进而扩大系统的整体开放程度和协同作用效果;另一方面则是通过整合促进城市功能与空间布局的协调和优化,实现功能与结构的协调。

新城与工业园区的空间整合,就其内容来讲,包括以下几个方面:

一是功能整合,首先要明确青浦工业区和青浦新城的关系,即工业区是单一的产业功能区,还是具有其他多样化的城市功能区。未来,青浦工业园区将由单一的工业区转变成为城市综合功能区,成为青浦新城有机组成部分,共同形成综合的城市空间系统。产业空间的更新标准也不同于以往的工业区,在新一轮由产业推动的城市化过程中,按照现代化城市的建设要求,更新产业空间。

二是空间开发整合,包括空间开发方向和强度、空间区位与结构等,与新城的功能布局统一考虑。

三是设施整合,包括基础设施和社会基础设施的开发与利用。青浦工业园区占地面积较大,与新城之间的交通设施整合成为空间整合的关键问题。

四是环境整合,包括对共同生存的生态环境系统的开发、保护和利用,还包括区域可持续发展能力的保护等。

3. 青浦新城保证华为产业园建设的配套政策与措施

为了保证华为产业园以及数据研发中心在青浦新城的顺利建成,青浦新城出台了一系列政策为园区以及附近相关配套设施的建设提供优惠的政策以及便利的基础服务。

根据《青浦区促进总部经济发展的实施办法》,青浦新城对国内企业(地区)总部(指区级认定的公司总部),承担全国性或者地区性销售、结算、管理、投资、研发、物流及支持服务等职能,包括上市公司或其销售结算中心等。其中,对于符合条件的荣获《财富》500 强、中国企业 500 强、中国民营 500 强主体或其控股的公司优先认定。

根据青浦新城总部经济区级认定总部条件为:具有独立法人自购,公司注册、税务登记于青浦区;在青浦区外投资或授权管理的企业不少于 3 家,至少有 1 家为跨上海市企业;注册资金不低于 1 亿元,实缴注册资本不低于 5 000 万元;承诺申请认定下一年度起在青浦区连续两年纳税额均超过 3 000 万元。属于国家"十四五"发展规划中的科技前沿攻关领域的科技型企业,其研发能力居于全国行业领先水平,研发成果填补国内技术空白;拥有与"十四五"发展规划中的科技前沿攻关领域相关的发明专利不少于 25 件;市场估值不低于 20 亿元;已经获得国家产业专项基金或者产业资本投资金额不低于 1 亿元。

(1) 开办资助。

青浦新城对新引进的经认定的新落户总部型机构,给予 300 万元的开办资助;对新引进的经认定的新落户民营企业总部型机构,给予 100 万元的开办资助;对经民营总部型机构认定为省级企业总部的,再给予 200 万元的升级资助。

开办资助自认定年度的下一年起分三年发放,区级认定的国内企业(地区)总部从企业兑现承诺的下一年起分三年发放,发放比例均为 40%、30%、30%。

(2) 购(租)房资助。

青浦新城对于认定的总部型机构,一次给予最高不超过 300 万元的一次性建造或购房资助。对新引进的经认定的民营企业总部型机构,给予不超过 100 万元的一次性建购房资助或累计不超过 100 万元租房资助。

（3）运营奖励。

青浦新城对于认定的总部型机构和存量企业，自认定后并兑现承诺年度起营业收入首次超过 10 亿元且税收超过 5 000 万元的，给予 500 万元一次性奖励。存量企业经认定后增量超过 10 亿元且税收增量超过 5 000 万元的，给予 500 万元的一次性奖励。

（4）并购奖励。

青浦新城鼓励总部企业整合资源做强做大，对经认定的总部并购重组国内外公司以及因其内部发展股权整合发生的费用给予奖励，经审定后，给予实际发生费用的 50%、累计不超过 300 万元的资助。

（5）人才奖励。

青浦新城鼓励总部企业引进高级管理人才、专业技术人才和其他优秀人才，可按规定享受市级有关人才引进政策；对经认定的总部企业人才，可按青浦区人才扶持政策规定，享受相应的人才激励政策。

（6）经济服务。

在产品通关方面，青浦新城对符合条件的总部经济项目，发挥综合保税区功能，创新监管制度和监管模式，提升通关效率，为其进出口货物提供个性化通关便利。

在促进产品交易方面，青浦新城将借助进博会"6+365"功能平台，为符合条件的总部竞技项目提供交易展示功能，优化交易渠道。

在人才福利方面，经青浦新城认定的总部经济，可按照《青浦区人才公寓供应实施办法（试行）》，优先享受人才公寓供应。对于员工子女，可以申请就学优惠待遇。属学前教育阶段和义务教育阶段学生的，符合有关规定的按企业所在地学区优先安排公办学校就读。

2.3 青浦新城建设独立综合性节点城市的公共服务提升

2.3.1 交通：建设高标准农村公路

青浦地处江、浙、沪二省一市的交界处，位于中国长江三角洲经济圈的中心地带，具有承东启西、东联西进的枢纽作用和对华东地区的辐射作用，区内有上海市郊第一条一级公路——318 国道(上海—西藏聂拉木),东西方向的 A9 沪青平高速公路、A8 沪杭高速公路、A12 沪宁高速公路以及连接上海虹桥机场与苏州的苏虹公路贯穿全境,南北方向的同三国道、外青松公路和嘉松公路,使青浦区内及青浦连接周边地区形成了纵横交错、道路密集的陆路交通体系,为加快青浦新一轮发展打下了良好的基础。青浦区的水运优势也十分明显,包括淀浦河和太浦河两条连接黄浦江的黄金水道,还有毛河泾、上达河、西大盈江、东大盈江、油墩港等多条六级以上航道,这些航道北连苏州河,南接淀浦河,与江、浙等省通航,可通 500 吨位船舶的航道有 16 条。

1. 强化对外枢纽和通道建设

在青浦新城中心位置规划设置综合交通枢纽,整合"城际铁路、市域铁路、城市轨道"三网,实现沪苏嘉(青嘉吴)城际线、嘉青松金线、轨交 17 号线同站换乘。推进轨交 2 号线西延伸、17 号线西延伸(至西岑)、13 号线西延伸等项目,加快实施 G50 智慧高速扩容和 G15 公路嘉金段扩容及功能提升等工程,巩固"三横两纵"高快速系统及"三横两纵"骨干通道。至 2025 年,实现 30 分钟到达中心城区,45 分钟到达相邻新城,60 分钟到达近沪城市,衔接浦东和虹桥两大门户枢纽,打造面向长三角城市群、支撑青浦独立节点城市发展的"区域辐射"综合交通枢纽。

2. 完善内部综合交通体系

推进 G318 拓宽、北青公路拓宽及青浦大道建设,开展外青松公路青浦新城段快速化等规划研究,加快既有路网升级改造,构建"外环＋内环＋多射"的道路网体系,有序打通毛细路网,提升新城内部通达水平。强化轨道交通对新城综合交通体系的支撑,布局"十字骨架＋组合环线"的中运量网络,形成城际枢纽、地区枢纽和一般枢纽的"1＋3＋5"三级枢纽体系,以 9 个轨道枢纽站点锚固新城公共交通骨干网络。推进油墩港高等级航道及集约化港区建设,构建由 G50、G1503、S26 构成的货运快速通道以及由北青公路、青浦大道、沪青平公路、山周公路组成的货运普速通道体系。至 2025 年,保证 30 分钟实现内部及联系周边中心镇出行。

3. 打造低碳绿色、慢行友好的出行环境

推进新城中运量示范线、新城一站停保场等公交基础设施建设,促进新能源客运车辆使用,大力推广电子站牌建设,全面提升地面公交服务水平。提升慢行交通的比例与品质,建立便捷连通、舒适宜人的慢行网络,依托丰富的蓝道绿道资源,结合老城厢等发展特点,打造特色休闲慢行系统。结合道路断面改造、蓝绿道建设、城市公园建设等工作,完善慢行交通体系与驿站服务配套,试点建设安宁交通社区。遵循"保留特色桥梁名片、适当控制新建桥梁"的原则,推进特色化的水上交通日常化发展,规划建设多级水陆换乘枢纽,直接接入绿道和自行车道,建立水陆自由转换的交通系统。

4.优化综合管理、提升交通品质

依托交通大数据、实施停车监管系统等信息技术手段,持续提升交通精细化、智慧化管理水平,引导智慧出行。推动 G50 智慧高速公路试点工作,打造青浦无人驾驶示范区,推动智能代客泊车、无人驾驶等成果应用。以停车供需平衡为目标导向,开展停车设施专项规划,优化公共停车场和道路停车布局,研究确定合理的配建停车指标,提出新城范围差别化停车发展政策和措施,提高停车管理水平。

2.3.2 教育:支持公共教育成体系、有特色发展

《青浦新城"十四五"规划建设行动方案》表示,构建成体系、高品质、新样态、多样化、有特色的公共教育服务,协调发展各级各类教育。优化教育资源的时序和空间布局,基于学龄人口动态发展趋势和教育资源现状特点,结合青浦新城发展趋势,进一步补齐短板、整合资源、提升品质。新建一批中小学幼儿园,争取引进一所优质公办学校落地建设,组建复旦附中青浦分校等示范性高中引领的中小学教育集团,推动校际联动、公民办融合发展。结合新城重大产业项目布局,率先启动"未来学校"项目建设。新建青浦市民学习广场,打造一批社区教育标准化学习点和示范性学习点,提升终身教育能力。

表 2.3　青浦新城教育领域重点项目进展情况(截至 2019 年 12 月)

分　类	项　　目
已完工并投用	重固幼儿园扩建项目
	世界外国语学校
	实验中学西部游泳馆
	徐泾房产幼儿园
	新建御澜湾幼儿园
	新城一站秀源路初中
	新城一站南淀浦河路高中
	五浦汇幼儿园

(续表)

分　类	项　　目
已开工	新城四站(45-03 地块)小学
	时代名邸育儿园
	复旦兰生
	工商信息学校扩建实训工厂
	新城四站(54-04 地块)初中
	徐泾北(08-03 地块)初中
未开工	重固九年一贯制
	新城一站(60A-05A 地块)小学
	新城一站(40A-05A 地块)高中
	青浦新城(51-04 地块)12＋1 班幼儿园
	体育馆扩建

资料来源:《青浦区政府性社会事业设施建设三年行动计划(2020—2022 年)》。

《2021 年青浦教育工作要点》指出,青浦教育要主动对标青浦"三城"定位,紧紧围绕落实立德树人根本任务,以推动教育高质量发展为主题,以教育评价改革为总抓手,发扬"抢拼实善"新时代青浦奋斗精神,深化"强基行动",落实重点工作"挂图作战",推进教育领域民心工程,持续打造三大教育服务品牌,加快教育治理体系和治理能力现代化,努力构建高质量教育体系。

1. 坚持规划引领,全面提升教育发展格局

青浦新城坚持"优质均衡"和"打造品牌"双轮驱动策略,主动融入青东联动、青西协同、新城融合发展,统筹教育资源布局,系统推进育人方式、办学模式、管理体制、保障机制改革。实施《青浦新城"十四五"教育资源布局规划建设方案》,加强优质教育资源导入,推动构建高质量新城公共教育服务体系。

(1) 积极深化教育综合改革。

未来,青浦新城将贯彻落实《深化新时代教育评价改革总体方案》,逐步探索建立区域新时代教育评价制度机制。加大教育科研成果转化力度,促进教育教学提质增效。进一步创新办学体制机制,实施紧密型学区和集团建设方案,启动上海政法学院附属学校合作办学,组建市实验性示范性高中引领的中小学集团,开办青浦兰生复旦学校,持续打造公民办融合的教育集团和"一镇一品"学区特色办学格局。

(2) 积极开展长三角一体化等跨区域合作交流活动。

青浦新城将落实《长三角生态绿色一体化示范区教育发展战略合作框架协

议》,在区域化党建、师资培训、人才交流、内涵建设等方面持续探索合作的新路径新机制。运用国外优质教育资源,拓展师生国际视野,筹划国际教育体验中心建设。深化教育精准扶贫和对口交流,持续向云南德宏、青海果洛、新疆克拉玛依等地区输出优质教育资源,推动合作共赢。

2. 坚持"五育并举",落实立德树人根本任务

青浦新城积极落实《中小学德育工作指南》"一校一案"政策,完善学校德育工作机制,提升学校德育领导力。促进中小幼德育课程一体化,建强班主任、少先队工作队伍。积极组织开展庆祝中国共产党成立一百周年等系列活动,加强学生理想信念教育,开展"扣好人生第一粒扣子""新时代'上善'好少年""中华传统文化"等系列主题教育活动。

此外,青浦新城进一步推进大中小学思政课一体化建设,办好"上善思政大讲堂"。开展行为规范示范校创建评估工作。建立健全区学生心理发展辅导中心、区家庭教育研究与指导中心工作机制,加强学校心理健康教育,促进家校协同育人。统筹区域资源和校外教育合作平台,强化学生社会实践能力,推进校内外育人共同体建设。

(1)提升学生学习素养。

青浦新城教育以高质量实施国家课程,落实学科核心素养,深化各学段各学科课程教学改革,完善学生学业质量监测体系为目标。推进多轮学校课程领导力提升行动,举办年度课程教学季综合展示活动。激发学生创新能力,加强学校创新实验室建设,广泛开展校级科技节活动,组织"气象小达人"科普竞演、头脑奥林匹克千人大挑战、中小学机器人大赛、校园模型节等区级青少年科技创新活动。成立科技项目联盟体,做强科技特色项目和学生创新社团,打造"未来工程师"品牌项目。

(2)加强学生体质健康与国防教育。

青浦新城严格落实"三课、两操、两活动",推进"小学兴趣化、初中多样化、高中专项化"体育课程改革试点工作。深化体教结合,完善体育项目"一条龙"布局,健全阳光大联赛机制,加强校园排球、冰雪等联盟建设,提高学校运动普及率。推进健康促进学校创建工作,丰富健康教育主题活动,落实学生体质健康合格率要求,降低近视新发率。广泛开展国防、海防、民防主题教育活动,组织学生军事技能训练,增强国防意识与能力。

(3)落实美育提升行动。

青浦新城积极推进"小学舞蹈、高中戏剧"课程改革,试点"戏曲、影视"课程设置,完善艺术教学质量监控及评价机制。加强学校"三团一队"建设,打造艺术团队

品牌。举办多届区学生艺术节,丰富区校两级艺术活动和比赛,评选表彰艺术教育特色学校(团队)和先进个人。开展青少年民族文化培训项目评估,健全中小学艺术"一条龙"体系。

(4)强化劳动育人功能。

青浦新城在劳动教育方面,积极完善中小学劳动课程,发挥学科教学、社会实践、校园文化、家庭教育、社会教育的劳动教育功能,推进学校劳动规范化、家庭劳动日常化、社会劳动多样化。落实中学生校外志愿服务、公益劳动和学农实践活动,组织"劳动美"社会实践、"职业小达人""劳模(工匠)精神进校园""劳动小能手"风采展示等活动,开展劳动教育典型案例征集。

3. 坚持改革创新,全面促进各类教育提质增效

(1)引导学前教育公益普惠发展。

青浦新城积极推进《青浦区学前教育三年行动计划(2020—2022 年)》落实,深化学前协作"5+2"项目实践,制定新一轮办园品质发展规划,支持具备条件的园所争创更高一级幼儿园。制定《青浦区普惠性民办幼儿园认定及管理工作实施细则(试行)》,扩大普惠性学前教育资源供给。此外,青浦新城启动第四轮"托幼一体化"试点工作,稳步增加托班供给,完善早期教育指导服务,实现普惠性托育服务街镇全覆盖。

(2)促进义务教育优质均衡发展。

青浦新城落实《关于深化教育教学改革全面提高义务教育质量的意见》,推进全国"县域义务教育优质均衡发展区"创建达标工作。实施《青浦区义务教育项目化学习三年行动计划(2020—2022 年)》,引导义务教育教与学方式变革。稳妥做好义务教育阶段招生入学工作。落实中考改革各项要求,加强历史、道德与法治以及跨学科案例分析教学研究,完善初中学生综合素质评价。深化公办初中强校工程,做好经验总结与成果展示。实施第二轮城乡学校携手共进计划。依据市测结果,做好新一轮小学绿色指标分析改进工作。加强小学段放学后看护管理,提高看护服务质量。

(3)加快高中教育特色多样发展。

青浦新城贯彻《关于本市新时代推进普通高中育人方式改革的实施意见》,推进普通高中新课程新教材实施,完善选课走班教学管理,加强高中生生涯辅导、研究性学习认证、综合素质评价工作,有序做好高考及学业考组考工作。深化市实验性示范性高中特色发展,推进青浦一中、青浦二中、东湖中学特色普通高中创建,支持宋庆龄学校高中部、世外高中等民办高中建设,完善区域高中发展格局。

（4）推动特殊教育高质量发展。

青浦新城贯彻国家随班就读工作实施意见，强化特殊教育学校国家课程校本化实施，推进融合教育，深化医教结合。加强特教课程资源建设，全面实施个别化教育，完善"一生一案"。组织特殊教育"课植杯——四区联动"教学评优、"五区联盟"新课程改革研讨等活动，举办首届区特殊教育教师康复技能比赛。开展特殊教育先进集体、先进个人、优秀科研成果等评选表彰。

（5）加强职业成人教育融合发展。

青浦新城对接产业发展需求与职业教育供给，优化专业设置，完善课程体系，推进中高职贯通和中本贯通培养，开展新一轮校企合作基地建设，筹建新型高职院校。实施"长三角职教联盟专业合作""长三角区域终身学习发展共同体"等项目，开展职业教育三地联合招生培养试点。加强学习型乡村、社区学习点建设，组织开展"上善人文行，品味水乡韵"青浦区终身学习人文行走工作。优化成人学校运作管理机制，促进老年大学办学，提升社区教育水平。

（6）扶持民办教育健康发展。

青浦新城规范开展民办学校、培训机构审批工作，落实从业人员资质与在职培训要求，结合日常管理与办学绩效评估，实施综合奖补，促进依法办学。强化培训市场综合治理，健全多部门联合监管与执法机制，开展星级教育培训机构创建评估工作，增强社会公众、新闻媒体、行业组织外部监督作用。

4. 坚持人才强教，全面增强教育发展动能

（1）加强师德师风建设。

青浦新城要求在校教职工学习贯彻《新时代上海市中小学幼儿园教师职业行为十项准则》《青浦区教师职业道德教育要求》等，严格师德失范"一票否决"制。持续推进"守初心、严师德、铸师魂"主题教育，开展"爱与责任"师德师风教育活动，打造师德活动品牌。组织"为人、为师、为学典型""教书育人楷模""四有好老师"及各类教师先进评选与宣传展示活动，推动教师团队形象提升。

（2）深化教师队伍建设改革。

新城贯彻落实《关于全面深化新时代教师队伍建设改革的实施办法》，深化"引进、培养、稳定、流动"四大工程。开展新教师招聘工作，深化校园招聘以及招培聘一体化改革。完善配套机制，加大骨干教师柔性流动力度。落实上海教师减负措施，完善管理机制建设。优化事业编制资源配置，开展教育事业单位调整优化工作。

（3）完善教师发展体系。

青浦新城积极推进第六届区名优教师培养"领航、拔尖、种子"三大计划，加强

中小学和幼儿园骨干教师、职业院校"双师型"师资、特教教师等培训,组织见习教师规范化培训与展示。落实《青浦区教育人才引培激励实施细则》,加大高端紧缺教育人才引进培育力度。健全中高级教师评聘机制,做好教师职称评审与岗位晋升等工作。

5. 坚持依法治教,全面优化教育治理体系

(1)深化"强基行动"。

青浦新城持续开展"大抓制度、大抓管理、大抓作风"专项行动,进一步健全学校管理制度体系,加强教育系统作风建设,不断提升学校治理水平。优化"强基行动"工作例会、信息报送、督查指导等机制,组织现场会、专项工作检查等,总结提炼工作经验,选树学校先进典型。

(2)强化校园安全治理和未成年人保护。

青浦新城要求各方积极落实《青浦区加强中小学幼儿园安全风险防控体系建设的实施方案》,强化校舍、食堂、实验室、集体活动用车等重点领域和薄弱环节安全卫生管理工作,组织开展安全隐患排查整治,健全完善应急处置预案,加强校园周边环境综合治理。完善视频安防监控平台建设,推进人防、物防、技防"三防"联动。加强学校公共安全教育课程实施,完善公共安全教育活动场所建设。深化"依法治校"创建工作,加强与公检法司部门专业合作,健全法治副校长、法律顾问机制。启动实施"八五"普法,开展法律知识竞赛、征文演讲等活动,推进学校法宣及毒品预防教育等工作。推进"平安校园"建设日报制度,做好家校沟通,提高未成年人保护工作水平。

(3)规范教育经费使用管理。

青浦编制教育系统年度部门预决算,强化预算执行和资金绩效管理,优化支出结构,提高财政资金使用效益。落实义务教育和普通高中生人均经费新标准。继续加强内部控制建设,持续推进公务卡规范使用工作。加强内审机构队伍建设,建立健全内审制度,推行审计全覆盖,强化审计整改和审计结果运用。

(4)加强教育基本建设和资产配置管理工作。

在新校设施配套方面,青浦区要求做好思源小学、白鹤第二幼儿园等新学校开办工作。有序推进教育部门政府性投资项目建设,确保新开项目年内开工,完成校舍修缮、学校消防设施整改年度任务。完成初中理化实验考场及教室建设。开展教育系统不动产权证确权补证工作。完善学校国有资产管理制度及资产配置标准,加强学校设备采购与使用管理,做好固定资产处置工作,配合区财政开展资产清查。

（5）完善教育督导体制机制。

青浦区要求新城内落实督政、督学、评估监测职能，建立健全管理体制和运行机制。协调推进教育综合督政意见整改工作，提高城乡义务教育一体化发展和未成年人思想道德建设水平。持续开展各级各类学校办学水平的综合督导评估，深化责任督学挂牌督导。开展教育改革重难点工作专项督导调研以及区域教育群众满意度调查。

（6）推进教育信息化。

青浦新城积极完善信息化教学环境，促进学科教学改革，组织"学校信息化能力提升""一师一优课""青浦区教育信息化应用展示"等活动，开展信息化标杆学校建设，提升师生信息素养和学校信息化工作内涵。优化区域信息化基础设施及业务平台应用，增强网络安全监测预警和应急响应能力，保障区域教育数据中心安全运行。

（7）落实各项保障工作。

新城开展学校物业管理社会化服务试点，形成学校物业管理有关标准与实施导则。推进规范教育收费及政风行风建设，巩固信访、12345市民服务热线办理成效，提升群众获得感与满意度。充分发挥档案协作组功能，落实学校档案信息化建设和档案室标准化建设要求。做好人大代表书面意见和政协委员提案办理工作，统筹推进保密、双拥、语言文字、退管、计划生育、无偿献血、政务公开、一网通办、信息采编、年鉴、健康促进、垃圾分类等工作。

2.3.3 卫生：积极推进区域卫生一体化，增强市民健康获得感

青浦区不断优化资源配置，持续深化三个医疗服务圈建设，探索市级优质资源与青浦医疗机构合作机制，鼓励社会资本参与青浦健康服务产业体系建设。完善公立医院管理，推进现代医院管理制度建设。控制医疗成本、人均门急诊费和住院费过快增长，规范检查和用药行为，合理控制医疗费用。完善公立医院主要负责人绩效考核评价办法，探索实施医院主要负责人目标年薪制。制定完善公立医院内部绩效考核评价办法，确定公立医院综合评价指标体系，定期组织实施考核评估，将考核结果与医务人员薪酬挂钩。继续推进实施分级诊疗制度和医联体建设，深入拓展医联体工作方式，构建以"生产系统、管理系统、智能系统"为主要内容的信息化支撑体系，实现分级诊疗"全市签约、分级转诊、处方延伸、费用管理"四大核心业务信息化。深化社区卫生综合改革，积极推进新一轮社区卫生服务机构功能提升和建设优化。

表 2.4 青浦新城医疗领域重点项目进展情况(截至 2019 年 12 月)

分　类	项　　　目
已完工	新城一站 31A-06A 地块社区卫生服务中心 卫健委老年护理床位建设 徐泾北 19-05 社区卫生服务中心 新建医疗急救分中心
已开工	中山医院青浦分院二期 复旦大学附属妇产科医院 金泽社区卫生服务中心商榻分中心改扩建工程

资料来源:《青浦区政府性社会事业设施建设三年行动计划(2020—2022 年)》。

未来,青浦新城计划加快医疗卫生资源补短板、增功能、提能级,推进中山医院青浦院区(三甲医院)等项目落地,支持高水平社会办医发展和高等级专业医学中心建设。

1. 积极推进健康青浦建设,完善互联网+医疗服务

青浦区制定实施《健康青浦 2030 规划纲要》和《健康青浦行动(2020—2030 年)》,实施健康青浦行动计划,建立健康影响评价机制,完善考核机制,推动健康青浦行动纳入各级党委和政府考核内容。做好全国健康促进区创建,推进市级健康促进场所、健康镇(村)及健康家庭建设工作,让健康细胞活跃起来,不断提升市民健康素养。依托复旦大学,开展生命全程健康管理成效评估。大力开展爱国卫生运动,持续推进环境卫生综合整治行动,积极开展以防蚊、农村公益灭蟑等为重点的各类季节性病媒防治活动,不断规范农村病媒防治示范村建设。坚持对标对表,强化指导督导,积极做好国家卫生区和赵巷、朱家角镇国家卫生镇迎复审工作。继续宣贯控烟条例,开展控烟执法。

青浦区积极推进"智慧健康"信息化建设,加快互联网医院、"互联网+"社区卫生服务中心发展。开展"互联网+"医疗便民惠民服务,提供在线挂号、分时段预约、智能导医分诊、候诊提醒、检验检查结果查询与推送、移动支付等服务,提供部分常见病、慢性病复诊、随访管理和远程指导等服务。推进检验检查项目互联互通互认、对接医保电子凭证和脱卡支付等工作,加强关键信息基础设施、重要信息系统等级保护等网络安全和信息化保障工作。

2. 开展长三角一体化示范区卫生健康合作,提升卫生行业治理和服务能力

青浦新城在一体化示范区发展规划框架内,优化卫生资源布局,提升医疗服务能级,建立卫生信息和医疗服务监管互联互通机制,为长三角一体化示范区核心功

能区提供高水平综合医疗卫生服务。完成"复旦医学"项目规划设计,依托长三角一体化高质量发展国家战略,结合青浦区发展规划,借鉴国际先进医学院运行模式,全力建设"医、教、研、产"四位一体的医学园区和国际医疗中心,打造新型医学健康高地。签订示范区三地院前急救框架协议,建成长三角三地急救联盟,完善联席会议制度,落实两辆新生儿转运车。创新举措提高监管效能,有效推进青浦、吴江、嘉善三地卫生监督综合执法长三角一体化战略协议建设,不断提升卫生监督健康保障能力。

新城继续落实以服务相对人办事"少跑腿"为目标,持续推进"证照分离"改革试点工作,落实"放管服"各项措施,推进"一网通办""双减半"各项工作,不断提升服务相对人满意度。以完善区域职业健康监管模式为抓手,持续推进尘肺病防治攻坚行动,开展重点行业职业病危害专项治理。做好食品标准备案管理,落实食品安全风险监测评估工作。扩大"双随机、一公开"覆盖面,推进"互联网+监管"综合监督执法模式,贯彻落实重大行政执法决定法制审核,进一步加强规范性文件管理和规范行政执法行为。开展政风行风建设。全面贯彻落实医药产品回扣治理制度建设"1+7"文件,落实《青浦区进一步改善医疗服务行动计划实施方案(2018—2020年)》。开展卫生健康行业作风整治专项活动,抓好医疗机构行风制度和组织建设,严厉打击医疗卫生行业违规违法行为,建立行风工作长效机制,彻底扭转医疗卫生行业行风问题,保障人民群众健康权益。

3. 促进家庭卫生发展,完善老年健康服务体系

深入推进公共场所母婴设施建设。开展出生人口监测和人口形势分析。依法落实计生家庭奖励扶助政策。加大计生特殊家庭扶助关怀力度,巩固落实计生特扶对象双岗联系人制度、就医绿色通道、家庭医生签约服务,认真组织实施计生特殊家庭心理健康服务、援助服务、住院护工补贴、辅助就医服务、暖心行动等项目,探索家政服务。加强计划生育和家庭发展工作网络队伍建设。

青浦新城贯彻实施《关于建立完善老年健康服务体系的指导意见》,推动老年健康宣传、健康管理和健康行为,做好老年人心理健康国家试点工作。贯彻落实医养结合发展相关意见,推进治疗、康复、护理床位分类管理,加快康复、护理资源发展,推动长护险试点。落实老龄办工作职责,组织开展"敬老月"等活动。

2.3.4 体育:完善体育设施铺设,培养体育城市目标意识

青浦新城围绕"人民城市人民建,人民城市为人民"的重要理念,围绕体育强国

和全球著名体育城市建设主线,聚焦高质量发展,发挥体育先行优势,深度融入长三角一体化发展和服务进博两大国家战略;聚焦高品质生活,切实服务社会民生,全力构建高水平体育公共服务体系和后备人才培养体系;聚焦新发展格局,深化体育改革创新,优化产业发展环境和工作管理效能,扬帆起航、乘风破浪,勠力同心、砥砺前行,努力在新形势下构筑新格局,在新发展中体现新作为。

为了更好适应体育方面的规划,青浦新城提出了体育"十四五"建设工作目标:一是强化设施供给,聚焦新城建设、青东联动、青西协同,推进重点项目建设,提高设施智能化水平,为市民健身提供优质环境;二是立足群众需求,推动健康关口前移,建立体育与卫生健康等部门协同、全社会共同参与的运动促进健康新模式;三是深化体教融合,创新后备人才培养、选拔、激励保障机制,积极备战 2022 年十七届市运会;四是深化改革创新,推动场馆运营、赛时运行等机制创新,积极培育体育产业市场;五是强化区域协作,培育并办好区域特色品牌赛事,强化青浦对外形象。

1. 从设施与赛事两个维度完善全民健身服务体系

(1)设施能级提升。

新城未来建设将聚焦建设目标,推进区体育文化中心二期项目和海棠公园都市运动中心建设。对照"十四五"社区市民健身中心全覆盖要求,推动徐泾北大居体育中心、重固镇社区市民健身中心、朱家角镇沈巷社区体育中心项目建设。围绕幸福社区、乡村振兴示范村、美丽乡村等标准,实施社区健身设施工程,提升体育设施服务能级供给和智能化水平。高质量完成年度市政府体育实事项目,新建改建5 片市民球场、5 条市民健身步道、30 处益智健身苑点。引导社会资本投资、兴建各类体育健身设施,建立完善设施多样化、多渠道供给体系。

(2)赛事活动提级。

新城对标高品质生活需要,广泛开展全民健身活动,积极打造青浦健身品牌。结合重要节点、重大节庆,办好红色系列健身活动。适应疫情防控常态化形势,创新组织形式、丰富活动供给,建立"线上+线下"竞赛活动新模式,提高市民运动参与率。探索创新赛事运营机制,进一步推进管办分离,提高各类主体参与赛事筹办的积极性和主动性。服务供给提质,聚焦健康青浦建设,大力实施健身配送工程,推动科学讲座、技能培训、体质监测等公共体育服务进社区、进企业、进机关,全年配送不少于 300 场次。深化"体医融合",依托健促中心和健康驿站等阵地平台,探索成立青浦区长者运动健康之家,建立市民健康档案、探索健康积分管理、开展慢病运动干预,完成体质监测 1.4 万人。开展社会体育指导员管理机制改革,加强体育骨干分级培训管理,为青浦市民提供更加惠民、更加便利、更高水平的科学健身指导服务。

2. 提升后备人才培养水平

搭建平台,组织好区内各级各类比赛,参加好市青少年体育精英系列赛、各项目锦标赛、全国 U 系列等青少年体育赛事,通过以赛促训、提高竞赛水平。加强国家高水平体育后备人才基地建设,发挥优秀教练员工作室作用,提升教练员队伍管理和工作效能,提高科学选材、科学育才水平。

(1) 深化体教融合。

贯彻落实国家体育总局、教育部《关于深化体教融合促进青少年健康发展的意见》,建立完善"一条龙"项目体系,在优化高中阶段项目布局的基础上,强化中小学项目衔接;以青少年公益培训为抓手,在抓好普及的基础上进一步优化提高,形成"9+X"的青浦区体教融合项目体系。坚持体育育人理念,协同教育部门不断加强学校体育工作和青少年体育公共服务,重点开展好阳光体育大联赛、冬夏令营活动、学校运动会、校园运动联盟等赛事活动。推行青少年运动技能等级标准,引导青少年养成良好的体育习惯和"终身体育"理念。

(2) 鼓励多元办训。

大力扶持社会力量办训,不断完善各类单项协会、体育俱乐部、办训机构等社会力量参与青少年后备人才培养。加大宣传《社会力量参与青浦区业余训练合作办法》《青浦区体育人才激励引培细则》的力度,引导更多社会力量参与青少年后备人才培养。发挥人才激励政策作用,不断创新和完善后备人才培养、选拔、输送、保障、激励等机制,鼓励更多优质社会资本参与,形成"普及、提高、精英"梯次分明、多方联动的后备人才培养新机制。

3. 实现体育产业环境优化

(1) 优化政策环境。

以构建具有竞争力的体育市场体系为目标,进一步优化现代服务业体育产业政策和营商环境,对社会资本投资兴建设施、公益开放、赛事活动以及落户配套等进行扶持。不断加大宣传和引导,切实提高政策的覆盖面、扶持力和知晓度,吸引更多优势资本落户投资青浦体育。在长三角一体化示范区和青浦新城建设中推行和创办特色体育项目,实现体育与文化、旅游、农业、养老、康养等多领域的深度融合,积极培育体育产业新业态。

(2) 发展竞赛表演。

协力办好世界赛艇锦标赛、诺卡拉 17 级亚洲帆船锦标赛暨东京奥运会资格赛、"复兴之路·薪火驿传百公里接力赛"等重大体育赛事。全力办好环意长三角自行车公开赛、上海世界华人龙舟邀请赛等区域品牌赛事。创新举办长三角半程马拉松、F1 电竞中国冠军赛发展联盟赛等具有较高显示度、辨识度、美誉度的 IP 赛事,打造具有青浦特色、品牌特点、区域影响的竞赛表演体系。

(3) 强化区域协作。

抢抓长三角一体化国家战略和示范区建设契机,建立完善联合办赛机制,提升长三角地区体育协同联动和重大赛事承载能力。筹划举办示范区环湖系列运动,打造路跑、自行车、水上马拉松、汽车定向等联动联赛品牌,为长三角地区产业集聚发展拓展更大空间、提供更优服务,实现更大范围、更高水平、更深层次的交流协作和联动发展。

4. 提高体育部门工作效能

(1) 提高服务能力。

从提高体育融入大局、服务民生的能力水平上精准发力,扩大体育先导作用和杠杆效应,不断提高青浦体育的辨识度和显示度。强化过程管控、动态跟踪、问责问效、教育管理、监督考核,加强体育干部人才队伍建设,提升工作绩效、成效和时效,切实提高体育系统干部队伍的工作能力、服务水平。

(2) 培育体育文化。

积极培育和塑造具有区域特色、人文底蕴的青浦体育文化,围绕"建党 100 周年""十四五"规划、2021 年赛艇世锦赛等,组织内容丰富、形式多样的主题宣传,多平台、多渠道、全方位展现青浦体育发展成就。运用好"青浦体育"微信、网站以及阵地等媒介,多渠道报送、多平台展示、多途径传播。树典型、立标杆,讲好青浦体育故事,弘扬体育正能量、健身新风尚。

(3) 深化领域改革。

科学研判体育发展面临的新形势,坚持问题导向、目标导向和结果导向,聚焦重点领域和关键环节,加快推进体育改革创新步伐。不断创新体育工作方法和治理措施,大力推进公共体育场馆运营、体育赛事活动运行、传统体校办训改革转型和体育后备人才培养等体制机制的探索和创新,为青浦体育事业发展注入新的活力和动力。

2.4 青浦新城建设独立综合性节点城市的创新性政策支持

青浦新城根据自身发展实际需求制定政策。首先,青浦新城对近沪城市优势政策进行对标,衔接长三角生态绿色一体化示范区改革创新要求,并针对自身特色与薄弱环节,加强与市级主管部门在引才聚才、项目供地、财税金融、营商开放等方面的政策对接。其次,青浦新城制定并推进落实区级层面支持政策,并争取同步做好市级部门放权赋能工作衔接,形成更加全面完备的政策集成,进一步做好接受青浦区资金、土地指标、产业资源、公共服务等各项资源要素向自身集聚的准备。

2.4.1 引才聚才支持政策——打造更具竞争力的人才服务环境

在人才引进政策方面,青浦新城致力于打造更具竞争力的人才综合服务环境,并实行更加积极、开放、有效的人才政策。青浦新城依托"青峰1+5+X"人才政策,针对不同层次不同领域紧缺人才,提供针对性安居奖励补贴政策,通过落实交通、就业、医疗、养老、金融、法律、培训等综合服务保障举措,吸引各类优质企业和人才汇聚新城。

此外,青浦新城通过科学动态的方法,把控房地产开发供给规模与流量,提前应对重大产业项目从业人员的购房置业需求。新城探索利用集体建设用地建设租赁住房,支持辖区范围内的保留村、保护村利用农村闲置宅基地和闲置农房改造人才公寓,支持工业园区利用闲置厂房改造人才公寓。在风险可控前提下,新城将引进市场化机构,规范发展多种形式的长租公寓,促进产城融合、职住平衡。

2.4.2 项目供地支持政策——保障重大建设项目的优先指标

在项目支持方面,新城范围内重大建设项目的用地具有指标优先保障,并且工业用能指标适当倾斜。新城支持盘活战略留白用地,鼓励土地资源节约集约利用,优化各类空间布局,提高土地容积率。在相关产业发展方面,青浦新城支持园区产业转型升级,优化用地结构,盘活存量土地用于创新发展,提高土地使用价值。此外,新城健全长期租赁、先租后让、弹性年期供应、作价出资(入股)等工业用地市场供应体系。在符合国土空间规划和用途管制要求前提下,调整完善产业用地政策,创新使用方式,推动不同产业用地类型合理转换,探索增加混合产业用地供给。

2.4.3 财税金融支持政策——放大政策资金杠杆作用

在金融支持方面,新城调动辖区内拥有的资源,发挥政策资金的杠杆作用。资金支撑方面,新城主要从减免土地成本、专项资金两方面进行突破。新城范围内土地出让区级所得收入,在扣除国家及上海市规定计提有关专项资金后,向产业建设发展倾斜。其次,新城加大辖区范围内的各类产业扶持、创新创业扶持、人才引进培养、基础设施和公共设施建设等财政资金的支持力度。

杠杆作用方面,新城立足新城经济发展需求,放大政策资金杠杆作用,从政策性产业支持、社会资本叠加效应、募资优先使用等方面进行突破。新城依托金融产业园等平台载体,鼓励政策性银行、开发性金融机构以及商业银行支持产业发展。新城鼓励社会资本加大投入力度,形成叠加效应,为新城高质量发展形成经济发展新增量。此外,支持新城范围内符合条件的企业上市,引导将募集资金优先在新城范围内使用;鼓励区内企业将生产基地、销售门店、办事处等升级为区域型总部,对于将总部设立在新城中央商务区的,优先给予相关支持。

2.4.4 营商开放支持政策——进一步深化简政放权

未来新城将进一步深化简政放权,按照上级有关法律法规、政策文件规定,同步对接长三角一体化示范区、张江高新区等审批权限,积极承接下放的行政审批权限,提升行政审批效率。对落户青浦新城的企业,在登记注册、跨区域迁移、经营许可、资质认定、注销登记等方面提供便利化服务。加快落实服务业开放各项政策,充分发挥市场主体的积极性,重点引进音乐厅、小剧场、俱乐部、咖啡馆、美术馆等空间载体和经营主体,支持市场主体提供更加丰富的城市服务。

第3章
"十四五"时期松江新城建设独立综合性节点城市研究

3.1 松江新城发展的历史沿革与"十四五"功能定位

3.1.1 松江历史沿革

1. 松江历史变迁与经济现状

（1）历史变迁。

松江是上海历史文化的发祥地。据考古发现,距今约6 000年前,先民们就在九峰一带劳动、生息,创造了崧泽型和良渚型等古文化。东汉建安二十四年(219年),东吴名将陆逊以功封华亭侯,华亭始见于史志。此后,松江地区被称为华亭。唐天宝十年(751年)置华亭县,华亭县的设立是松江地区经济社会相对独立发展的重要标志。松江作为地名,不同时期的范围也各不相同。当然,异中有同,变迁中有延续。

今天的松江区所在地,就是过去的松江县署所在地和松江府署所在地。元代至元十四年(1277年)升为华亭府,翌年改为松江府。元代松江经济发展在四个方面有亮点:兴修水利;南粮北运(漕粮);渔业生产;植棉和纺棉。此一时期经过兴修水利,旱涝灾害基本解除,河道畅通,对松江府的内外贸易和农业生产起到了重要作用。松江府为稻米产区,每年要向北方运送大量漕粮,借助运河的水上大动脉,松江的漕运非常发达,这为商业航运的发展打下了良好的基础。松江府的渔业生产可以追溯到秦汉时期,元代发展到了鼎盛时期。宋末元初,植棉及棉纺技术传入。松江府乌泥泾(今徐汇区华泾镇)人——黄道婆从海南带回了先进的纺织技术,极大地推动了江南地区的棉花生产和棉纺织手工业的发展,使棉纺织业成为松江府的支柱产业,松江渐成为"衣被天下"的全国棉纺织业中心。这是在松江经济发展史乃至中国经济发展史上的一件大事。

从宋朝开始松江经济逐步赶上并超越了中原地区,成为全国单位面积粮食产量最高、国内最富裕的地区之一,渔业、盐业发达,内外航运贸易活跃。至明代,松江迎来了历史上的"高光时刻"。所谓的"苏松税赋甲天下",既指最鼎盛时松江府每年要向中央政府缴纳140万石的赋粮,相当于大省百余州县之赋,等同于浙江全省的税赋总额。

雄厚的财力体现在松江府城建设上,城市规模不断扩大,"生齿浩繁、居民稠密",城内城外街巷交错,城西谷阳门到秀野桥一带商贾云集、市面兴盛。明代松江府城是全国33个重要的工商城市之一。

清嘉庆十年(1805年)松江府演变为1府(松江)、7县(华亭、上海、青浦、娄县、奉贤、金山、南汇)、1厅(川沙)。19世纪40年代,上海开埠后,迅速由原来依附在松江府下的藉藉无名的小县城演变为全国最大的商贸商埠和工商业中心,松江府城从唐代开始形成的地区政治、经济中心地位被新兴的上海取代。

1912年废府,华亭、娄县合并为华亭县。1914年改为松江县。解放后,苏南行政署设松江专区。1958年3月,松江专区撤销,改隶苏州专区。同年11月由江苏省划归上海市。1998年2月,国务院批准松江撤县设区。

(2)经济现状。

2020年,松江经济实现逆环境下高质量发展。围绕服务新发展格局,松江区实现地方财政收入220.62亿元,同比增长4.8%,连续60个月保持正增长,增速位居全市第一。预计实现地区生产总值1 620亿元,同比增长4%,增速位居全市第一。规模以上工业总产值达到4 070亿元,同比增长7.9%,规模位居全市第二。外贸进出口总额超2 900亿元,同比增长超10%,规模位居全市第二。松江综合保税区进出口货物总值位居上海市各综保区首位、全国第五位。实现工业固定资产投资201亿元,同比增长22.2%。合同外资、到位资金分别同比增长24.8%和27.9%。高新技术企业数量达到1 755家,总量位居全市第三。新增上市企业8家,数量位居全市第二。人民生活进一步改善,预计居民人均可支配收入5.95万元,同比增长4.7%,继续快于全区生产总值增速。

全年实现农业总产值19.74亿元,比上年增长1.3%。其中,种植业产值7.53亿元,比上年下降2.3%;林业产值3.81亿元,比上年下降3.7%;畜牧业产值4.64亿元,比上年增长12.2%;渔业产值0.64亿元,比上年增长6.3%;农林牧渔服务业产值3.13亿元,比上年增长1.4%。

全年实现批发零售业增加值166.13亿元,实现住宿餐饮业增加值16.76亿元。全年实现商品销售总额2 665.45亿元,比上年增长1.4%,其中,限额以上商业通过公共互联网络实现商品销售额 140.46 亿元。全年实现社会消费品零售总额 604.73 亿元。

全年实现金融业增加值 59.38 亿元,比上年增长 6.2%。至 2020 年年末,全区共有银行 32 家,金融机构各项存款余额 3 913.32 亿元,比年初增长 3.6%,其中人民币 3 209.37 亿元,占存款余额的 82.0%。金融机构各项贷款余额 2 323.51 亿元,比年初增长 6.2%,其中人民币 1 869.03 亿元,占贷款余额的 80.4%。

全年完成固定资产投资 604.76 亿元,比上年增长 7.7%。按产业分:第二产业完成投资 200.23 亿元,比上年增长 21.7%,绝对量位列郊区第一;第三产业完成投资 404.54 亿元,比上年增长 1.9%。二产、三产的投资比例为 33.1:66.9。按登记注册类型分:国有集体联营经济实现投资 142.80 亿元,三资企业实现投资 61.29 亿元,私营个体经济实现投资 185.68 亿元,其他经济实现投资 214.99 亿元。至 2020 年年末,计划总投资过亿的工业项目 119 个,实现投资额 157.73 亿元,占全区工业固定资产投资总额的 78.8%。

2. 松江区地理环境

松江区位于长江三角洲内上海市西南部,地处东经 121°45′,北纬 31°,在黄浦江中上游,为杭嘉湖连接长江的必经之路,是上海市沟通江浙两省的西南门户。区内沪杭高铁、G60 沪昆高速(沪杭高速公路)、G50 沪渝高速(沪青平高速公路)、G1503 上海绕城高速(同三国道)、G15 沈海高速(嘉金高速)、S32 申嘉湖高速(机场高速)、轨道交通 9 号线形成了纵横交错的道路交通网,是上海连接整个长三角、辐射长江流域的核心区域。松江正日益成为上海西南的重要门户。

松江区总面积 604.64 平方千米,占上海市总面积的 9.5%,整个区域南宽北窄,略呈梯形,其中陆地面积占 87.9%,水域面积占 12.1%。东与闵行区、奉贤区为邻,南、西南与金山区交界,西、北与青浦区接壤。东北距上海市中心约 40 千米。

松江区地处长江三角洲平原,太湖流域碟形洼地的底部,地势异常低平,整个地平面由东南向西北倾斜,东、南部稍高,西、北部低洼。东部"冈身"一带,海拔在 3.5—4.5 米(吴淞口水准,下同),最高 5 米;沿黄浦江两岸及区境南部,除新五乡有一大片土地(习称泖田,古代三泖之一部)海拔在 2.4 米左右外,其余一般在海拔 3.2 米左右;西、北部是低洼腹地,海拔在 2.2—3.2 米,为太湖流域碟形洼地最低处。在全区耕地面积中,海拔 3.2 米以下低洼地约占 2/3。

松江区地处黄浦江上游,境内河流纵横,塘渠交错。黄浦江三大源流——斜塘、圆泄泾、大泖港均在本区西南部,上受淀山湖、浙北等处来水,经黄浦江下泄江海。大小河流,总数达 3 905 条,形成感潮河网,总长度 2 640.5 千米,平均密度每平方千米 4.36 千米。3.2 米河口高程(吴淞口水准,下同)水面,共 52.86 平方千米,占全区总面积的 8.7%。全区属北亚热带季风区域,四季分明,雨量充沛,夏季炎热潮湿,冬季寒冷干燥。

3.1.2 松江新城"十四五"功能定位

1. 松江新城战略定位

上海市"十四五"规划中,"五个新城"建设是上海工作的重中之重,松江新城在五大新城战略中首当其冲,成为发展的领头羊。针对不同新城的产业基础,每个新城有着不同的产业定位,在上海市"十四五"规划中,松江新城将围绕着"一廊一轴两核"[①]的新城空间格局,明晰其定位。

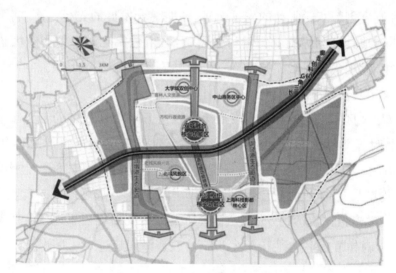

图 3.1 松江"一廊一轴两核"空间格局

资料来源:上海市人民政府网。

在立足新发展阶段、贯彻新发展理念、构建新发展格局的大背景下,松江新城作为策源地城市,将以长三角 G60 科创走廊为战略依托,强化"松江枢纽"门户枢纽战略支点支撑,瞄准国际先进科创能力和产业体系,勇当科技与产业创新开路先锋,建设高铁时代长三角要素资源配置门户枢纽,打造国内大循环"中心节点"和国内国际双循环"战略链接"的重要枢纽之一,服务上海和长三角率先形成新发展格

---

① 一廊一轴两核:"一廊"即长三角 G60 科创走廊,"一轴"为城乡统筹发展轴,"两核"分别是"松江枢纽"核心功能区和"双城融合"核心功能区。

局。到 2025 年,松江新城常住人口达到约 95 万,松江区地区生产总值达到 2 600 亿—3 000 亿元,基本建成具有国际影响力的科创走廊和重要科技创新策源地,基本形成独立的长三角综合性节点城市功能和地位。到 2035 年,松江新城常住人口将达到约 110 万,地区生产总值达到 5 000 亿—6 000 亿元,长三角 G60 科创走廊成为具有重要国际影响力的科创策源地、具有世界竞争力的高科技产业集聚带、产城深度融合的世界级科创走廊,基本建成"科创、人文、生态"现代化新松江,基本建成卓越独立的长三角地区具有辐射带动作用的综合性节点城市。

2. 松江新城发展目标

松江新城 2025 年经济社会的发展目标:立足新发展阶段,秉持新发展理念,构建新发展格局,着力打造"科创之城""枢纽之城""数字之城""人文之城""生态之城",到 2025 年,长三角 G60 科创走廊建设"'中国制造'迈向'中国创造'的先进走廊、科技和制度创新双轮驱动的先试走廊、产城融合发展的先行走廊"将取得显著成果,基本建成具有国际影响力的科创走廊,城市数字化转型取得重大进展,"科创、人文、生态"现代化新松江城市核心竞争力显著增强,基本形成独立的长三角综合性节点城市功能框架。

根据《松江区国民经济和社会发展第十四个五年规划和二〇三五年远景目标纲要》,"十四五"期间,松江区经济社会发展希望实现地区生产总值年均增长 6.5%,地方财政收入年均增长 6%,规模以上工业产值年均增长 8%,全社会固定资产投资年均增长 6%,工业固定资产投资年均增长 20%,战略性新兴产业产值占规模以上工业总产值比重达到 33%,全社会研发经费支出相当于地区生产总值的比例达到 5%,森林覆盖率达到 19.5%,旧街坊改造面积超过 300 万平方米,居民人均可支配收入增长与经济增长同步。

根据《松江新城"十四五"规划建设行动方案》,松江新城的发展目标有以下五个方面。

打造科技创新策源与高端产业引领的科创之城,成为长三角 G60 科创走廊重要创新策源地,综合经济实力持续提升,基本建成具有国际影响力的科创走廊;"一廊九区"①产业集聚能力进一步增强,形成新一代信息技术、新能源汽车、生物医药、新材料等千亿级产业集群;各领域改革系统集成,形成一批可复

① "一廊九区":九区指九科绿洲(临港松江科技城)、松江新城总部研发功能区、松江经济技术开发区西区等三大综合科创板块,以及洞泾人工智能产业基地、松江科技影都、松江经济技术开发区东区、松江综合保税区、松江大学城双创集聚区、松江智慧物流功能区等六大专业创新板块。

制可推广的制度创新成果;加大开放力度,构建开放型经济发展体系取得重大突破,优化重点产业专利布局,强化知识产权创造、保护和运用,完成"国家知识产权试点城区"建设;"松江枢纽"辐射带动功能全面显现,成为带动城市发展的新增长极;新城综合服务、辐射功能大幅增强,城市宜居度和吸引力进一步提升。

打造高铁时代"站城一体"与"四网融合"①的枢纽之城。深化以松江枢纽为核心的国家高铁网、轨交地铁网、有轨电车网和地面公交网"四网融合",形成独立的综合交通体系框架,实现"30、45、60"的出行目标,打造"松江枢纽"现代物流体系示范集聚区,形成铁路、水路、陆路多式联运的智慧物流港。建设长三角要素资源配置门户枢纽,构建集综合交通、科技影都、现代商务、文化旅游、现代物流等为一体的功能区,充分依托"松江枢纽"服务长三角、联通国际的枢纽功能,建设"站城一体"的中央商务区。

打造互联互通与智慧智能的数字之城。推动城市数字化转型,开展产业数字化试点,发挥全国首个国家级新型工业化产业示范基地的先发优势,依托腾讯长三角 AI 超算中心、海尔 COSMOPlat 等新基建重大项目,加快 5G、云计算、大数据中心等新基建布局,率先建成长三角 G60 科创走廊工业互联网生态链。形成全区统一的城市数智底座和超级城市大脑,提供多元化、个性化智慧服务,推动形成开放的长三角 G60 科创走廊数字城市应用场景,增强"一网通办""一网统管"服务效能,建设智慧城市、数字城市。

打造绵厚历史与新时代文明交相辉映的人文之城。松江历史悠久,人文气息浓厚。社会主义核心价值观深入人心,人民城市品质持续提升,公共文化体育设施布局更加合理,人文松江特质进一步彰显;文旅深度融合,成为具有品牌显示度和功能辐射度的国际大都市文旅标杆区;上海科技影都建设加快推进,初步形成具有世界影响力的影视文化产业集群;"上海之根、文明松江"深度融入城市血脉、根植市民心中,市民素质和社会文明程度不断提高,成为推动松江经济社会发展的重要支撑和核心竞争力。

打造人与自然和谐共生的生态之城。生态环境治理更有力度,大气、水、土壤、绿化等生态环境质量稳定向好,区域污染物排放总量持续减少,资源节约集约利用水平明显提高,人均公园绿地面积持续增加,城乡生态环境品质进一步提升,基本形成"园城相嵌、林城相拥、水城相融"的城市生态空间,不断满足松江人民对高品

① "四网融合":高速铁路网、轨道交通网、中运量公交网、地面公交网有机融合的"四网融合"综合交通体系。

质生活新期待;绿色低碳生活方式更加深入人心、成为自觉行动。

3. 松江新城发展优势

从松江的空间形态、发展基础与积淀等层面分析,松江新城与其他新城有所不同,因而在"五个新城"发展中占据独特地位。同济大学夏南凯教授认为,松江新城能够成为城市副中心,在未来 20—30 年将扮演与陆家嘴、临港新片区遥相呼应的一个角色。从空间上看,上海东向、南向、北向分别是东海、杭州湾、长江三处水域,陆域空间的发展腹地有限,当下唯有向西发展,提升城市能级和辐射范围。因此,松江就获得了得天独厚的发展机会,必将成为一个快速发展的区域。在交通区位方面,与青浦、嘉定等新城的单线交通布局不同,松江未来是以松江南站为枢纽、洞泾为次节点的双线、三线铁路融合的交通网络布局,将提升上海市域内外的交通联络。在人才方面,松江大学城毋庸置疑是松江新城独有的积淀和优势,在提升发展效率和效能上至关重要。

目前,松江作为上海高端制造业主阵地和长三角 G60 科创走廊策源地,松江新城建设要对标国际国内最高标准、最好水平,站在"两个一百年"历史交汇点上展望未来,从松江目前发展不平衡不充分的矛盾出发,主动适应形势新变化,坚持危机中育先机、变局中开新局。面向未来,松江新城要牢牢把握国家领导机制下长三角 G60 科创走廊建设的发展新机遇,抓住供给侧结构性改革的时机,同时注重需求侧改革,提高经济体系整体效能,形成更高水平动态平衡,强化战略科技力量,创新驱动引领、加强跨区域协调互动、促进要素自由流动,打造国内大循环"中心节点"和国内国际双循环"战略链接"的重要枢纽之一;牢牢把握上海发力新城建设发展新机遇,加速城市更新和能级提升,深化产城融合,以"松江枢纽"为核心推进"四网融合",提高城市治理现代化水平,率先打造独立的长三角综合性节点城市;牢牢把握以新基建为代表的世界级先进制造业产业集群加快集聚的发展新机遇,强化百亿级项目龙头带动作用,打造若干个千亿级产业集群,不断提升科技和产业创新开路先锋能力;牢牢把握两个扇面协同开放的发展新机遇,充分利用国家级综保区优势,承接上海自贸试验区、进口博览会溢出效应,探索与国际通行规则接轨的开放型经济新体制,推动外向型经济创新发展。

专栏 3.1　　　　　　　世界科创走廊及协同创新理论

从世界各大湾区和重要创新中心的发展演变看,沿各类交通要道集聚创新要素并形成科技创新走廊,已经成为区域创新发展的重要空间组织形态。纵观世界知名创新走廊或重要创新中心,它们依托大学和科研机构形成强大的原始创新能力,依托龙头创新企业培育具有国际竞争力的特色产业,依托创业服务体系构建世界一流企业孵育生态,依托国际化创新网络连接全球高端创新资源,依托政府"有形的手"打造完善的创新服务配套环境。全球主要科创走廊包括美国加州 101 公路创新走廊(硅谷)、波士顿 128 公路走廊、日本的东京—横滨—筑波创新带,下面分别加以介绍。

加州 101 公路创新走廊(即硅谷)位于美国加利福尼亚北部的大都会区旧金山湾区南面,是一段长约 40 千米的谷地,主要包括圣塔克拉拉县和东旧金山湾区的费利蒙市。硅谷发展于 20 世纪 60 年代,最早是研究和生产以硅为基础的半导体芯片的地方,经历了半导体—微型处理器—软件开发—信息技术—二代互联网等产业演化过程。硅谷是美国高科技人才的集中地,更是信息产业人才的集中地,以及高新技术创新和发展的开创者。其以科研力量雄厚的斯坦福大学、伯克利大学和加州理工大学等世界知名大学为依托,以高技术中小公司群为基础,产学研资一体,汇聚超过 1 万家科技创新企业,培育了谷歌、脸书、特斯拉、惠普、英特尔、苹果、思科、英伟达、朗讯等大批国际知名科技型企业。

波士顿 128 公路走廊(以下简称 128 公路走廊)位于美国东北部马萨诸塞州波士顿市,是美国马萨诸塞州波士顿市一条长 90 千米的半环形公路,修建于 1951 年,距波士顿市区约 16 千米,核心节点宽为 4—6 千米,被称为"金色半圆形"或"美国的高技术公路"。128 公路走廊是世界知名的电子工业中心,拥有麻省理工学院、哈佛大学、波士顿大学等 68 所高等院校。大量麻省理工学院等高等院校的教授、研究人员和学生通过创办高科技企业或技术入股企业,有力促进了科技企业的发展。目前,128 公路走廊沿线聚集了 3 600 多家高科技企业和从事高技术研究发展的研究机构。该地区以生物技术为中心的肯德尔园区集中了近百家生物技术公司,目前在生物工程方面初具硅谷雏形,成为全美最大的健康研究中心。

日本东京—横滨—筑波创新带全长约 110 千米,以东京为核心,带动横滨和筑波协同发展。东京—筑波区段长约 70 千米、宽约 10 千米,以常磐自动车道和筑波快线 1 为发展主轴,具有集聚顶级科研创新资源的功能。东京—横滨区段长约 40 千米、宽约 10 千米,以东海道本线 2 为发展主轴,主要集聚高端制造业,具备临港工业功能。日本东京—横滨—筑波创新带上的 3 个城市承担着不同职能,其中,东京是核心,能够有效带动节点城市发展。东京—横滨—筑波创新带内有高等院校超过 150 所、科技创新企业约 8 000 家、研究机构超过 800 家,其中包括全球超级科学城——筑波科学城。筑波科学城以政府为主导,集聚了筑波大学和数十家高级研究机构,已经形成了功能复合的科技新城和产业新城。

协同创新是一项复杂的创新组织方式,其关键是形成以大学企业研究机构为核心要素,以政府金融机构中介组织创新平台非营利性组织等为辅助要素的多元主体协同互动的网络创新模式,通过知识创造主体和技术创新主体间的深入合作和资源整合,产生系统叠加的非线性效用。

　　作为上海科创中心建设的重要载体和开放共享的国家长三角区域性协同创新战略平台之一,G60创新走廊的建设,通过"创新要素集聚＋政府服务高效＋创新主体主动"的发展模式创新,聚焦度、显示度、贡献度显著提高,吸引力、创造力、竞争力进一步提升,科创驱动"松江制造"迈向"松江创造"释放出强劲的新动能,已逐渐显现出产城融合发展、创新创业活跃的科技新城雏形。主要围绕以下六点:以G60高速公路为纽带促进创新要素协同;以"6＋X"产业(人工智能、集成电路、生物医药、智慧安防、新能源、新材料等产业)为载体推动产学研协同;以空间链构建产业内的协同创新体系培育空间;以保姆式服务提升政府与企业协同创新;以"店小二"服务链促进政策与制度之间的创新协同;围绕"1＋10"系列人才新政推动政策与创新主体之间的协同。

3.2　松江新城建设独立综合性节点城市的产业发展战略

3.2.1　G60科创走廊产业建设

　　G60沪昆高速穿过上海市松江区全境,绝大多数企业都分布于高速公路两侧。2016年,松江区提出沿G60高速公路构建产城融合的科创走廊,是为1.0版本。随着长三角地区科创驱动、融合发展、区域一体化共识不断深化,G60科创走廊经历了不断发展演变的过程。至2018年6月,辐射范围扩展至九地市,总面积达7.62万平方千米,区域常住人口约4 900万,GDP总量约4.86万亿元,分别占长三角地区总量的21.2％、22.3％、24.9％,是中国经济最具活力、城镇化水平最高的区域之一。

　　松江将引领带动长三角G60科技走廊的高质量建设,目标到2022年,初步建成若干千亿级和百亿级先进制造业、战略性新兴产业集群,初步建成国家级先进制造业和现代服务业深度融合发展示范区,区域科技创新能力明显增强,深化"零距离"综合审批制度改革等一批制度创新,推动长三角G60科创走廊国际一流营商环境建设取得明显成效。地区研发投入强度达到4.8％,战新产业产值占规上工业产值比重达到30％以上,高新技术企业年均新增300家左右,推进城市数字化转型走在全上海前列。到2025年,松江新城引领带动具有国际影响力的长三角G60科创走廊基本建成。先进制造产业集群建设走在全国前列,若干重点领域关键核心技术取得突破,新兴产业蓬勃发展,金融服务体系更加完善,城市数字化转型成效显著,产业高端人才加快集聚,形成一批体现G60战略优势的总体制度清单,全面打造质量标准等六大新高地,城市能级和核心竞争力大幅提升。地区研发投入强度达到 5% 以上,战新产业产值占规上工业产值比重达到 33% 以上,高新技术企业总数达 3 200 家以上,上市企业总数达到 100 家。

"十四五"期间,松江新城依然要把科技创新作为第一动力,把实体经济和制造业作为国民经济的根基和命脉,加快建设"一高地、三生态"。长三角 G60 科创走廊始终对标国际一流的产业集聚带。国际一流的产业集聚带具有共性——"三朵云"。这"三朵云"将成就未来的 G60 科创走廊。第一朵云,创新主体如云。截至 2020 年 11 月,松江区各类市场主体已超 20 万户,相较于五年前增长了 54.47%。主要是头部企业带动的产业集群的发展。很多的年轻人都加入了新基建,帮助松江实现科创之梦,在产业细分中又诞生了很多新的产业业态。第二朵云,基金如云,也就是产融结合。没有资本市场的积累,尤其是多层次资本市场的支撑,很难形成规模化的产业。G60 科创走廊九城市上市科创板企业数较多,占全国的 1/5。第三朵云,互联网云。工业互联网云支撑也称作在线的、同步的、适时的要素创新、协同创新,效能是没有边界的。松江新城强调的跨区域创新,就是打破行政区划,基于工业互联网支撑下的协同创新。

1. 产业协同中心建设

长三角 G60 科创走廊产业协同创新中心,实质上是九城市推进科技、产业一体化发展的模式创新,各地看重上海雄厚的人才、科技资源对本地产业升级的带动作用,以及上海国际化高品质生活环境对国际高端人才的吸引力。此外,长三角同城化和"高铁经济圈"的形成也为产业协同创新中心建设提供了便利条件。其主要运作模式是由各地政府依托当地国企、政府平台或园区开发公司等投资主体,在松江临港漕河泾园区及附近购买、租赁或自建整栋楼宇,然后安排和吸引当地优势制造企业建设异地研发中心和科创孵化器。

各地在沪的项目主要在 G60 科创走廊创始地松江进行,这为松江新城在未来成为科创型节点城市提供了基建和人才基础。长三角 G60 科创走廊产业协同创新中心形成了"研发在上海、生产在苏浙皖,孵化在上海、转化在苏浙皖,前端在上海、后台在苏浙皖"的科创及产业合作新模式。

截至 2020 年 9 月底,已有浙江省政府和金华、芜湖、宣城等市政府,以及湖州南浔、安吉、德清等县(区)政府,在松江正式启动建设 G60 科创走廊产业协同创新中心项目。其中,金华(上海)科创中心是长三角 G60 科创走廊 9 城市中首个在松江设立的产业协同创新中心,该项目包括人才服务中心、科创展示中心、创业孵化中心、企业研发中心、人才项目路演中心等 5 个中心,首批入驻的 7 家企业均为高新技术企业,其中 3 家为上市公司。"长三角 G60 浙江科创基地(松江)"[以下简称

"浙江科创基地(松江)"]是浙江省政府统一协调推进的项目,利用上海海欣集团股份有限公司在松江区洞泾镇约500亩的存量工业用地集中打造。首发地块9栋楼拟入驻浙江省6地市的国资企业及各地龙头企业的研发中心和孵化器,后续开发地块将入驻省级国有企业及各市县龙头企业研发中心和孵化器等。宣城(上海)科创中心已入驻临港松江科技城创智中心。湖州(松江)科创中心分3个项目,南浔区有意向设立研发机构的企业11家,安吉县有10家,德清县有12家,两县共有5家上市企业进驻。芜湖产业协同创新中心由芜湖市投资10亿元购地自建,项目位于松江九亭镇久富工业园区,占地面积约30亩,目前正在推进项目土地转性手续,建设总工期2年左右,芜湖头部企业如奇瑞、埃夫特、海螺等已有意向入驻。

项目功能定位来看,可分为两种类型:一是定位为在上海的异地研发中心、孵化器和人才窗口。例如,金华市希望借助创新中心建设,充分借用上海的创新人才和创新资源,发力解决金华创新产业的技术难题,"借鸡孵蛋"帮助企业培育转化核心技术和产品,提升自主创新能力。二是比较综合型的。例如,宣城(上海)科创中心项目将产业孵化、协同攻关、成果转化等功能融为一体。

从政府层面而言,各地政府对产业协同创新中心建设高度重视,松江区作为当前产业协同中心的主要所在地,区政府制定了专门支持产业协同创新中心发展的配套政策。各地政府同样十分重视,位于松江区洞泾镇的浙江科创基地(松江)项目得到浙江省委、省政府高度重视。

此外,松江也应积极强化沪西五区联动发展,充分发挥产业、区位、要素优势,通过跨区域、多层次的产业分工,构筑区域联系紧密、产业配套完善、梯度转移有序的产业组织体系。发挥好长三角G60科创走廊"1+7+N"产业联盟体系①作用,促进产业集群内部联动和产业链深度融合,增强"磁吸效应"。深化产业合作示范园区建设,探索出台九城市园区联动发展相关政策办法。建立区域标准化联合组织,促进企业参与国际、国家和行业技术标准制定。闵行、嘉定、金山、松江、青浦西部五区应携手推进以产业链、创新链为特征的科创联盟联动发展,以头部企业为引领,推动产业链跨区域协同合作,辐射带动上海西部高端制造业发展,打造更强劲

---

① "1+7+N"产业联盟体系:以创新链、产业链为纽带,聚焦人工智能、集成电路、生物医药等先进制造业产业集群,九城市各扬所长,优势互补,集聚头部企业1 280家,2019年产值超过3万亿元。依托苏州工业园区成立产业园区联盟,先后成立新材料(金华)、机器人(芜湖)、智能驾驶(苏州)、新能源(宣城)、新能源和网联汽车(合肥)、人工智能(上海松江)、生物医药(杭州)、集成电路(苏州)、智能装备(湖州)、智慧安防(上海松江)、通航产业(芜湖)等产业联盟,在合肥、上海松江、苏州、金华、宣城、湖州、芜湖等地挂牌成立11个产业合作示范园区。

的经济增长极和科创中心的重要承载区(如表 3.1 所示)。

表 3.1 G60 科创走廊九城市优势产业分布情况

地区	载　体	优势产业	产业联盟
上海市松江区	1. 国家级松江经济开发区 2. 松江出口加工区 3. 松江大学城双创集聚区	基于工业互联网的智能制造、集成电路、生物医药、智能安防、新能源、新材料、总部经济等生产性服务业	人工智能联盟
苏州	1. 苏州工业园区 2. 苏州高新区 3. 苏州吴中高新技术产业开发区 4. 吴江经开区 5. 昆山高新区	生物医药、高端装备、智能制造、互联网＋、光电、半导体、汽车(新能源汽车、智能网联汽车、汽车服务业)、集成电路	1. 智能驾驶产业联盟 2. 产业园区联盟 3. 集成电路产业联盟
杭州	1. 杭州国家自主创新示范区 2. 未来科技城	汽车(新能源汽车、智能网联汽车、汽车服务业)、集成电路、智能制造、生物医药、互联网＋	生物医药产业联盟
嘉兴	1. 国家级嘉兴秀洲高新园区 2. 中新嘉善现代产业园 3. 上海自贸区嘉善项目协作区 4. 张江平湖科技产业合作园	新能源汽车、集成电路、高端装备、新能源、新材料、生物医药	
湖州	1. 国家级湖州莫干山高新技术产业开发区 2. 湖州省级高新技术产业园区 3. 湖州现代物流装备高新技术产业园区(省级)	新能源、智能制造、集成电路、生物医药、互联网＋	智能装备产业联盟
金华	1. 金华经济技术开发区 2. 义乌经济技术开发区 3. 金义都市经济开发区 4. 金华高新技术产业园区 5. 永康现代农业装备高新技术园区	信息经济、高端装备、新能源汽车、生物医药、现代物流、光电产业	新材料产业联盟
合肥	1. 合肥高新技术产业开发区 2. 合肥经济技术开发区 3. 合肥新站开发区 4. 安徽合巢经开区	新一代信息技术、智能语音及人工智能、装备制造、机器人、生物医药、新能源汽车、光伏新能源	新能源和网联汽车产业联盟
芜湖	1. 国家级芜湖经济技术开发区 2. 国家级芜湖高新技术产业开发区 3. 芜湖省级战略性新兴产业集聚发展基地	汽车(汽车及零部件、新能源汽车、智能网联汽车、汽车服务业)、智能制造及高端装备新型显示、新材料、电线电缆	1. 机器人产业联盟 2. 通航产业联盟
宣城	1. 宣城高新技术产业开发区(省级) 2. 宁国核心基础零部件产业集聚发展基地	汽车(新能源汽车、智能联网汽车、汽车服务业)、集成电路、生物医药、智能制造、新一代信息技术	新能源产业联盟

资料来源:作者根据相关资料整理而得。

2. 科技制度双轮驱动走廊发展

建设 G60 走廊是九地的共同任务,应围绕以下方面展开:

(1) 培育壮大企业创新主体。

协调推进国家高新技术企业在 G60 科创走廊范围内实现互认,做大做强高新技术企业,支持高新技术企业自由流动。落实激励企业研发的普惠性政策,引导企业成为技术创新和研发投入的主体,支持企业建设应用导向型基础研发机构。加大科技小巨人企业培育力度,加快形成以"独角兽""瞪羚"等高成长性科创企业为代表的创新型企业集群。

(2) 提升科技自主创新水平。

加快 G60 脑智科创基地、上海低碳技术创新功能型平台、中科院上海植物逆境生物学研究中心、上海分析技术产业研究院等创新平台建设。推动临港松江科技城工业互联网产业基地、洞泾人工智能产业基地、泗泾商密及信创产业基地、经开区生物医药产业基地、启迪漕河泾中山科技园分析技术产业基地、临港卫星产业基地等培育成为高端制造业领军企业成长的摇篮和产业技术创新的策源地。促进央地联动和科技资源跨区域流动,协同攻关重大装备、关键环节,形成一批基础研究和应用基础研究的原创性成果,突破一批"卡脖子"关键核心技术,共同推进关键核心技术产品国产化,提升产业核心竞争力。

(3) 促进科技资源开放共享。

深化九城市科技创新券跨区域互认互通,优化"长三角 G60 科创云"等一批科技资源共享服务平台。探索建立科技计划项目信息一体化发布和科技成果共享机制,打造统一的科技项目管理平台。鼓励国际著名科研机构和高等院校、国家重点科研院所和高等院校、知名科学家及其科研团队设立分支机构、技术转移平台和产业技术研究院。

(4) 促进科技成果转移转化。

牵头建立重大科创成果定期发布机制,依托 G60 科创云和科技成果拍卖等要素对接和转化载体,推动重大科技成果尽快转化落地。密切地校合作,推进大学城双创集聚区建设,把松江 G60 科创走廊大学科技园建设成为集科技成果转化、科创企业孵化、创新人才培养于一体的示范园区。建设 G60 科创走廊科技金融服务站,支持高校核心技术成果转化。

(5) 建立关键技术联合攻关机制。

发挥 G60 专家咨询委员会、G60 高水平应用型高效协同创新联盟等作用,加大与科创企业对接力度,积极争取并布局一批国家实验室、积极参与国家和上海市重大工程。依托 G60 脑智科创基地、科恩实验室、优图实验室、恒大新能源汽车全球研究总院、低碳技术创新功能型平台等,支持中小型航空发动机、高端服务器、5G通信、抗疫药物等一批关键技术创新突破,发挥高成长性、潜力型科技企业对产业创新的关键性支撑作用。

3.2.2 构建松江新城现代产业体系

松江将围绕科创之城建设目标,聚力"一高地、三生态",把握上海"五型经济"发展优势,坚持创新引领,加快打造千亿级产业集群,加速制造服务"两业融合",打造长三角先进制造业高地,形成具有世界级影响力、战略领先、品牌突出的现代产业体系。

专栏 3.2   2021 年上海全球投资促进大会

2021 年 4 月 7 日,上海全球投资促进大会在上海中心举行,216 个总投资 4 898 亿元的重大产业项目集中签约,产业项目规模大、能级高、带动力强。

其中松江有 20 个项目参与集中签约,总投资达 281.1 亿元。松江签约的项目中,涵盖了集成电路、生物医药、人工智能、智能制造、新材料、新能源和在线新经济、总部经济、金融服务等多个领域。其中,中国人民保险集团股份有限公司的中国人保集团金融科技园项目、国科(上海)企业发展有限公司的国科 G60 数字智能产业园项目在现场进行了签约。上海百力格生物技术有限公司的分子诊断关键原料生产基地及核酸药物原料创新研发中心项目,上海军陶科技股份有限公司的高可靠性高功率密度电源模块、组件、系统研发及产业化项目,冯阿登纳真空设备(上海)有限公司的真空镀膜设备暨先进制造业项目等 18 个项目进行了云签约。

会上,五个新城和一批特色产业园区、民营企业总部集聚区面向全球进行了招商。在此次发布的第二批 14 个特色产业园区中,松江 G60 生物医药产业基地、临港松江科技城名列其中。其中,G60 生物医药产业基地将培育千亿级生物医药产业集群,助力上海加快打造具有国际影响力的生物医药产业创新高地;临港松江科技城将依托工业互联网产业集聚的特色,助力上海智能制造产业发展,推进装备产业高端化、智能化、自主化发展。除此之外,加上 2020 年获得首批特色产业园区的 G60 电子信息国际创新产业园,目前松江共有三个特色产业园区,将为产业集聚拓展发展空间。而这些特色产业园区也将融入五个新城"一城一名园"整体布局中。

1. 新兴产业高地建设

松江新城致力于打造四大世界级产业集群。强化质量标准等六大高地建设，依托高铁时代长三角G60科创走廊战略平台的科技和产业创新要素配置优势，建设具有世界竞争力的"6＋X"产业，科创驱动"中国制造"迈向"中国创造"。

（1）新一代信息技术——超算及人工智能。

2020年6月6日，腾讯长三角人工智能超算中心及其产业基地在松江区正式开工建设，腾讯长三角人工智能超算中心投资450多亿，规模将达长三角第一，中国第三，产业园区将占地236亩，拥有办公面积5万平方米，这是腾讯与松江战略合作的重要产物，也是腾讯在华东地区新基建布局的重要一环。依托腾讯长三角人工智能超算中心及产业基地项目，腾讯将与松江在智慧城市建设方面进行深度合作，从城市服务、城市治理、城市决策和产业互联四大板块切入，助力松江精细化、智能化管理。

由科大智能机器人产业园、砖桥贸易城区块、海欣智能产业园和松江经济技术开发区洞泾分区组成的洞泾工业区，连同九亭高科技工业园区、泗泾镇工业区、泗泾高科技开发区和佘北工业区构成了洞泾人工智能产业基地，如今向着具有国际影响力的世界一流人工智能产业特色基地进军，为上海建成全球人工智能产业"上海高地"添砖加瓦。

2016年，洞泾人工智能产业基地成立，总面积约为23.8万平方米。洞泾人工智能产业基地是G60科创走廊松江区域的重要组成部分，是科技部国家火炬人工智能特色产业基地。全区共有人工智能相关企业100余家，主要集中在工业机器人、工业互联网、服务机器人、智能传感器、供应链管理与服务、数字工厂等领域。未来松江还将加快引进一批智能产业和项目，形成智能产业集群，打造以人工智能研发、生产为核心的智能制造基地，以及集智慧生产、办公、生活于一体的示范区。2018年初，洞泾镇通过了《G60科创走廊松江洞泾人工智能产业基地建设三年行动方案》，计划通过三年左右时间，逐步形成"科大智能、贸易城、海欣、开发区"四大板块联动协同发展，产业集中度、显示度进一步提高，基地品牌影响力迈上新台阶；产业相关配套政策进一步完善，一批先进制造业、智能制造龙头企业落户洞泾镇。

四大板块中以科大智能产业园为核心，汇集机器人研发、制造、销售、展示等上下游配套企业。目前，上海君屹、福赛特机器人、三渠智能、齐网网络科技、佳万智能等人工智能产业相关优质企业已经落户。砖桥贸易城区块环境整治工作已基本完成，腾出土地约3.4平方千米。其中1.6平方千米的核心区块内，初步规划布局人工智能主题会展会务中心、机器人博物馆、机器人娱乐和互动街区、人工智能主题餐厅及酒店等,运用国际招标充分引智、借智、聚智。海欣集团已启动针对沪松公路沿线 500 亩存量工业用地和周边地块的开发。项目规划以高科技智能产业为发展主线,锁定人工智能和智能制造的发展方向,集人工智能、智慧能源、智能制造研发中心和产业总部基地于一体,融合商业服务、医疗健康、教育科研等丰富高端的城市配套功能,将为入驻园区的企业创造一个健康、便捷、可持续的工作和生活科技城。

强化人工智能的应用示范,立足全区现有产业基础,重点推进智能制造应用,依托国家级松江经济技术开发区先进制造业功能板块重点发展成套设备关键制造,依托洞泾智能机器人产业基地重点发展智能机器人及关键零部件、智能仪表与控制系统两大领域,依托临港卫星产业基地重点发展新一代信息技术产业。

(2)新能源汽车——定位新能源汽车研发及制造。

上海新能源汽车领域,在空间格局上致力于打造"1+2+X"的产业规划,其中"1"指的是嘉定区,产业定位为汽车研发、制造销售、检测、销售、金融、展示、文旅和应用示范。"2"指的是浦东新区的金桥经济技术开发区和临港地区。"X"指的是松江经济技术开发区、莘庄工业园、西虹桥商务区和新能源汽车零部件产业园,这四个区的产业定位主要是新能源汽车研发及制造。

2019 年 10 月,恒大新能源汽车全球研究总院揭牌暨恒大新能源汽车项目签约仪式在上海举行。此举意味着恒大新能源汽车全球研究总院正式落户上海松江。该研究总院涵盖前瞻技术研究、产品规划、概念设计、工程设计、试制验证等全研发业务,预计首期拥有 3 000 人的新能源汽车高级研发及管理团队。

2020 年 7 月,总投资 100 亿元的恒大动力电机上海松江生产基地项目落户松江。恒大动力电机上海松江生产基地项目用地面积 170 亩,为恒大纯电动汽车项目的配套项目。本项目规划建设研发中心、乘用车动力电机性能测试中心和中央电机制造车间、动力电机总装车间、电子电控制造车间等工艺车间,主要用于动力电机研发、测试和制造。恒大动力电机上海松江生产基地项目一期规划年产能 20 万套电机,拟于 2022 年建成投产。该项目主要为恒大新能源汽车配套项目,是恒大在新能源汽车领域内的又一次重要布局,通过打造动力电机研产销基地,进一步打通新能源车的全产业链联动。

恒大将以松江总部基地建设为契机,把更多新技术、新产品、新模式放在上海,以世界级车企为目标,积极打造恒驰新能源汽车自主品牌,吸引集聚海内外汽车产业优秀人才来沪发展。松江的恒大新能源汽车全球研究总院是恒大新能源汽车集团的重大战略布局,包括汽车研究院、动力研究院和电池研究院等部门,将打造涵盖前瞻技术研究、产品规划、概念设计、工程设计、试制验证等全研发业务价值链。位于上海松江的生产基地按照工业 4.0 标准打造，引进了世界最先进的生产设备，采用世界最先进的生产工艺，运用人工智能、物联网技术，实现冲压、车身、涂装等生产线无人化作业的"黑灯工厂"，将成为行业高端智能工厂的标杆和典范。在该基地内，近千台智能机器人有序协同、无缝对接，从快速的换模、冲压，到精准的电焊、铆接、胶合，再到无死角自动喷涂等，全流程绝大部分工序均由机器人独立完成，极富科技感。其中，冲压车间采用德国斯特曼全自动高速冲压线，并由日本发那科机器人组成自动装箱系统，实现生产、装箱和运输全自动化；车身车间采用德国库卡设备和技术，自动化率达 100%；涂装车间采用德国杜尔生产线，前处理电泳翻转式输送，干式漆雾分离，涂胶、喷涂等流程自动化率达 100%，全流程智能环保。

松江区本地老牌汽车企业上海万象汽车制造有限公司成立于 1985 年，是一家专业研发、制造、销售大中型、中高档公交客车、旅游团体客车的综合性客车企业。整个厂区占地面积 8 万平方米，设有试制、焊装、总装、涂装、检测等五大车间，可满足年产 5 000 辆整车的生产能力。上海万象在新能源东风到来之际，对于市场反应敏锐，根据 2020 年 1—11 月全国新能源物流车累计销量统计数据，上海万象在百余家新能源专用车车企中位列第七。短短一年时间，上海万象创造了从零到跻身行业前列的优异成绩。上海万象敏锐地捕捉到了新能源物流车市场的发展机会。2019 年下半年，上海万象就专门组建新能源物流车团队，依托公司在新能源汽车领域多年积累的优势，深入了解客户需求，开展多种车型的产品研发和设计，并同步进行销售渠道的建设。2019 年底，上海万象的第一批新能源物流车投放市场。2020 年初，突如其来的新冠肺炎疫情打乱了公司的研发生产计划。在许多不利条件下，新能源物流车团队迎难而上，在产品、客户、渠道等多个环节反复磨合，下足功夫。疫情缓解后，上海万象迅速抢跑，新能源物流车销量节节攀升，月度销量一度位居全国第 4。

目前，上海万象的新能源物流车包括微面、城市物流冷链运输车、氢燃料运输车等车型，以定制化的创新设计、超大的载货空间、领先的电池电机和电控系统，赢得了市场的青睐，主要客户包括京东物流、菜鸟物流、顺丰、邮政快递、货拉拉等一线企业。

因此，松江新城应充分发挥恒大新能源汽车、万象汽车等龙头项目的牵引作用，做大做强智能网联新能源汽车产业链，打通关键零部件到整车生产的产业链，促进新能源汽车关联企业的集群发展。加快新能源汽车全球研究总院项目落地投产,打造涵盖前瞻技术研究、产品规划、概念设计、工程设计、试制验证等新能源汽车全业务价值链,进一步整合全球顶尖科技,形成自主研发与技术创新的能力,吸纳引进有实力的企业投资设厂,进一步健全新能源汽车产业链条。

(3)生物医药——高科技生物企业聚集。

昊海生物科技有限公司是一家专注于研发、生产及销售创新型医用生物材料的高新技术企业。自 2007 年成立至今,依托科技创新与市场营销一体化的管理理念,在眼科、医美、骨科及外科四大治疗领域布局完整的产品线,现已发展成为中国医用生物材料领域的领军公司。

2019 年 3 月,昊海生科国际医药研发及产业化项目落户松江,这是松江区 18 个集中开工产业项目之一。初步计划首期固定资产投资 20 亿元,占地 208 亩,以攻克"卡脖子"技术,促核心产品落地。

该项目的启动不仅将助力昊海生物科技适应快速增长的市场需求,生产销售眼科、医疗美容、骨科及外科等领域内的高端医用生物材料产品。与此同时,该项目也将为 G60 科创走廊建设添砖加瓦,为上海松江区从"松江制造"到"松江创造"转型贡献力量。未来,昊海生物将依靠科技创新打造企业新引擎,为推动上海生物医药实体经济转型升级、生物医药产业创新发展贡献力量。

项目计划在首期投资的基础上,后续对研发、技术及人才引进、产业孵化等领域持续投入。项目建成后,昊海生物将进行大规模的产品线升级工作,加强医用透明质酸钠、医用几丁糖、重组人表皮生长因子为主的各类创新医药产品的研发、升级和生产,为推动上海生物医药实体经济转型升级、生物医药产业创新发展贡献力量。

2019 年 6 月,又一重大项目落户长三角 G60 科创走廊生物医药产业基地,复宏汉霖松江生物医药产业化基地开工典礼在松江经济技术开发区举行。复宏汉霖松江生物医药产业化基地定位为国内大型生物医药产业基地,基地竣工投产后,其生物医药产能有望成为中国第一、亚洲前三,该基地落地后对于服务全球患者具有十分重要的战略意义。基地将严格按照国际 GMP 标准设计,充分应用一次性生产技术、连续流生产技术等国际新技术,达到生物医药自动化、信息化、智能化国际水平(医药工业 4.0),打造低碳、节能、环保的现代化智能生物医药基地。

生物医药产业是上海市战略性新兴产业的重要支柱,松江是上海生物医药产业基地之一,已集聚生物医药重点企业近百家。2018 年,松江规模以上生物医药企业实现制造业产值同比增长 19.3%。松江生物医药产业空间布局不断优化,龙头、骨干企业快速集聚,创新服务体系日趋完善,产业发展呈现厚积薄发的良好态势。具体来说,松江经济技术开发区生物医药产业园近两年陆续引进一大批优质项目,仅2018年就引进11个生物医药产业化项目,总投资328亿元。临港松江科技城生命健康产业园瞄准精准医疗、精密医疗器械、医疗服务平台等细分领域,2019年已集聚相关企业80余家。九亭生命健康科技园坚持规划引领,正在推进修正药业、复旦科技园、亿帆医药、四方药业等项目落地。G60脑智科创基地是中科院与市政府共建的科创基地,目标是建成国际非人灵长类疾病模型研发中心、国家级脑智技术研究及成果转化中心、长三角创新药物研发及智能技术产业辐射源点。2020年松江生物医药企业涵盖15个行业,每个领域都有龙头企业布局,比如生物制药领域的复宏汉霖、修正药业;生物制品领域的坦泰生物、万力华;医疗服务领域的新开源;医疗器械领域的易固医疗;医疗设备领域的碧云天;医用可吸收生物材料领域的昊海生物等。

松江新城将以生物技术药物、医疗现代装备制造为核心主导领域,以松江经济技术开发区西部科技园区为载体,依托昊海生科、复宏汉霖等区内大型龙头企业的辐射带动能力,引进一批特色医疗资源、优秀研究机构和专业人才,重点聚焦医疗器械领域和生命健康领域,以九亭生命健康基地等为重点,积极培育大健康相关产业,以松江新城总部研发功能区为研发重点板块,以临港松江科技城板块为科创重点板块,形成龙头主导的高科技生物制药产业特色集聚。

(4)新材料——加快推进新材料产业集群。

松江将大力发展新材料产业,主要发展集成电路材料和先进前沿材料。为推动新材料产业政策到技术、资本及人才的全方位资源对接,共同助力G60科创走廊新材料产业的发展。在G60科创走廊的总体产业定位中,新材料是松江重点发展的六大战略性新兴产业之一。新材料产业线已经渗透到国民经济、国防装备和社会生活等各个领域,支撑着一大批高新技术产业的发展。

松江也聚集了一大批和新材料生产有关的优秀产业,比如新材料领域的星辰新材料项目专注于研发、生产和销售高分子生物新材料、绿色环保型包材制品的高科技及清洁技术,是国内最早从事生物材料、环保包装材料的专业制造商之一。该项目在欧洲拥有GMP技术实验室,与国内外各大知名大学合作,从原料采购、材料生产、产品设计和终端市场销售形成一条完整的产业链,已为世界诸多企业提供专业生物塑料行业解决方案。在区投促中心的全力协调下,该项目成功落地小昆山镇,是松江区"腾笼换鸟"的又一成功案例。

新材料产业是战略性、基础性产业,也是高技术竞争的关键领域。作为松江推进长三角G60科创走廊建设的"6+X"重点产业之一,近年来,新材料产业发展势头强劲,创新成果迭出。松江将巩固发展先进化工材料、先进半导体材料、稀土功能材料、高性能复合材料等优势领域,重点扶持生物医用材料、先进建筑材料、先进有色金属材料新兴领域,加快推进新材料产业集群建设,打造全国具有较强竞争力的新材料产业基地。

2. 发展"五型经济"加快体系建设

(1)着力发展创新型经济。

松江新城应加速业态创新,以新基建为引领探索两业融合发展新路径。把握全球新一轮信息技术变革趋势,立足于数字产业化、产业数字化、跨界融合化、品牌高端化,坚持新老一体、远近统筹、建用兼顾、政企协同,大力培育壮大人工智能及新一代信息技术、生物医药、工业互联网等产业,加快实现信息基础设施提升、融合基础设施提速、创新基础设施提质、产业赋能提效,助推科技创新、产业升级和城市治理,为松江加快构建现代化产业体系厚植新根基。加快建设国家级工业互联网示范基地,紧跟新冠肺炎疫情后产业新风口,利用工业互联网技术快速感知、敏捷响应、动态实时优化、全局智能化决策的优势,打造现代工业"智慧大脑",推动松江制造业企业数字化转型,实现高质量发展。优化布局新基建,松江应加快工业互联网基础设施建设,深入实施"工业互联网+5G"工程,重点建设临港松江科技城,打造全国首个工业互联网标杆园区。以创建全国首个工业互联网领域的国家新型工业化产业示范基地为契机,依托海尔卡奥斯、用友精智、徐工汉云等国家级跨行业跨区域工业互联网平台,推动包括装备、化学制品、汽车、建筑、食品、医药、物流等多个行业加快涉及运营管理、生产过程管控、资产管理服务、产品研发设计等场景创新应用。

服务型经济跨越式发展。松江新城应全力发展生产性服务业,增强服务先进制造业能力。聚焦金融服务业,加大区内企业上市挂牌推进力度,完善上市企业培育机制,对接多层次资本市场,加速企业上市进程。加快产业基金集聚,积极发挥政府基金引导作用,体现基金赋能价值,持续吸引优质产业基金落地,增强区域金融发展能级。坚持市场导向、产业方向,积极推动"双创债"发行,拓宽企业融资渠道,降低企业融资成本,促进实体经济、科技创新、现代金融"三位一体"协同发展。聚焦专业服务发展,推动生产性服务业向专业化和价值链高端延伸,支持各类专业服务机构发展;发挥上海漕河泾开发区松江生产性服务业功能区的带动作用,打造专业化、高端化的生产性服务业品牌,提高服务业为制造业赋能的能力和水平。聚焦科技服务业,重点围绕重大平台和载体,加快发展技术贸易、科技服务、信息服务、研发设计服务等生产性服务业,提高服务高端制造能力,加快推进产学研一体化,推动一批带动力强的重大科技成果尽快落地转化;加强重点实验室、工程技术研究中心和各类创新载体建设。大力发展生活性服务业,满足人民高品质生活需求。贯彻落实上海市"5＋X"健康服务业布局,重点加强经开区以及九亭、泗泾、佘山等地区健康服务业集聚发展,促进高端医学科研团队和科创转化平台落户,发展智慧健康、中医服务、健康旅游等健康服务;发展职业培训、继续教育等各类教育培训服务,培育多元化、多层次、规模化、品牌化教育服务新业态;鼓励社会资本参与养老服务业发展,充分运用移动互联网、物联网等技术,创造养老服务的新业态和新模式;大力发展体育赛事、健身休闲、场馆服务等体育服务业。

(2)进一步提升开放型经济质量。

松江新城应借鉴临港新片区、上海自贸试验区有益经验,在电信、保险、科研和技术服务等重点领域加大对外开放力度,放宽注册资本、投资方式等限制,促进各类市场主体公平竞争。加大跨国公司地区总部和研发中心培育力度,支持外资企业增资扩股、增容扩产。积极开拓"一带一路"沿线等新兴市场。发挥松江综合保税区优势,更大力度谋划承接进博会带动和溢出效应,拓展保税展示交易、跨境电商、保税维修再制造等国际贸易新业态。

(3)大力发展总部型经济。

松江新城应加快集聚国内企业总部,包括内资企业集团、地区总部、主板上市公司和具有资源配置、价值高端、功能示范等能力的总部型机构;鼓励大型商贸集团落户,推动具有国际国内资源配置能力的企业成为贸易型总部;结合乡村振兴,在浦南绿色发展实践区引入生态友好型的总部经济,提高乡村就业率和城镇活力。打造平台型商品交易中心、产权交易中心和技术交易中心,吸引有影响力的国内外贸易组织、贸易促进机构和行业组织等贸易机构落户。发挥松江新城的区域优势,依托长三角G60科创走廊建设,鼓励跨国公司地区总部和销售中心、结算中心、投资中心、管理中心等总部型机构落户,支持现有总部机构升级为地区性、全球性、综合性总部。

(4)加速线上线下流量型经济发展。

松江新城应加快发展现代商贸业,优化商业网点布局,打造多层次差异化有特色的地标性购物商圈和彰显松江特色的商业街区,引进高端商业项目和各类国际化品牌的全球首店、精品店,优化消费综合环境,引领消费结构升级,释放新需求。顺应消费发展的新趋势,精准对接供求双方,提振消费需求,大力发展直播电商、网络代购、个性化定制等新型商业业态;把握松江出口加工区升级为保税区的机遇,发展跨境贸易电子商务,积极引进跨境贸易企业,推广跨境电子商务业务。大力发展在线新经济,落实上海市促进在线新经济发展三年行动方案,牢牢把握后疫情时代技术迭代、产业转型、消费升级的发展新机遇,加大政府投入,吸收社会资本,全面推动数字新基建,为新经济发展提供硬件支持;依托区内产业优势,聚焦发展在线教育、在线医疗、新零售、智能出行、在线研发设计等特色领域,打造具有国际影响力的在线新经济发展高地。

3.2.3 打造上海科技影都

松江科技影都是 G60 科创走廊"一廊九区"的重要组成部分,"松江科技影都"建设也必将成为松江新一轮高质量发展的重要抓手。松江影视产业形成"5、4、3、2、1"格局。"5"即松江聚集了 5 000 多家影视企业;"4"即松江已建成 4 个影视拍摄基地;"3"即上海仓城文化创意产业园在全国影视行业专业园区内实现影视企业数量、产值、税收"三个第一";"2"即松江的影视产业呈现出"两翼齐飞"的发展态势,"两翼"即永丰街道和车墩镇;"1"即按照市文创 50 条提出的全市影视产业发展格局,建设松江科技影都。

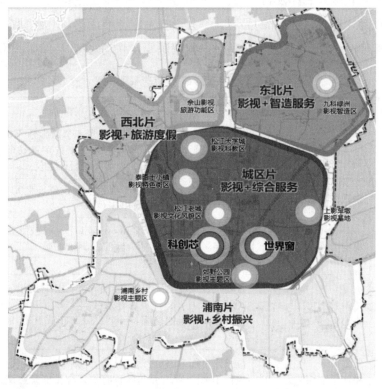

图 3.2 科技影都产业空间结构规划图

· 资料来源:作者根据相关资料整理而得。

　　如表 3.2 所示,松江新城将发挥上海科技影都区位、科技、金融、人才等方面优势,努力把上海科技影都打造成为全球影视创制中心的主要承载地、长三角影视工业带的龙头、上海文化大都市的影视特色功能区。高标准推进建设规划。紧紧抓住国家大力支持文化产业发展和上海建设"全球影视创制中心"两大机遇,以"破解瓶颈、打响品牌、加速集聚、站稳龙头"为目标,加快推进科技影都核心区建设,全面推动上海科技影都综合城市功能完善。促进专业化人才集聚,构筑影视人才生态。搭建版权交易等一系列功能性平台。打造影视特色功能区。以上海影视乐园为核心,集聚多家影视基地和产业平台,形成"一园多区"的发展格局,共同打造"国家级高科技影视产业园区"。依托上影集团龙头企业带动作用,发挥上海影视乐园 4A 景区的品牌优势,打造集拍摄、制作、体验于一体的车墩影视特色小镇。依托仓城园区,以及胜强、盐仓影视基地,打造影视创制企业集聚地、影视双创孵化基地和实训基地,提升永丰区块功能,打造影视制作高地。提升影视产业品牌度。对标全国乃至全球最先进影视工业标准,打造先进影视工业代表。积极争取市级优质资源,提升影视产业发展能级,推动重大影视产业项目加快落地,规划建设一批高科技摄影棚,集聚一批标杆性后期特效企业和制作发行企业,引入高水平影视学院。推动出品一批标杆性工业化影视作品,打响科技影都的品牌。举办影视主题节展活动,积极争取成为上海国际影视节重要分会场,加强长三角地区影视资源要素联动对接,持续扩大影响力。

表 3.2 "科技影都"重点影视项目

类　别	项目名称	项目基本情况
在建项目	上海(车墩)高科技影视基地	投资 8.5 亿元,占地 615 亩,改造 6 个摄影棚(5 000 平米),新建 6 个摄影棚(2 万平米),新建 1 个数字置景车间兼摄影棚(1 500 平米),2019 年 8 月举办项目开工仪式
	中视儒意影视基地	位于玉树路、S32 交界处,项目一期投资 9 亿元,占地 62 亩,已于 2018 年 12 月举办开工仪式
	昊浦影视基地	总投资 5 亿元,占地 70 亩,在建 4 个高科技影棚和 1 个水下数字摄影棚,2018 年底已完成结构封顶。2020 年年底已完成土建结构竣工验收
新引进项目	华策长三角国际影视中心	首期投资 6 亿元,占地 77 亩,位于永丰街道玉树路西侧。2020 年 2 月 21 日,项目开发公司上海策湾文化发展有限责任公司完成土地摘牌,于 6 月 10 日正式开工,9 月开始桩基施工
	松江星空综艺影视制作研发基地	位于永丰街道,总占地 150 亩,一期 96 亩,投资 11.43 亿元。项目于 2019 年 6 月与区政府签订合作框架协议。目前已完成产业准入和园区平台认定,地上建筑物已完成动迁,计划于 2023 年下半年投入运营

（续表）

类　　别	项目名称	项目基本情况
在谈项目	上海科技影都腾讯智慧影视公共服务平台	将打造 AI 产业园区、构建企业服务平台、云公共服务平台、产业市场营销服务活动平台等,为松江影视产业园区定制化落地 1 套智慧影视解决方案,服务 6 000 多家影视企业、各影视拍摄基地
	启名影视科技创新基地建设	占地面积约 30 亩,拟建"综艺＋5G"基地。专业从事电视节目制作、后期包装、商务营销、宣发推广的影视制作公司,在浙江卫视、江苏卫视、北京卫视等多个电视台制作了 40 多档节目,播出总时长超过 1 万小时

资料来源:《上海市松江区国民经济和社会发展第十四个五年规划和二〇三五年远景目标纲要》。

3.3　松江新城建设独立综合性节点城市的公共服务提升

3.3.1　基于电子政务推进新城数字化转型

1. 加强信息化公共服务能力

电子政务即政府部门使用信息技术为民众提供政务服务。政府部门利用信息技术,按照自身社会职能要求进行流程重组,简化工作流程,提高工作效率和公共服务水平。

近年来,中国政府信息化与电子政务都得到了极大的发展,政府公共服务能力也不断上升。对于电子政务的发展,松江新城需要重视以下几点问题:第一,关注网络安全问题,避免出现个人信息泄露的情况,能够切实维护个人的隐私信息安全;第二,搭建通用平台,为公众提供"一站式"服务,操作简洁易上手;第三,简化办事流程,并且为公众提供清晰易懂的操作指南,协助公众完成相关操作;第四,强化监管力度,提高工作效率和服务质量。

松江新城需坚持以人为本,以"一网通办""一网统管"为牵引,以基层社会治理为支撑,不断提升城市管理和社会治理科学化、精细化、智能化水平,打造以一流科技支撑一流城市智能化管理的先进样本。

（1）"一网通办"提升政务服务质量效率。

以用户为中心,对环节和流程进行优化,提高办事效率。聚焦群众使用频率高的办理事项,加快电子证照、电子印章和电子档案应用,推进减环节、减材料、减时间、减跑动次数。继续加大简政放权力度,简化优化办事环节,实现高效办成"一件事"。提高政务服务智能化水平,按照上海市"一网通办"总门户功能要求,强化区级政务服务应用功能建设,扩大移动端"随申办"松江专区受惠面,不断拓展各类服务场景,健全政务应用集群。深化跨部门协同审批、并联审批,持续完善全流程一体化在线服务平台,面向全规模、全所有制、全生命周期企业,加强为企服务统筹协调、惠企政策资源共享,推进企业服务"一网通办"。基本事项实现网上办理与自助办理,变"最多跑一次"为"零跑腿",大幅提升智能政务水平。深化长三角G60科创走廊"一网通办"。深入发挥长三角地区政务服务"一网通办"先行先试作用,将"长三角G60科创云"作为企业服务"一网通办"的重要组成部分,围绕产业政策、科技成果转化、金融信息服务等领域,实现异地电子证照、资质认证等互信互认,促进跨区域政务服务标准统一,建立跨区域需求协同解决机制。加快智慧G60科创走廊建设,推动各地电子政务平台的横向对接和数据共享,对线上线下政务服务体系进行流程再造、数据共享、业务协同,网上政务服务统一入口和出口,线下服务一窗受理、只跑一次、一次办成,逐步实现协同服务、一网通办、跨省通办,高标准建设区行政服务中心。

(2)"一网统管"保障城市安全有序运行。

搭建全景公共管理平台。紧扣"一屏观全域、一网管全城"目标,按照市级平台统一规范和标准,依托电子政务云,加强各类城市运行系统的互联互通,全网统一管理模式、数据格式、系统标准,形成统一的城市运行视图,建设集信息采集、传输、显示和分析处理能力于一体的科学高效的展示系统,搭建全景展示城市运行生命体征的区、街镇两级城市运行管理中心平台。区级平台发挥枢纽、支撑功能,强化本区域个性化应用的开发和叠加能力,为区级和街镇、网格实战应用提供更多有力保障,实现"实战管用、基层爱用、群众受用"。进一步提升12345热线市民满意率。加强管理要素资源整合集成,推行"多格合一"工作机制,进一步优化管理流程、强化协同联动,打造信息共享、相互推送、快速反应、联勤联动的事件处置平台,建设职责匹配的事件协调处置流程。开展城市运行数据分析,加强综合研判,增强城市综合管理的监控预警、应急响应和跨领域协同能力,实现高效处置"一件事",加快形成跨部门、跨层级、跨区域的协同运行体系。将"一网统管"理念融入城市规划、建设、管理各环节,实现全覆盖、全过程、全天候。建设城市运行应急管理应用体系。在消防、防灾减灾、安全生产、危险化学品管理等城市安全重点领域,强化前端即时感知、问题及时处置、事后评估监管的闭环管理,实现全环节全过程预警监管处置。推动物联传感、智能预测在防灾减灾、给排水、燃气、城市建设领域的应用,全面提升城市运行安全保障能力。加强公共卫生安全信息化保障,建设食品药品信息追溯体系和公共卫生预警体系。推动实时数据分析、计算机视觉等在智能交通领域的应用,提升服务效率。

2. 精细化管理新城推动数字化转型

松江新城规划研究了新三年城市管理精细化工作(2021—2023 年),进一步理顺机构职能,做实做强区精细办职责。逐步建立覆盖全部管理服务部门的标准化管理体系。完善绩效考评方式方法,将各项精细化管理任务列入各级年度目标责任考核范围。既注重过程、更注重结果效益,形成一级抓一级,层层抓落实的责任机制和人人参与的群众监督机制。聚焦重点领域抓推进。以上海全市推进城市管理精细化深耕示范区为抓手,关注城市管理的"六面"(地面、立面、门面、屋面、背面、水面),延伸"三个美丽"(美丽街区、美丽家园、美丽乡村)带动效益,推进"绿色社区"建设,聚焦基础设施、城市管理、公共服务、生态环境等几个领域,注重整体和细节协调,做到重心向下,加强公共交通、城市更新维护、物业管理、园林绿化、市容环卫、水环境治理、违法拆除、城市安全等项目建设管理,通过城市硬件建设改造提升,项目化方式落实推进,从"除乱象、塑品牌、示范引领"等方面,补短板、抓提升。聚焦"美丽松江"抓常态。把"全生命周期管理"理念贯穿城市规划、建设、管理全过程,在建设初始就考虑后续管理等相关问题,及时转化创建全国文明城区成果,以城市管理精细化常态长效机制落地的方式,推进户外广告设施管控、文明养宠自治、车辆规范停放、住宅小区楼道共治、公共设施维保等城市管理难题解决,真正做到精细化管理、常态性管控,让城市更绿、更美、更亮。

全力推动松江新城数字化转型,构建数字"新基建"体系。数字"新基建"重点领域实现高水平发展,新一代互联网、5G、低轨卫星互联网、新型城域物联专网实现"空天地"全域部署、全面覆盖,建成全国一流的"数据、算法、算力"三位一体的AI 超算中心,建成松江数字孪生城市基础空间中台、数据中台、应用中台、人工智能中台等共性基础技术平台,形成全区统一的城市数智底座和超级城市大脑。

专栏 3.3   **松江区加快新型基础设施建设行动计划**

(一)实施新一代网络基础设施("新网络")建设行动

高水平建设 5G、宽带网络、卫星互联网设施,加快推进 5G 网络建设,至 2022 年累计建设 5G 基站不少于 3 500 个,实现区域 5G 信号全覆盖。加快布局全网赋能的工业互联网集群。打造 20 家工业互联网标杆工厂,搭建 5 个具有全国影响力的工业互联网通用型平台,建成 10 个具有全国影响力的行业级平台,集聚 10 个以上工业互联网专业服务供应商。建设"一网双平面"新型政务外网及网络安全设施。整合区级部门14个业务专网,到2021年底,实现区级40—100G带宽能力。

(二) 实施创新基础设施("新设施")建设行动

布局新一轮重大科技基础设施,持续推进G60脑智科创基地建设,建成国际非人灵长类脑科学研究和疾病模型研发中心,建成国家级脑智技术研究及成果转化中心,建设生物医药产业园,成为长三角创新药物研发及智能技术产业辐射源点。围绕科学与产业前沿布局建设重大创新平台,加快推进建设恒大新能源汽车研究总院、分析技术产业研究院、5G毫米波测试平台、国家级商用密码检测中心等一批项目。

(三) 实施一体化融合基础设施("新平台")建设行动

建设新一代高性能计算设施和科学数据中心。加快打造1个中心(腾讯长三角人工智能超算中心)、2个世界顶尖实验室(优图实验室、科恩实验室)、1个产业基地(云启基地),提升松江区高性能计算设施能级,构建长三角G60科创走廊计算科学研究枢纽和超算应用高地。打造长三角一流的人工智能计算与赋能平台。以洞泾人工智能产业基地为策源地,推动相关企业建设人工智能超算设施。

(四) 实施智能化终端基础设施("新终端")建设行动

加快布设新能源终端和智能电网设施。三年内新建300个以上电动汽车充电桩。适度超前布局氢能设施,三年内建设若干个加氢站,力争氢燃料电池汽车商业化率先应用落地。建设国内领先的车路协同车联网和智慧道路。依托恒大新能源汽车、万象汽车等项目,重点发展智能网联新能源汽车整车及关键零部件研发生产。完善智慧物流基础设施建设。推动多方合作,统一布设用于药品、商超用品、蔬菜鲜果等不同品类物件的多功能柜。建设"互联网十"医疗基础设施和新型数字化学校。新设置两家以上互联网医院,进一步深化"互联网十"医疗健康服务。高标准建设松江区突发公共卫生事件应急指挥中心,加强疾病控制、医疗救治、卫生监督三大体系的数据交互共享。

资料来源:《松江区加快新型基础设施建设行动方案(2020—2022年)》。

3.3.2 推动更加优质均衡的公共服务

"十四五"期间,松江新城将加大优质公共服务资源在新城的布局力度,结合公共活动中心合理配置高能级功能设施,提升新城吸引力与特色品质。

1. 推动教育均衡发展

松江新城将致力于打造优质均衡的现代化教育体系。加强基础设施建设和推进人事制度改革将是提升松江教育服务的关键所在。松江应深化教育综合改革,实施新时代教育评价改革,全面推进教育现代化,以学生为中心,针对各层次学生的教育提出不同建设目标。

对于学生的教育,应坚持五育并举,强化立德树人,推进"养正达人"德育建设。学前教育方面,深入探索学前教育"雁阵"发展,推动学前教育公益普惠,聚力推进优质园创建。初中教育方面,推进集团化办学,做强优质初中品牌,推进"城乡学校携手共进计划",促进义务教育优质均衡。高中教育方面,深化高中育人方式改革,构建富有个性化的特色高中品牌,打造一流的高中集群。在职教育方面,探索在岗人员"双元制"(学历提升和职业能力建设),提升职业教育服务能级,创建新型五年一贯制职业学院,促进产教深度融合。创新开放学历教育模式,加速构建泛在可选的终身教育服务体系。

教育资源和教学质量方面,现有高中资源尤其是优质高中,与松江教育发展实际及市民需求不相匹配。另外,二孩政策放开后,入托入园需求持续增长,还需进一步加大幼儿园及优质幼儿园资源建设力度。目前学生对"线上+线下"融合教学新模式的接受度日益增高,但松江还需进一步加强优质教学资源保障,加大信息化建设经费保障力度,为提升教育均衡优质公平发展提供支撑。松江还需加大优质师资引入与建设力度,继续提高校长课程领导力与教师课程执行力,着力提升课堂教学、作业布置与修改、日常教学质量检测等方面的质量;优化家校合作、关注学生学习习惯养成;重视青少年心理健康、做好学生品德培育、增强学生自信。另外,松江还需进一步规范校外教育培训市场秩序,加大民办园、民办学校规范管理与全面指导,完善督导评价运行机制,提升校园风险防控体系建设,完善预防"校园欺凌"、未成年人法律援助与帮困机制等问题。

教育设施布局上,松江将建设一流高中集群,新建市实验性示范性高中,与上海外国语大学附属外国语中学合作举办松江云间中学,与一流高校合作,引进一所市实验性示范性高中分校;实施松江二中、松江一中改扩建工程;支持上海师范大学附属外国语中学创办市特色高中;新建松江南大居一所优质高中。提升教育资源能级,扩大高校优质资源辐射,构筑"环大学城教育新高地";与上海师范大学战略合作,共建从幼儿园到高中一体化的未来智能教育生态圈;与黄浦、静安等区共建共享新优质教育资源;引入优质民办教育资源,迁建开放大学、辅读学校,扩建教育学院。进一步加快推进松江大学城与新城产教深度融合,建成上海市城市职业技术学院、华策影视学院两所新型高职,更好地服务长三角 G60 科创走廊和新一轮新城发展建设。促进优质均衡,组建三个由市实验性示范性高中引领的中小学教育集团;建设 10 个义务教育阶段紧密型教育集团;建设引领教育发展趋势的"未来学校"。

队伍建设方面,松江需进一步提高教师待遇、加大师资队伍建设力度、提升研修与培训效度、关注一线教师尤其是班主任队伍心理健康,深入推进师德师风建设,切实提升教师职业幸福感。另外,还需进行人事制度改革,在这方面需要有"不畏浮云遮望眼"的勇气,抓住发展的主流,坚持正确的前进方向。通过"核岗定员、综合考核、竞争上岗、有序分流"等环节,不断优化教师结构,盘活师资潜力,激发内在动力,努力推进松江教育事业在新形势下实现追赶超越。松江推进以岗位竞聘为主要内容的教育人事制度改革,政策涉及面广,触及人员利益深,改革工作量大,后续影响深远。

2. 完善卫生健康体系

至 2020 年末,松江共有公立医疗卫生机构 30 个,专业卫生技术人员 5 971 人,床位数 4 078 张。全年实现门急诊量 675.50 万人次,比上年减少 18.5%;门急诊均次费用 244.34 元,比上年增 13.8%。松江区户籍人口平均期望寿命 84.2 岁,其中,男性 81.67 岁,女性 86.84 岁;婴儿死亡率 0.83‰,孕产妇死亡率 0,达到世界最发达国家和地区水平。

未来,松江新城提高医疗卫生服务可以从两方面发力:一是牢固基础,推动卫生医疗改革。一方面进一步深化社区卫生综合改革,让群众有自己的家庭医生,提高分级诊疗组合内就诊率。推动家庭医生服务覆盖率达 100%。另一方面启动健康松江建设,深化医药卫生体制改革,全面提升区域健康品质和健康水平。二是适度对民营医院放开准入门槛。在稳步推进医疗保险全覆盖的同时,可以适度对民营医院开放准入门槛,通过民营医院这股新鲜血液,打破公立医院独大垄断的局面。

"十四五"期间,松江新城将进一步完善优质高效的卫生健康体系。加快公共卫生体系建设,完善医防融合、平战结合的疾病预防控制体系,提高突发公共卫生事件应急处置能力。

医疗设施布局上,构建整合、优质、高效的医疗卫生服务体系,加强与上海市知名院校和三级医院合作,与市级医院合作建妇幼中心。新建方塔中医医院总部院区,推动方塔中医医院成为上海中医药大学附属医院和三级乙等中医医院,完善区域中医药服务体系,发展中医药健康产业和特色医疗服务区,推动中医药传承创新。推进上海市第一人民医院南院创伤急救及妇儿诊疗中心综合楼建设;改扩建区中心医院,推动区中心医院成为上海交通大学医学院附属医院,提升区域高端医学的产学研能力。加强卫生健康信息化建设,不断优化便民健康服务,提高智慧健康能力水平。加强卫生人才队伍和学科能力建设,夯实卫生健康发展基础,全方位、全周期维护和保障人民健康,大幅提高居民健康水平和生命质量。

此外,深化医药卫生体制改革,强化区域医疗卫生资源分工协作,上下联动、协同共享,加强区域性医疗中心和互联网医院建设,提升各级各类医疗卫生资源整体服务效能。推动迁建上海市第五康复医院,改扩建同济大学附属养志康复医院,完善区域康复医疗服务体系。新建松江区眼病防治所,构建区域医疗服务特色品牌。加快公共卫生体系建设,夯实基层公共卫生"网底",推动区疾控中心和区卫监所迁建,新建为区公共卫生中心;推进区医疗急救中心、血站、卫生培训中心改扩建。加强急救分站建设,建成一流的医疗急救体系,提升区域公共卫生应急能力和服务水平。加强卫生人才队伍建设,建设一批有优势、有亮点的重点学科,全面提升医疗卫生服务设施配套能级。预留足够的卫生发展用地,引进优质医疗资源,强化医疗卫生能力建设,提升区域卫生健康品质,保证卫生健康事业始终匹配、助力、协同松江经济社会更高质量发展。

3. 加大养老服务供给

松江在养老和社区服务领域,不断推动居家社区机构养老服务协调发展、医养康养服务深度融合,不断提高社区服务质量,将各类公共服务向社区、向家门口、向居民身边延伸,松江新城将规划岳阳街道敬老院、区第三社会福利院、"好邻居"社区综合服务设施等项目。

近年来,随着松江区城市化快速推进,人口大量导入,农村地区的公共服务供给能力与市中心城区相比略显不足,与农村居民不断增长的需求相比存在差距。为打通服务群众的"最后一公里",松江区积极探索集社会价值体系、服务空间体系、社区服务体系、多元参与体系、考核激励体系五位一体的"好邻居"松江特色社区服务品牌,进一步提升农村公共服务能力,提升群众获得感和满意度。

松江区在镇级层面因地制宜推进"好邻居"社区服务中心实体建设,通过品牌化设计、标准化建设、规范化运营、专业化支撑和社会化发展,探索养老、医疗、儿童、教育、文体、社会组织培育等社区生活服务多元化供给模式,积极构建"十五分钟社区生活圈"。比如,在松江区流动人口和老龄化比例较高的车墩镇,为了解决村民需求较大的养老、医疗等各类供给力量较弱的现状,镇政府将部分属于商业租赁的空间进行收回改造,整合各方资源,打造了集老年助餐、科普教育、健康体验、农村养老等功能综合设置的祥东"好邻居"社区服务中心,总面积 5 177.31 平方米,中心充分考虑周边村民婚丧喜事的需求,在二楼辟出一半区域作为村民的会所,方便周边村民使用。周边 5 个村的村民最多只需要步行 15 分钟就能走到中心,还未营业每天就有很多村民前来登记、体验,受到了村民一致好评。

松江新城致力于完善多层次养老服务体系,推动居家、社区和机构养老深度融合。目标到 2025 年,社区综合为老服务中心(分中心)达到 34 家,社区老年助餐服务场所达到 120 家,养老机构床位占户籍老年人口数比例达到 4%,护理型床位数占总床位数的比例达到 60%,老年助餐能力达到全区 65 岁以上户籍老年人口的 5%。继续提高"幸福久久"为老服务热线入网率和使用率,建成区、街镇两级养老服务资源库,完善老年健康服务保障体系、加强老年教育文体建设、加快老龄产业发展、持续深化长三角养老服务协作一体化。

此外,还有一系列如下的具体措施来提升松江新城公共服务中养老的供给:

(1)加强老年认知障碍照护服务。

持续开展认知障碍友好社区建设,普遍开展相关知识宣传,营造关爱老年认知障碍者的社会环境;提高认知障碍患者生活质量,减轻家庭照料者照护压力;探索形成老年认知障碍评估标准,建立基本情况数据库;整合社会资源,打造认知障碍闭环式服务网络。

(2)统筹养老服务资源配送。

整合各部门资源,建成一个集健康养身、文化娱乐、科普宣教、法律维权等功能于一体的养老服务资源库,形成定时定期向各类养老服务设施配送养老服务资源的工作模式,探索形成"政府提供菜单,基层群众点选"的机制,丰富老年人精神文化生活。

(3)加强养老服务队伍建设。

提高养老服务队伍专业化水平,建立以职业技能培训为核心,学历提升为辅助的人才队伍培养体系,加快培养和引进老年服务管理、医疗保健、护理康复、心理咨询等人才。畅通养老护理员技能提升和职业发展渠道,吸引医务人员和社会工作者从事养老服务。

4. 构筑"四网融合"综合交通体系

松江新城发力,交通先行,为了给松江百姓提供更好的公共服务,交通建设也是松江公共服务体系的重要一环。2020 年 6 月提出的《松江枢纽交通集疏运组织规划方案》从四个方面对松江枢纽交通组织进行了"智慧"规划:优化高快速路网布局,构建松江枢纽快速集散道路系统;完善枢纽周边路网,形成"高密度、多环通"运行体系;畅达枢纽本体交通,分别形成"向西、向北、向东"等三个集散扇面;优化枢纽各类设施集成,突出公交、长途等综合布置。

"十四五"期间,松江将加快构筑一体化的"四网融合"综合交通体系,建成"快速畅达、集约绿色、智慧高效"的交通基础设施网络,构筑契合上海西南门户、长三角重要节点城市的综合交通体系。

（1）增强松江枢纽的服务功能。

加快沪苏湖铁路和松江枢纽建设，推进交通集疏运组织规划编制。做好路网规划与科技影都等重大产业规划、用地规划的衔接。推进松江枢纽周边土地综合开发，促进铁路和地方经济协调发展。

（2）提升对外交通辐射能级。

全面推动轨道交通 12 号线西延伸项目建设，推进轨道交通 23 号线西延伸、9 号线与 17 号线连络线、嘉青松金线、东西联络线等规划落地，加快推进沪松公路快速化、嘉松公路南延伸、G60 莘砖公路匝道、S32 玉树路匝道等重点规划项目开工，加快推进胡曹路、刘五公路等区区对接道路建设。

（3）强化内部交通通行效率。

推进辰花路快速化、金玉路快速化等规划项目进度，形成"井字型"快速路网，优化区域道路体系。实现有轨电车 T2 线西延伸，推进 T4 线规划建设。力争泖亭路、昆港公路等竣工。继续推进城区道路"白改黑"、潮汐式车道改造及农村公路提档升级，打造"动静协调、快慢相宜"的内部出行环境。

（4）提高交通管理水平。

改造交通运行监测调度中心（TOCC），加强数字交通建设。坚持公交优先发展理念，形成多层次公交服务网络，提升公交运行效率。推进交通精细化管理措施，加强交通运行管理，确保城市安全。

3.3.3 构建新城文体等公共事业

1. 丰富优质多元的公共文化体系

挖掘打造一批特色鲜明、主题突出的纪念馆、展览馆、陈列馆、乡贤馆，形成区域特色文化地标集群。依托人文松江活动中心、图书馆、农家书屋等场所，形成具有松江特色的公共阅读空间。推动朵云书院、钟书阁等特色书店提升人文艺术气质，打造深度体验文化空间，举办"书香月"等各类阅读活动，营造全民阅读修身良好氛围。持续推进泗泾、九里亭、广富林等社区文化活动中心建设，完善方松街道、新浜镇等社区文化活动中心设施功能，加强基层综合性文化服务中心"星级"管理，并进一步优化公共文化配送服务体系。

2. 完善公共体育设施

加快启动松江新城体育中心、松江东北部都市运动中心建设，完成区游泳馆改扩建项目。加强政策引导，新建或改建社区市民健身中心，力争实现街镇全覆盖。

全力创建体育休闲特色小镇,形成环佘山体育休闲旅游圈。依托"山、水、林、园"资源,努力争取引进符合松江发展特点的国内外大型赛事,自主开发松江本土自有赛事 IP,打造具有明显地域特征和标识度的松江体育名片。

3. 加快发展其他各项社会事业

推进民族团结,加强对来沪少数民族人员的服务和管理。切实做好宗教工作,合理规划布局宗教场所。认真贯彻对台和侨务政策,深化对台经贸交流与合作。加强国防教育,以松江烈士陵园改扩建为契机打造褒扬英烈高地,传承发扬松江红色精神,以松江双拥展示馆建设为突破打造双拥工作新亮点。推进男女平等、妇女参政议政,进一步增强女性整体素质,营造全社会关心关爱儿童成长的氛围。进一步探索具有时代特征、青年特点、松江特色的青少年健康成长发展之路,全方位营造青年"人人都能成才、人人都可出彩"的生动局面。强化对口帮扶,以人才支援为依托,提升对口地区"造血"能力。做好重大灾害、重点区域、敏感行业和高风险人群气象服务,开展气象科普宣传教育,提高全民防灾减灾意识。基本实现人民防空警报区域内全覆盖。全面做好档案、史志、外事、信访、语言文字、红十字会等各项工作。

3.4 松江新城建设独立综合性节点城市的创新性政策支持

3.4.1 产业政策

为加快 G60 上海松江科创走廊建设,松江新城将坚定制造业强区战略,突出科创引领,补齐发展短板,增强内生动力,推动"松江制造"迈向"松江创造"。围绕 G60 建设,松江制定了产业方向、科技、人才、规划等产业相关政策。

1. 产业转型升级相关政策

(1)资金层面。

第一,松江区区政府设立每年 20 亿元的专项资金。用于鼓励科技创新创业、引导产业转型升级和推动园区转型发展,鼓励和吸引各类创新创业主体和重大功能性项目落户松江。第二,未来加快引进高端制造业企业。对认定的新引进重点企业,一定期限内给予场地租赁补贴;购建自用生产办公用房的,给予一次性购置补贴,上限不高于购置价的 30%,最高 1 000 万元。第三,支持企业技术改造。对认定的重点骨干企业技改项目,在项目验收合格后,按核定的固定资产投资总额给予最高不超过 8% 的一次性补贴(基建投资按不高于核定固定资产总投资的 30%

计入),单个项目最高 500 万元。采购区内先进制造业企业生产的设施设备,经认定给予 15% 的采购补贴,最高 300 万元。企业进行节能技术改造,每年节约一吨标准煤奖励 500 元,单个项目不超过 25 万元。

另外,在首台(套)重大技术装备推广应用、总部经济发展、电子商务发展、专业服务业发展、文化创意产业发展、两化融合发展、企业自主品牌创建、企业参展扩展市场、优质项目导入等相关领域,松江区也有相关补贴政策。

(2)产业方向。

第一,推进制造业强区和质量强区。在持续推动电子信息、现代装备、都市型产业等三大传统优势产业转型提升的同时,大力发展智慧安防、机器人、新能源、新材料、生物医药、节能环保等战略性新兴产业;推进发展总部经济、总集成总承包、检验检测等生产性服务业;大力培育发展"四新"经济。第二,加快淘汰落后产能。发挥市、区产业结构调整专项补助资金引导作用,推进重点项目(行业)和重点区块的调整工作,严格淘汰不符合国家产业政策、节能减排要求和安全生产条件的落后产品、技术和工艺设备。对列入相关目录的行业企业,依法实施差别电价政策。运用安监、环保、拆违等手段,积极稳妥推进落后产能关停退出。

2. 科技政策

为了树立创新的标杆,优化科技创新环境,增强科技创新能力,松江针对科技创新的政策非常之多。

(1)企业层面。

第一,支持企业增强科技研发能力。对区级、市级、国家级企业技术中心,分别给予 20 万元、40 万元、100 万元的一次性补贴。对首次被认定为"专精特新"中小企业的,给予一次性奖励 5 万元;复核或再次认定的,给予奖励 1 万元。第二,支持企业开展知识产权保护。依托区知识产权(专利)专项工作经费,资助企业申请外观设计、实用新型和发明专利。区专利工作试点企业最高资助 10 万元,区专利工作示范企业最高资助 20 万元。第三,支持技术示范应用。对企业关键或共性技术研究与示范应用项目,项目总投入 500 万元(含)以上的,给予不高于项目实际投资总额 30% 的补贴,最高 200 万元。

(2)注重产学融合,设立专项基金。

第一,支持产学研合作创新。对本区优势企业与高等院校合作的产学研创新项目,对符合松江区产业导向,效益突出的给予不高于项目研发投入的 20% 补贴,最高资助额不超过 20 万元。第二,设立区级技术创新基金。推动松江区科技型中小企业开展技术创新活动,并配套支持上海市科技型中小企业创新资金立项项目。

一般项目资助 10 万元,重大项目最高不超过 20 万元。此外,松江区设立科学技术奖励专项资金奖励对科技作出贡献的企业。第三,松江区支持青年大学生创新创业,并鼓励各界开展创新创业活动,对于此类活动也有较大的经费支持。

（3）支持科创项目。

第一,支持建设园区科创功能载体建设。区级和国家级小型微型企业创业示范基地,分别给予 20 万元和 100 万元的一次性奖励。对上海市"四新"经济创新基地,给予 50 万元奖励。经认定的智慧园试点园区,以项目形式给予专项资金无偿资助,最高 100 万元。第二,支持科技创业苗圃建设。对市级、区级科技创业苗圃孵化用房改造费、创业孵化基础服务设施购置费等分别给予最高 100 万元、80 万元补贴。科技创业苗圃租赁场所经营的,按照其租金 30% 给予补贴,补贴期限为 3 年,总额最高 80 万元;利用自有场所经营的,按照房屋使用面积市场租金的 30% 给予补贴,补贴期限为 3 年,总额最高 80 万元。

此外,松江区对于众创空间的建设给予了很多的经济支持,松江区对主导制订国家标准、行业标准的企业给予了资金奖励。

3. 人才政策

（1）大力招揽人才。

第一,设立人才专项基金。设立 2 亿元区人才发展资金、5 亿元区创业扶持引导资金,用于支持松江区重点产业领域、重点产业园区、重点事业单位优秀人才及其人才梯队的集聚、培育和发展。第二,优秀人才薪酬补贴。对认定的优秀人才,按照优秀人才服务企业 5 年内个人社会保险缴费基数 8%—16% 标准,采取阶梯式累积方式,给予企业高薪激励补贴。第三,对于各类优秀人才有着相应的补助政策,支持优秀人才创业,支持优秀大学生留在松江,于引进人才补提进行居住补贴,松江区还会选拔区领军人才和拔尖人才,对其进行表彰。

4. 金融政策

（1）大力发展金融业服务实体经济。

第一,鼓励企业利用多层次资本市场发展壮大。对在国内主板、中小板、创业板及境外上市的企业,给予一次性最高 200 万元的补贴;对在新三板挂牌的企业,给予最高 150 万元的补贴;对在 E 板挂牌的企业,给予最高 100 万元的补贴;对新三板、E 版挂牌企业转主板、中小板、创业板的,享受转板后差额补贴政策;区外企业迁至本区成功挂牌上市的,再给予企业 50 万元奖励。第二,设立创业引导基金。重点支持战略性新兴产业和高技术产业中早中期、初创期创新型企业发展。鼓励和引导民间资本、风险投资投向众创空间、孵化器,加大对创新创业项目的资金支持力度。第三,建立健全金融产品融资体系。构建较为完善的科技金融全产业链,进一步拓宽创新型企业特别是中小企业的融资渠道。对金融投资机构为区内重点企业或项目提供金融服务的,政府为其提供风险补偿、融资担保、贴息贴费等配套服务。完善实施有关试点办法及其实施细则,加快推进相关试点工作,全面落实股权和分红激励、研发费用加计扣除、职工教育经费税前扣除等政策。

此外,松江区支持各类金融投资主体在松江发展,支持融资租赁业集聚发展以及创新发展科技信贷和保险业务。

5. 规划政策

(1) 园区建设。

第一,大力发展各类高水平现代产业园区载体。对认定符合产业发展导向的园区,按照原区考核目标超额完成部分的 50% 以内给予奖励,最高不超过 1 000 万元,用于支持优秀园区改善环境、搭建创新创业平台和载体,优化配套、降低企业入驻成本、支持企业发展等。鼓励优秀园区开发运营主体在本区开发运营新园区,按照其开发建设投入的 30% 予以补贴,最高不超过 500 万元。第二,支持园区公租房建设。单个重点产业园区或多个重点产业园区联合,按照上海市相关规定,利用自用存量用地,自建单位租赁房,提供给园区各类人才租住。第三,鼓励工业区改造提升。支持老工业园区加大投入,改善软硬件环境,提高配套水平和服务能级,经评审认定,按照项目投资总额的 10% 给予支持,最高 1 000 万元。

(2) 土地层面。

第一,落实差别化用地政策。根据新产业、新业态发展需求,合理确定用地类型,支持新产业、新业态发展;投资或产业主管部门负责明确新产业项目的产业类型、生产技术、产业标准、产品品质要求等内容,作为土地供应的前置条件,并纳入土地出让合同。第二,鼓励优秀主体参与存量盘活。存量土地盘活后,通过"三认定"(认定开发主体、认定建设项目、认定转让对象)程序,在符合租售比例、二次转让条件等要求下,可将符合条件的定制厂房和研发楼宇分栋分层转让给符合产业发展导向的重点项目,以及支持土地二次开发。

此外,松江将提高规划审批效能、进行用地指标配置,进行灵活高效管理。

3.4.2 环境政策

松江围绕生态之城建设目标,坚持以生态优先和绿色高质量发展为核心,推进生态环境保护体系和污染防治能力现代化,坚决贯彻"两山"理念,打造生态宜居的美丽家园,形成符合生态文明要求的环境治理体系。

1. 低碳建设

根据《松江区清洁空气行动计划(2018—2022年)》,松江区政府为持续改善本区环境空气质量,降低大气$PM_{2.5}$浓度,遏制臭氧污染态势,保障人民群众身体健康,结合松江实际,制定本空气环境方面的相关政策。

(1)能源方面。

第一,禁止新建燃煤设施。第二,加强燃煤质量监管,确保达到上海市《燃料含硫量和灰分限值》(DB31/267—2015)要求。第三,截至2020年,完成中小燃油、燃气锅炉提标改造,并实施完成燃油锅炉"油改气""油改电"。第四,严格禁止煤炭、重油、渣油、石油焦等高污染燃料的使用(除电站锅炉和钢铁冶炼窑炉以外)。第五,禁止社会码头销售和转运煤炭、石油焦等高污染燃料。

(2)产业方面。

第一,深化重点行业产业结构调整和升级改造,基本完成有色金属冶炼、高能耗高污染再生铅再生铝生产、4英寸晶圆生产、液汞荧光灯、液汞血压计、含汞电池以及添汞产品装置、砖瓦、建筑陶瓷、岩棉、中大型石材生产加工、园区外化学原料生产、二级饮用水源保护区内污染企业等行业调整。第二,推进石化和化工企业内污染严重、服役时间长的生产装置和管道系统实施升级改造,推进延迟焦化等高污染工序替代转型。第三,加强石化行业生产过程监管,强化设备泄漏、火炬、储罐、装卸、废水收集和处理、开停工等重点环节的无组织排放监管。第四,深化垃圾焚烧企业尾气治理。第五,实施工业源挥发性有机物(VOCs)总量控制和行业控制,遵循"控制总量、削减存量、减量替代"的原则,涉VOCs的建设项目,按新增排放量的2倍进行减量替代。第六,2018年起,禁止生产高VOCs含量有机溶剂型涂料、油墨和胶粘剂的新、改、扩建项目,现有生产项目鼓励优先使用低VOCs含量原辅料。流通消费环节推广使用低VOCs含量原辅料。到2022年,涂料和油墨生产行业全面推广低挥发性产品。

(3)交通方面。

第一,推进公交专用道建设,不断提高公共交通出行比重。持续加强步行、自行车交通系统建设。第二,加大出租、物流、环卫、邮政等行业新能源车推广力度。新增和更新的环卫、邮政、出租、通勤、轻型物流配送车中新能源车或清洁能源汽车比例的目标达到80%以上。截至2020年底前,公交车已全部更换为新能源汽车。

(4)居民层面。

研究表明高碳排放居住区是交通碳排放的主体,松江新城居住区前20%高碳排放量之和占总碳排放量的 77.9%。如何有效引导高碳排放居住区居民更多地采用公共交通出行,适度降低其出行碳排放是实现松江新城低碳排放的重要突破口。高碳排放居住区普遍为居住区占地面积大、建成年份较新的多层小区,人口密度和容积率也相对较低,居民出行呈现较高的个体机动化特征。可以通过发放老年免费公交卡、适度提升停车收费等经济手段,积极引导居民选择公共交通出行。

此外,根据居住人口密度合理设置公交站点密度,实现公交站点 300 米范围内覆盖的人口比例不低于 80%,将传统的公交站点面积覆盖率指标转化为服务人口指标,切实提升公共交通可达性,引导居民采用公交出行,有效降低居民出行碳排放。另外,除轨道交通外应提供多模式网络化公共交通服务。

2. 水资源治理

松江大力推进清水行动截污、治污双向发力,统筹推进饮用水源、河道水体、工业废水、城镇污水、农村排水五水同治。进一步压实河长制责任,深化区镇两级河长办能力建设,推动水环境面貌持续向好。推进泖港镇、小昆山镇、石湖荡镇、新浜镇 4 个生态清洁小流域建设。加快污水处理厂扩建改造,进一步完善污水收集系统,不断提升城市污水处理能力,城镇污水处理率达到 99% 以上。量质并举,推进长三角一体化示范区饮用水源保护,重点提升黄浦江水源保护区范围内、黄浦江缓冲区范围内以及其他河道的水质,全面消除镇控以上河道断面 V 类水体,国考、市考断面水质持续达标。支持南部新城海绵城市建设试点项目,有效提升河湖长效治理,推进美丽河湖建设,推动国家生态水利风景区建设提质增效。

3. 土地污染治理

结合松江区"198"区域建设用地减量化和郊野公园建设等,制定并实施土壤污染治理修复规划,建立健全土壤环境管理体系。以农用地和重点行业企业用地为重点,开展土壤环境状况调查评估,实施分类管控。以化肥、农药减施、节水节肥为重点,推进农业面源污染防治,到 2022 年,全区化肥农药减量至 28.6 公斤/亩,受污染耕地安全利用率不低于 95%。

松江强化了土壤污染源头预防和控制,积极推进科学、合理、有效的农村面源污染治理措施,促进绿色农业和生态循环农业发展,加强建设用地风险管控及修复,完善建设用地全生命周期监管制度,确保受污染耕地安全利用率和污染地块安全利用率均达到 100%。落实在产企业土壤污染风险管控和修复责任。下大力气巩固提升土壤环境质量。推进地下水环境保护和监督管理。严格实施垃圾分类处理,加强危险废物"三个能力"建设,改善一般工业固废管理体系,持续开展非正规垃圾填埋场排查整治,强化固体废物污染防治。

4. 加快构建现代环境治理体系

严格实施垃圾分类处理。以减量化、资源化、无害化为目标,深入推进生活垃圾分类管理,固化垃圾分类工作阶段性成果,构建生活垃圾分类长效常态机制。提高居民群众参与垃圾分类的意识和自觉性,实现生活垃圾回收利用率达45%,促进垃圾分类实效提升。强化生活垃圾的处置和综合利用,扶持开发湿垃圾全程管控和资源化利用体系,全面实施湿垃圾的综合处理。在农村地区提升公共厕所等环卫设施水平,持续完善垃圾分类制度。道路机械化清扫率达100%,星级公厕达标率90%。

落实综合整治工作。持续依法开展区域环境综合整治工作,市容环境综合管理示范街镇比例达到40%以上,户外广告设置规范率达到90%以上,进一步落实问责单位履责制度。完善一般工业固体废物分类处置,开展摸底调查和备案管理,实行工业固体废物全过程动态管理。完善危险废物收集网络,解决小微企业及医疗废物产生机构收运困局。加强危险废物的环境应急预案备案工作,提升危险废物环境风险防范能力和应急处置能力。推进天马危险废物焚烧项目的投入使用,提高危险废物的综合处理率。

推动生态监管体系创新。推进生态环境监管制度改革和政策创新,充分发挥市场机制作用,进一步突出全方面融合和全社会参与。加大环境执法监管力度,持续开展环境安全隐患日常排查和整治,落实环境安全监督责任,切实防范环境污染事故发生。充分发挥市场主体作用,大力支持发展环保产业,推动环保设备和技术革新,支持形成多元化的社会投资机制和运行机制。倡导绿色生活方式,营造良好生态文明氛围,使生态文明成为社会主流价值观。

3.4.3 农村政策

1. 加强乡村生态建设力度

松江应严格保护郊野乡村生态格局,提升乡村自然生态系统功能,采取多种途径有效盘活乡村生态资源,打造"城市绿肺"。结合新一轮农林水联动三年计划,推进斜塘—泖河—拦路港生态廊道和天马再生能源有限公司周边生态廊道建设。以村庄改造为抓手,充分利用闲置土地组织开展植树造林、湿地恢复,建设绿色生态村庄。逐步提高森林资源的开放利用水平,适度引入休闲游憩活动,丰富林地功能内涵。到2022年,全区新建生态公益林2.386万亩,其中重点生态廊道1.5353万亩、农田林网化率达99%,森林覆盖率达18.5%。

对山水林田湖草实行整体保护、宏观管控、综合治理,增强生态系统循环能力。进一步完善天然林、公益林保护制度以及黄浦江涵养林家庭管护机制,深入推进河长制、纳管制、网格制"三制并举",加强对水源二级保护区的保护。建立资源环境生态监测预警体系,引导和约束各镇村严格按照资源环境承载能力谋划本地区经济发展。落实好生态补偿转移支付政策,建立健全责权利一致、规范有效的生态补偿机制,切实保障浦南地区发展权益。

2. 强化乡村振兴人才支撑

松江实行更加积极、更加开放、更加有效的人才政策,推动乡村人才振兴,让各路优秀人才依托大都市优势资源在松江乡村大施所能、大展才华、大显身手。

第一,加快构建新型职业农民队伍。松江应加快构建一支"爱乡村、懂技术、善经营"的新型职业农民队伍,使之成为能够自主选择在一、二、三产业充分就业、专业从事农业生产、经营或服务工作。探索建立家庭农场建设与新型职业农民培训的联动机制。全面建立新型职业农民制度,出台新型职业农民培育管理办法,夯实职业培训基础,完善职业农民保障制度,为全球城市郊区乡村产业发展提供人才支撑。到2022年,全区培育新型职业农民1 700人,持专业证书的农业劳动力占比达到80%。第二,鼓励引导本区农业、工程、经济、文化旅游、教育卫生、社会事业等领域专业技术人才积极参与乡村振兴事业,建成以高层次人才为引领,专业技术技能人才和创新创业人才为两翼的乡村振兴人才雁阵梯队。加大对乡村振兴科技领域专业能力强、专业技术工作业绩突出、团队效应显著、具有较好发展潜能的高层次人才及其团队的遴选和培养力度。同时,建立有效的激励机制,吸引社会各界人才投身乡村建设。

3. 完善乡村土地利用管理政策体系

第一,创新乡村振兴用地保障制度。探索建立乡村用地指标优先保障制度,对全区减量化形成的建设用地指标,可按一定的比例专项优先保障乡村发展需求,优先用于乡村集镇和社区中的公共服务、基础设施、生态环境保护以及特色小镇等建设。实施乡乡挂钩,进行乡村存量建设用地空间平移、集聚和布局优化,挖掘乡村空间潜力。探索在总量控制的前提下,保证建设用地不增,基本农田不减,对于乡村振兴重大项目涉及确需地块调整的,有条件的允许对"三区"划定范围进行存量微调。第二,提高规划土地政策支持。在符合土地利用总体规划前提下,允许镇政府通过郊野单元(村庄)规划,调整优化村庄用地布局,有效利用农村零星分散的存量建设用地。规范设施用地类型,支持现代农业发展,采用清单方式管理设施农用地、配套设施用地等问题。对农产品精深加工、仓储物流、乡村旅游等产业融合项目实行用地计划指标单列。对于乡村产业融合发展示范区、特色小镇或者具有引领作用的重大项目的建设用地,建立报批绿色通道,实行优先供地和审批。对不破坏耕作层且符合条件的现代都市农业项目和休闲农业项目用地,简化地类认定和管理,对乡村新产业新业态项目属于永久性建筑设施用地的可实行"点状"布局开发。第三,深化农村土地制度改革后续工作。深化集体经营性建设用地入市、农村土地征收、宅基地制度改革三项试点后续工作,针对难点瓶颈问题,进一步加强后续研究探索和深化改革,不断完善农村土地管理。因地因时施策开展集体经营性建设用地入市,进一步健全入市制度体系,优化乡村振兴土地供给结构,做实乡村振兴用地有效供给。完善深化公平合理的征地房屋市场化补偿机制,探索建立征收补偿与入市增值收益分配联动机制,推动土地增值收益在国家、集体与被征收人之间形成合理分配。深化推进宅基地改革试点,持续完善大都市农村地区"户有所居"住房保障制度系统设计。合法合理认定农民宅基地资格权,探索大都市郊区多元化的农民居住安置模式,完善农民建房审批管理制度。探索闲置房地资源盘活利用,按照节约集约用地和减量化发展要求,原则不再审批新增宅基地。加快总结提炼形成可复制可推广经验,结合各街镇实际适时复制推广实施。

4. 加大财政扶持和金融支农力度

松江应健全投入保障制度,加快形成财政优先保障、社会积极参与的多元投入格局,引导更多金融资源投向乡村经济社会发展的重点领域和薄弱环节,更好满足乡村振兴多样化资金需求。

第一,坚持财政优先保障。建立健全实施乡村振兴战略财政投入保障制度,明确和细化区镇事权分工和投入责任,公共财政更大力度向乡村倾斜,确保财政投入与乡村振兴目标任务相适应。优化财政投入供给结构,坚持财政资金投入向乡村产业发展、基础设施建设、科技研发、人才引进、生态保护等方面倾斜。加大对浦南片区农业资源及生态环境保护的投入,实施以绿色生态为导向的农业补贴制度,扩大"绿箱"支持政策实施规模和范围。创新财政投入方式和运行机制,建立乡村产业项目库。综合运用互联网技术、大数据等手段,强化支农资金监督管理,确保资金使用见到实效。第二,引导社会资本投向乡村。继续深化"放管服"改革,优化乡村营商环境,加大乡村基础设施和公用事业领域开放力度,制定完善工商资本参与乡村振兴的负面清单和管理办法,广泛吸引外资、民营等社会力量投资乡村振兴。创新财政支农惠农投入机制,充分发挥财政资金的引导和激励作用,通过贷款贴息等方式,撬动各类社会资本更多投向乡村。规范有序盘活农业基础设施存量资产,回收资金主要用于补短板项目建设。推广一事一议、以奖代补等方式,鼓励乡村居民对直接受益的乡村基础设施建设投工投劳、建设管护。探索政银合作机制,重点支持本区农业龙头企业、农民专业合作社做大、做强、做实。第三,提高土地出让收益用于支持乡村振兴比例。坚持取之于地,主要用之于农的原则,修订出台土地出让金管理办法,开拓投融资渠道,为实施乡村振兴战略提供稳定可靠的资金来源。调整完善土地出让收入使用范围,拓展使用途径,提高土地出让收益用于支持乡村振兴的比例。调整完善区与镇财力结算体制及土地出让分配机制,聚焦土地出让收入支出重点,整合现有市里的支持政策,加大对乡村振兴的支持力度。探索设立乡村振兴引领基金,在每年区财政增量收入和土地出让金中提取一定比例,同时吸引社会资本,设立乡村振兴引导基金,实行市场化运作方式,以股权投资等形式带动社会资本投向乡村振兴领域。

5. 创新城乡融合发展体制机制

顺应城乡融合发展趋势,重塑卓越全球城市的城乡关系,激发乡村内部发展活力、优化乡村外部发展环境,为乡村振兴注入新动能。

第一,充分发挥政府在乡村振兴中的政策、示范和投入引导作用,持续优化政府的公共服务功能,将浦南绿色发展实践区放在优先地位,积极建立各种类型示范区,合理引导工商企业和社会资本投资乡村。第二,通过旧镇改造、城中村改造和古镇风貌保护区恢复性重建等,在不增加建设土地指标的基础上,优化镇的功能布局。引导农村人口逐渐向镇集中,完善镇的公共基础设施,改善农民生活居住条件,使其享受现代化的居住设施。第三,以制度创新增强融合发展动力。加快推进户籍制度改革,打破人口二元城乡结构,建立城乡统一的户籍管理制度,解决城乡居民"不同价"问题。

3.4.4 养老政策

"十四五"期间,松江新城应进一步完善养老问题,从以下六个方面制定相关政策。

1. 完善长期护理保险制度

全面深化推进松江长期护理保险制度试点,为长期失能的参保老年人提供更加精准的生活照料和与生活照料密切相关的医疗护理,减轻家庭照护压力,提升专业照护水平。以居家照护为重点,建立与居家、社区、养老机构和住院护理等相适宜的长护险服务内容和支付标准。完善老年照护统一需求评估制度,优化评估标准,完善评估流程,进一步加强对社会化评估机构和护理服务机构的监管力度,发挥村(居)委会等基层组织贴近服务对象、贴近服务现场的优势,加强对需求评估、护理服务等重点环节管理。鼓励发展商业性长期护理保险产品,为参保人提供个性化长期照护服务。

2. 完善居家养老支持服务

巩固居家养老的基础性作用,继续实施老年综合津贴制度,完善"老伙伴计划",支持发展面向长期照护对象家庭成员的"喘息服务";支持老年人发挥专长和作用,参与社会公益事业;采取市场化运作和政府资助等方式,每年投入一定的资金,为困难老年人家庭实施适老化改造。促进机构式、社区式、居家式养老服务形态的融合发展,实现供需对接,信息互通,增强家庭照料能力。支持养老机构发挥溢出效应,在有能力的情况下向社区开放。支持社区托养机构释放辐射效应,将专业服务延伸到社区。探索"家庭照护床位",完善相关的服务、管理、技术等规范以及建设和运营政策,让居家老年人享受连续、稳定、专业的养老服务。

3. 推广养老顾问制度

依托各类养老服务场所和村居工作人员,建立覆盖城乡社区的养老顾问网络,为老年人及其家庭提供政策法规、养老方式、康复辅具等咨询和指导服务。到2022年,实现村居全覆盖。

4. 加快推进公办养老机构改革

公办养老机构一律纳入"保基本"范围,按照要求收住经老年照护统一需求评估达到相应照护等级的老年人,以及符合上海市优待优抚政策条件的老年人,允许公办养老机构在充分满足兜底保障需求的前提下向社会开放。大力推进公建民营,今后新增的政府投资养老服务设施,原则上均采取委托社会力量运营的模式,提高运行效率和服务水平。到2022年,实现存量公办养老机构社会力量运营全覆盖。建立科学合理的公办养老机构价格形成机制,以养老机构实际成本为基础,统筹考虑政府投入、经济社会发展水平、供求关系和社会承受能力等因素制定和调整养老服务收费,形成动态调整机制,促进公办养老机构可持续发展。加强养老机构"保基本"床位的统筹利用,研究"补需方"机制,鼓励老年人选择适宜、经济的养老方式,提高不同区域养老床位的利用效率。

5. 完善保障措施

加强养老服务领域法治保障,落实养老服务机构财税支持政策以及各项行政事业性收费减免政策,落实养老服务机构用电、用水、用气等享受居民价格政策,任何单位不得以土地、房屋性质等为理由,拒绝执行相关价格政策。由民政部门和相关行业主管部门共同认定,实行清单式管理,确保各类支持养老服务发展的优惠政策落地。支持商业保险公司开发各类养老服务相关保险产品,扩大养老服务综合责任保险覆盖范围,增强养老服务机构的抗风险能力。加强财力保障。要根据老年人口的增加和养老服务发展的需要,逐步增加养老服务投入。将政府用于社会福利事业的彩票公益金中不低于 60% 的资金支持发展养老服务。加大政府购买服务力度,进一步落实政府购买服务指导性目录中养老服务内容,制定政府购买服务标准,重点购买生活照料、康复护理、机构运营、社会工作和人员培养等服务。完善对基本养老服务补需方与补供方相结合的财力补贴机制,带动社会有效投资,扶持优质养老服务机构发展。健全资金安全监管机制,确保资金使用规范和安全有效。

6. 深化医养结合工作

进一步打通医养资源,完善激励机制,支持各类医疗卫生机构与养老服务机构以多种形式开展合作。对养老机构内设诊所、卫生所(室)、医务室、护理站,取消行政审批,实行备案管理。在养老机构和医疗卫生机构之间,普遍开通双向转接绿色通道。鼓励养老服务机构通过设置医疗机构或与医疗机构合作的形式,开展中医药和康复适宜技术服务。支持具备法人资格的医疗机构开展养老服务。鼓励医护人员到养老机构内设医疗机构执业,并在职称评定等方面享受同等待遇。支持在综合为老服务中心设立卫生服务站。完善社区医生签约服务制度,将失能失智老年人作为签约服务的重点人群。到 2022 年,养老机构医养结合率达到 100%,重点人群(含 65 岁以上老年人)家庭医生签约率达到 80% 以上。

第 4 章
"十四五"时期奉贤新城建设独立综合性节点城市研究

"十四五"时期,上海着力打造治理体系和治理能力现代化的城市样本,更加重视市域空间格局的整体重塑与全面优化。其中,新城建设被摆在了一个更加突出的位置,旨在将各大新城培育成为在长三角城市群中具有辐射带动能力的综合性节点城市,竭力打造经济发展的新增长极,这对于上海未来构筑新的战略支点具有积极意义。在五大新城中,奉贤新城位于上海南端,是滨江沿海发展廊道上的重要节点,具有辐射长三角的功能。从基于郊区新城建设的南桥新城雏形,到赋予更多新功能的节点创新城市,奉贤新城不断发展的独特生态禀赋、科技创新能力将为上海城市经济的发展注入源源不断的动力。

奉贤新城是奉贤区的政治、经济和文化中心。根据《上海市奉贤区总体规划暨土地利用总体规划(2017—2035 年)》等规划方案中关于奉贤新城的划定,其整体规划的范围为:东至浦星公路,南至 G1503 上海绕城高速,西至南竹港和沪杭公路,北至大叶公路,总面积 67.91 平方千米,规划人口为 100 万左右。奉贤新城的建设虽然在 2008 年才正式启动,但是其发展却经历了一系列的历史变化。在不同的发展时期与经济社会背景下,奉贤新城具有其不同的发展模式与功能定位。

在新的时期,如何将新城规划与上海发展、长三角一体化建设和国内国际双循环的建设背景相结合,以发挥奉贤新城的建设性作用,是未来新城发展的重点方向。本章将从奉贤新城发展的历史沿革出发,以奉贤新城建设"独立综合性节点城市"为主线,探讨奉贤新城建设中如何发展相关产业,同时加强配套的公共服务,提升创新性政策支持,最终完善和促进奉贤新城的高质量发展,真正实现"中心辐射、两翼齐飞、新城发力、南北转型"的新发展格局。

4.1 奉贤新城发展的历史沿革与"十四五"功能定位

4.1.1 奉贤新城发展的历史沿革

1. 建置沿革

位于上海南部的奉贤,南临杭州湾,北枕黄浦江。相传,孔子弟子"七十二贤人"第九的言偃,晚年回到家乡江南传道讲学,其最后一站即为奉贤古地,深受当地百姓尊崇。清朝雍正四年(1726 年)奉贤设县时,辖原华亭县东南部白沙、云间乡。为纪念言偃这位人民崇奉的贤人,起名为"奉贤",为"敬奉贤人"之意。民国年间,隶江苏省第三区行政督察专员公署。民国二十二年(1933 年)冬,南汇县 15 个乡镇的 2 333.3 公顷农田划入奉贤县。

新中国成立后,奉贤隶属于苏南行政公署松江专区,1952 年隶属江苏省松江专区。1958 年 3 月,撤松江专区,改隶苏州专区。1958 年 11 月,奉贤划归上海市。2001 年 8 月 24 日,奉贤撤县建区。

在奉贤新城的中心位置,最具特色的莫过于金海湖这一地标,形似一条腾跃而起的金鱼,述说着这片土地厚重的历史,与对未来的憧憬期盼。从上千年前,奉贤人就深刻意识到,引来"贤人"是"贤城"立足根本,而奉贤新城的规划理念,也处处体现这一初衷,打造产业兴旺、生态宜居、生活便捷的未来之城。

2. 概念萌芽期(1999—2007 年)

以 1990 年浦东开发开放为标志,上海进入城市跨越发展的新时期。进入 20 世纪 90 年代以后,上海的战略地位也发生了变化,通过扩大开放,外资成为上海经济发展和产业结构调整的主要动力。在这之前,上海的经济发展主要依靠工业发展。此后,得益于对外开放,上海凭借大量外资实现"二、三产并重"的经济增长局面,并逐步迈向"退二进三"的发展目标。"退二进三"的战略不仅推动了城市经济的整体发展,也促使中心城区向浦东、宝山等地区拓展。与此同时,中心城的大批工业外迁至郊区,也不断带动了郊区城市化的进程。基于这一背景,城市格局呈现出中心城圈层式扩张与郊区城市化并行的特征,郊区的建设与规划也成为满足新时期的必然要求,即满足"市区体现上海的繁荣与繁华,郊区体现上海工业的实力与水平"的指导思想。

在 1992 年编制完成《浦东新区城市总体规划》的基础上,为了适应新时期的发展需要，上海于 1999 年正式上报《上海市城市总体规划（1999—2020 年）》，重新制定了城市发展的新蓝图。这一规划明确提出和确立了上海城市发展建设中的重要城镇体系，即中心城—新城—中心镇——一般镇的体系。在这样一个四级城镇体系中，新城具有其存在的现实意义。它一般是以区（县）政府所在城镇或依托重大产业及城市重要基础设施发展而成的中等规模城市。《上海市城市总体规划（1999—2020 年）》首次提出新城的概念，并规划了 11 个新城，包括宝山、嘉定、松江、金山、闵行、惠南、青浦、南桥、城桥及空港新城和海港新城。新城人口规模规划为 20 万—30 万人，为促进中心城区人口疏解与郊区城市化进程的提速作出了贡献。

南桥新城是奉贤区规划建设的第一个新城，也是后来奉贤新城的雏形。《上海市奉贤区区域规划纲要（2003—2020 年）》在规划奉贤区发展时，结合了《上海市城市总体规划（1999—2020 年）》等规划方针中的精神，遵循四级城镇体系的建设意见，将南桥新城定义为奉贤区的政治、经济、文化中心，由原南桥镇、西渡镇和上海工业综合开发区、现代农业园区构成。以上海工业综合开发区为依托，计划将南桥新城建设成为具有工业、居住、贸易等多种功能的中等规模城市。南桥新城建设在这一时期虽然有规划文件的支持，但仍然以概念设计为主，并未提出更加具体和指导性的建设方向。但是不可否认，包含南桥新城在内的各大新城概念的提出和规划，成为新发展背景下城市空间格局创新建设的良好起点，为后续新城的建设奠定了坚实的基础。"十五"期间，上海市继续推进开展"一城九镇"的建设试点工作，更进一步促进了郊区城镇化、特色化和多元化，为此后一段时间的郊区城镇建设积累了经验。新城的继续开发得到了更多新的机遇，也逐渐进入了一个新的时期。

3. 初步探索期（2008—2009 年）

2008 年奉贤新城正式启动。经过了"十五"期间的不断发展，上海的新城建设和城市体系进入了一个新的阶段。"十五"以后，上海继续坚持"三、二、一"的产业发展方针，仍然发展以服务经济为主的产业结构，优先发展现代服务业和先进制造业，并继续提升自主创新能力。在中心城区"退二进三"的同时，郊区工业经济的发展势头依然强劲。对于"十一五"期间的建设，上海市发布《上海市国民经济和社会发展第十一个五年规划纲要》，为促进郊区的城市化进程、调整优化城市空间结构，并继续缓解中心城区人口和开发密度过高、土地功能高度重叠等问题，提出了"1966"城镇规划体系。这一城镇体系规划的具体目标是建设一批与上海国际大都市发展水平相适应的新城、新市镇，在促进中心城区人口疏解的同时，吸引农民进入城镇，将自然村逐步归并，逐渐提高郊区的城镇化和集约化水平，人口布局将因此实现更好的优化。基于"1966"体系,中心城区将坚持"双增双减",积极引导人口向郊区转移,并推动郊区农村人口向新城、新市镇和中心村集中。"1966"城镇规划体系延续了《上海市城市总体规划(1999—2020 年)》中对于郊区发展规划的思想,继续明确了新城的建设。不仅如此,除了中心城和新城,规划还包含了许多新的市镇、中心村。总体而言,"1966"城镇体系规划包括了 1 个中心城,9 个新城和若干个新市镇、中心村。图 4.1 展示了"1966"城镇规划体系的整体结构布局。这种体系把上海市域分成了多个层面进行统筹安排,首次实现了市域城乡规划的全覆盖,确立了上海城乡规划体系的新格局。

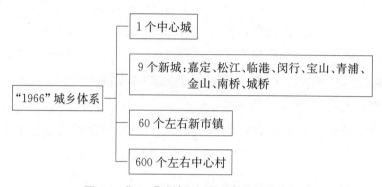

图 4.1 "1966"城镇规划体系整体结构布局

上海市"十一五"规划虽然明确提出了 9 大新城的建设目标和城市规划体系,但主要以嘉定、松江和临港新城为建设重点。通过这次新城规划,旨在将新城建设成为服务功能完善、人口集聚功能较强的现代化综合性城市,并能够依托产业基地、开发区和高速公路、轨道交通等重大基础设施进行发展。在重点建设这三个新城的同时,能够兼顾加快其他新城的规划与建设。南桥新城作为"1966"城乡体系中的 9 个新城之一,仍然继承了《上海市城市总体规划(1999—2020 年)》中所提出的 11 个新城建设的理念。但是,在这一阶段,南桥新城的建设仍然处于建设初期,也并非新城规划中的建设重点。2008 年,南桥新城全面启动建设,同年 2 月,上海市奉贤区南桥新城开发建设管理委员会组建完成,并成立了上海奉贤南桥新城建设发展有限公司,新城建设的大幕由此拉开。南桥新城的建设虽然在上海市"十一五"规划中并非重点规划的对象,但是仍然引起了公众关注与奉贤区政府的初步重视。

2009 年,《南桥新城总体规划修编(2009—2020 年)》由上海市人民政府批复,随后启动并完成了南桥新城的各相关专业专项规划的编制,南桥新城的发展设计图逐渐成形,新城建设步入新的探索阶段。《南桥新城总体规划修编(2009—2020

年)》相比于以往有了较明确的建设内容和蓝图设计。一方面,南桥新城建设具有明确的战略目标,"以健康南桥,科学发展"为战略核心,旨在实现"生产、生活、生态三者的融合,着力建设低碳之城,营造生态之城,创造智慧之城,构筑宜居之城,并将"低碳·生态·智慧·宜居"的城市发展理念贯穿到南桥新城的规划建设中。另一方面,规划还明确了南桥新城的城市性质,将其定位为奉贤区的政治、经济、文化中心,上海服务长三角南翼以及大浦东开发的重要门户枢纽,上海杭州湾北岸地区的综合性服务型核心新城。城市性质的具体规划,真正将南桥新城的建设定位于自身特性,更明确了未来的建设方向。基于这样的城市设计蓝图,南桥新城也能够更好地适应上海构建国际大都市的整体要求,逐渐建设成为一座功能完善、优质而富有活力的低碳生态城市。经过这一时期的初步探索,南桥新城有了自己建设的初步定位和明确目标,逐渐构建起了自己的初步建设框架,为后续阶段的推进奠定了新的基础,也就是在这一时期以后,南桥新城的建设进入了新的阶段。

4. 框架形成期(2010—2015 年)

"十一五"期间,上海城市建设取得了新的进步,新城建设也获得了不断推进的新机遇。2010 年开始,"十二五"建设开始进入规划期。"十二五"时期,上海城市建设的重心开始向郊区转移,而新城建设对郊区发展具有十分重要的带动作用。新城作为支撑上海创新驱动、转型发展的战略空间,是上海统筹城乡发展、探索新型城市化道路的重要载体,更是加强与长三角地区联动发展、共同打造世界级城市群的重要途径。中共上海市委在关于制定上海市"十二五"规划时提出的重要建议,进一步完善了上海城市建设的整体框架。在建议中,新城建设成为了提升城乡统筹水平和构筑区域协调发展新格局的重点,包括市域空间的持续优化与市域城镇体系的深化完善等,上海城市建设的重点从中心城区转向郊区,对郊区新城发展提出新的思路。针对城乡建设的相关议题,规划建议认为要坚持城乡一体、均衡发展,就需要把郊区放在现代化建设更加重要的位置,进一步将建设重点转向郊区,深化完善市域城镇体系,从而加快推进城镇化和新农村的建设。

可以看出,与以往的规划不同,"十二五"规划期将更加重视新城建设,已经将新城作为城乡建设与市域优化中的一个重要抓手。例如,在市域城镇体系的完善过程中时,新城将更能够在优化空间、集聚人口、带动发展等方面发挥作用。不仅如此,通过科学的规划和功能定位,新城可以实现优势互补和功能互动,从而提高整体的辐射能力、实现服务功能。鉴于新城发展在上海新一轮经济建设中的重要地位,规划也将加大新城建设的政策聚焦和扶持力度,重视新城配套服务的不断改善,健全新城建设的推进机制。一方面,鼓励符合功能导向的产业项目向新城集聚,实现本地就业、居住,构建新城内外交通网络,提高公共服务。另一方面,在资源配置上加强上海全市统筹,推动基础设施、重大功能性项目向新城倾斜。基于这样的倾斜性政策,能够保障新城拥有足够充足的资源,推进经济建设与功能的完善,更好地实现新城定位与建设目标。

在充分吸纳众多积极建议后,《上海市国民经济和社会发展第十二个五年规划纲要》正式出台,标志着接下来五年里新城建设将迈向一个新的台阶。规划继续对郊区建设给予了关注,并提出了更多的要求。郊区不再仅仅是中心城区工业与人口的"疏散区",更需要拥有自身产业特色与配套服务,通过推进新型工业化和新型城市化,积极发展先进制造业、战略性新兴产业和现代服务业,以培育具有全球竞争力的产业集群。同时继续推进公共服务能力,持续投资教育、医疗等资源。上海市"十二五"规划就计划在崇明县、青浦区、奉贤区的郊区扩建升级 3 个三级医院项目。同时,对于新城的政策,规划吸纳了上海市委的重要建议,优先给予更多扶持。例如,上海市"十二五"规划中明确指出,若有服务业、科技创新、教育医疗等改革试点,将会优先在新城展开。这对于在传统发展上较落后于中心城区的各大新城而言,无疑是一个新的发展契机。通过针对郊区的一系列倾斜性优化政策,新城将成为上海发展的新引擎,与长三角联动发展,呈现共同发展、优质发展的良好局面。

作为五大新城之一,南桥新城依托于上海市在"十二五"规划时期对新城的资源投入,不断提升自身建设水平,同时聚焦于新型工业化与服务业发展。2010 年的《上海市人民政府工作报告》提出,继续以空间布局优化促进结构调整和发展方式转变,加快郊区新城建设和能级提升。其中,南桥新城一跃成为"十二五"期间重点推进的三座新城之一,并明确了"具备较高能级的城市综合集聚辐射功能"的功能定位。基于上海市的《政府工作报告》与上海市"十二五"规划中对新城建设的聚焦,奉贤区努力将南桥新城建设成为主体功能明确、服务功能健全、产城融合、用地节约、生态宜居的现代化城市。在"十二五"期间,南桥新城积极推进工业建设,同时提升公共服务发展水平。一方面,统筹工业园区、产业基地、大型居住社区与新城的建设,推动符合功能导向和就业容量大的产业项目向新城集聚,实现产城融合,并努力为其扫清各种基建障碍。例如,加强轨道交通建设,打通新城内部路网和对外联系快速通道的成形,水、电、天然气等基础设施完成建设,"宽带、泛在、融合、安全"的信息基础设施体系建设同步推进。另一方面,为了吸引、留住流入的高端人才、优质企业,增加投入,不断提高社会公共服务供给能力和水平,逐步缩小与中心城区在社会公共服务方面的差距。例如,加大医疗、教育等设施服务的完善,着力打造蓝绿交融的城市印象,引导低碳的生活生产方式。在政府规划引领、政策聚焦等方面的主导作用与各方广泛参与新城建设和管理的合力下,南桥新城的建设步入正轨,逐步在框架形成的基础上实现新城的功能建设。2011 年,南桥新城被列入上海市首批低碳发展实践区,2014 年新城获住建部正式批复,被列为国家绿色生态示范城区。经过几年的建设,新城水电交通等基础设施逐步完善,离规划中的目标更加接近,各类先进制造业和现代服务业等产业发展特色鲜明,教育、医疗、商务等公共服务惠及民生,吸引了越来越多的企业和优秀人才。在这一阶段,"一核连四片、一环串两带"的城市框架逐渐形成其基本面。由此,南桥新城建设将再度迈入一个新的时期,进一步完善和优化各类城市功能,逐渐成为面向长三角地区集聚、辐射和服务的新高地。

5. 功能建设期(2016—2020 年)

2015 年后,上海的经济发展取得了新的成就。此时,流入上海的人口也不断增加。人口结构优化不仅是上海城市经济发展的关键一环,也是新城发展的一个重要组成部分。为了落实国家严格控制超大城市人口规模要求,统筹人口与产业发展、城市布局与公共服务,上海在针对"十三五"时期的规划中计划,2020 年将常住人口控制在 2 500 万人以内。然而,人口规模的控制并非简单地实施流动壁垒,而应运用市场化、法治化手段,通过产业升级调整人口存量,以功能疏解调控人口增量,促进人口合理分布。郊区新城一开始的作用就是承接中心城区的工业转移,并吸纳中心城区的人口,这种作用在新的时期同样适用,只不过在新的时期更需要新城发挥自身优势,找准自身定位,通过自身的经济发展和功能建设吸引优质人才和高新技术企业,而不是仅仅依靠简单的政策优惠疏解中心人口。对于人口结构的优化管理,《上海市国民经济和社会发展第十三个五年规划纲要》(简称上海市"十三五"规划)的指导意见认为,中心城区应该坚持"双增双减",严格控制住宅用地和建筑总量。同时,新城、镇将作为新增人口居住和就业的主要空间载体。在城市建设过程中,加快淘汰落后产能,不断优化人口结构。

"十三五"时期,新城建设进入更关键的阶段。在前期规划引导、政策支持和框架完善的基础上,南桥新城不断加强自身功能完善,在产业结构升级、公共服务优化与生态建设方面继续推进,着力打造具有自身特色的生态新城形象。一方面,南桥新城紧紧跟随上海市"十三五"规划的指导,强化新城建设。首先,依据规划中提出的"控制规模、把握节奏、提升品质"的原则,力求打造长三角城市群综合性节点城市,强化枢纽和交通支撑能力并强化公共服务配套,促进人口和产业集聚,形成与周边地区的联动发展。其次,不断加强新城与周边工业园区、大型居住区的联系,并提升服务业的发展水平,优化社会公共服务设施。再次,对于新城范围内的镇而言,新城继续强化与其协同发展,共同推进形成组团式公共设施。最后,竭力构筑便捷畅达的综合交通网络,按照"一张网、多模式"原则推进多层次轨道交通网络建设。

在对公共交通线路持续优化的同时,创新出租汽车运营和管理模式,进一步提高服务水平。完善慢行交通设施,扩大和优化慢行交通空间。另一方面,南桥新城继续探索自身的特色发展模式,在城市布局、交通、个性生态等方面继续发力。首先,在新城功能的布局上呈现自身特色,实现"一核两轴两圈"的功能布局:"一核"为南桥新城区域,是城市综合服务功能展现的核心区,"两轴"为通江达海的服务功能联动轴和"三生"融合发展轴,"两圈"为沿黄浦江南岸打造科技创新圈,沿杭州湾北岸、临港区域打造生态旅游、先进制造业等现代化产业圈。其次,推进新城内必要的新交通线路建设与优化,如虹梅南路—金海公路越江隧道的顺利通车,S3 沪奉高速、奉浦东桥、闵浦三桥、大叶公路等交通规划。不仅如此,在加强新交通规划的同时,继续完善老城区的交通路网,构建高效智慧交通体系。基于这样的建设,南桥新城的交通策略同时保障了公共交通和慢行交通。再次,奉贤区在新城生态体系构筑上也继续探索自身特色,加快推进金汇港、浦南运河"十字水街"规划建设。进一步建设大型生态区块,发展郊野公园,加快建设绿色林带,对于城区立体绿化的建设也给予了重视,这一系列举措对于南桥新城的"生态新城"建设无疑具有其积极意义。最后,南桥新城深化推进高水平功能的开发。其代表性措施是开发构建"上海之鱼",同时加快中央生态公园规划建设,不断提升中小企业总部商务区品质;加强产城融合,打造中小企业科技创新活力区,全力推进"东方美谷"建设;启动"南桥源"旧城更新计划,以"贤文化"和"闲文化"为引领,让都市人获得"一朝梦回五千年"的人文体验。

由此可见,奉贤区致力于将南桥新城建设成为真正的"生态之城",不仅在产业建设、经济发展上发力,还更加重视城市整体的各项服务功能建设。《奉贤区国民经济和社会发展第十三个五年规划纲要》中就明确提出,要将新城建设成为"集居住生活、商务办公、商业会展、旅游度假、休闲娱乐、公共服务于一体,体现新江南水乡城市风貌"的城市景观中心与功能中心。这对于南桥新城提升城市品质、真正实现"长三角城市群综合性节点城市"的目标更进了一步。

2017 年,南桥新城改名为奉贤新城,奉贤区的新城建设又翻开了新的篇章。《上海市城市总体规划(2017—2035 年)》(简称《上海 2035》)针对新城建设提出了新的议题,这一规划对于城市体系的构建也有了新的提法,包括建立主城区—新城—新市镇—乡村的城乡体系(9 个主城副中心、5 个新城中心和 2 个核心镇中心），而新城的重要性也更加突出。一个具体的表现就是对连接新城交通的进一步优化：为了提升主城区与新城之间的交通便利度，《上海2035》提出构建"八射八联"的轨道交通市域线网络，形成8条主城区联系新城、核心镇和中心镇的射线。通过射线加强新城与主城区、重要交通枢纽之间长距离、大中运量的联系。经过优化，新城与中心城之间的公共交通出行比重被提升到了80%，新城与主城区之间轨道交通出行时间能够控制在30—40分钟。便捷的交通网络使优质资源更好地流入奉贤新城，为新城的发展提供源源不断的动力。

2018年，长江三角洲区域一体化发展上升为国家战略，上海发展进入新的机遇期，这也为奉贤新城实现全新的城市经济发展提供了新的契机。总体而言，"十三五"期间，奉贤新城在空间布局、城市建设、民生保障、产业发展等领域都取得了重要成就，功能建设不断完善，群众的获得感持续上升。在这一时期，奉贤新城的建设成就主要包括：第一，城市空间格局基本形成，以"上海之鱼"为核心，基本形成"十字水街、田字绿廊、九宫格"等城市意象。第二，生态效益初步显现，生态本底资源丰富，现状蓝绿空间占比达35%，人均公园绿地面积达14平方米，3000平方米以上公园绿地500米覆盖率达到了95%。第三，优质资源加快集聚，轨道交通5号线、BRT奉浦快线、城市博物馆、九棵树未来艺术中心等一批高等级公共服务设施投入使用。第四，产业特色逐步彰显，立足"东方美谷"，在化妆品、生物医药、医疗器械、智能制造等方面形成一定的品牌影响力。2021年，新的五年计划如期而至，奉贤新城在总结经验、充分吸纳优秀意见的基础上，也将开启新一轮的新城建设。

6. 创新上升期（2021年之后）

2020年11月，《中共上海市委关于制定上海市国民经济和社会发展第十四个五年规划和二〇三五年远景目标的建议》出台，对上海市下一个五年计划提出了新的远景目标和要求。其中，城市建设中的一个重要环节是加快优化市域空间格局，形成"中心辐射、两翼齐飞、新城发力、南北转型"空间新格局，更好地促进城市资源要素的科学配置与合理流动。而"新城发力"占据了极具重要的战略位置。所谓"新城发力"，就是包含奉贤新城在内的五个新城要按照"产城融合、功能完备、职住平衡、生态宜居、交通便利"的要求和独立的综合性节点城市定位来推进新城建设。如今，奉贤新城的发展，从21世纪初的概念雏形期，到如今各项功能的优化建设，经历多个时期的完善，已经拥有较为完备的增长基础。基于更多优质资源的集聚配置，将能够继续建设优质一流的综合环境，以着力打造上海未来发展战略空间和重要增长极，进而更好地发挥辐射带动作用。

此后，更多关于新时期新城的规划细则陆续出台。2021年3月《关于本市"十四五"加快新城规划建设工作的实施意见》,对上海市新城建设提出了总体要求,即产城融合、功能完备、职住平衡、生态宜居、交通便利、治理高效。通过借鉴现代城市发展的先进理念和先进经验,面向未来打造宜居城市、韧性城市、智能城市。对比之前时期的新城规划,可以发现,此时的新城规划建设更为具体,目标更加明确,分别从不同层面对于新城的功能建设提出了目标。具体表现包括以下几个层面。

首先是城市的产业能级。先进制造业和现代服务业是新城产业布局的核心,对各类创新要素进行高浓度的集聚,力争新增一批千亿级产业集群。同时,新城的地位继续提高,新城中心将初步具备上海城市副中心的功能能级,而新城则成为上海产业高质量发展的增长极、"五型经济"的重要承载区和产城融合发展的示范标杆。这样的定位高度是以往任何时期都无法企及的。其次是公共服务品质的显著提升。对于城市功能,要求必须拥有一批服务新城、辐射区域、特色明显的高能级公共服务设施和优质资源,形成保障有力的多样化住房供应体系,能够基本实现普惠性公共服务优质均衡布局,尤其是实现更加完备的 15 分钟社区生活圈功能。再次,对于交通网络构建的要求更高,不仅是连接以往的中心城区,更需要构造新城的交通枢纽地位。形成支撑"30、45、60"出行目标的综合交通体系基本框架(即 30 分钟实现内部通勤及联系周边中心镇,45 分钟到达近沪城市、中心城和相邻新城,60 分钟到达国际级枢纽)。最后是人居环境质量的优化,形成优于中心城的蓝绿交织、开放贯通的"大生态"格局,并率先确立绿色低碳、数字智慧、安全韧性的空间治理新模式,以全面提升新城的精细化管理水平和现代化治理能力。

针对上海市"十四五"规划与新城整体规划的意见,奉贤新城站准定位,结合自身情况出台了《奉贤新城"十四五"规划建设行动方案》,推进具有自身特色的新城建设。具体目标定位为:建立"新片区西部门户、南上海城市中心、长三角活力新城"。到"十四五"期末,奉贤新城将打造成为环杭州湾发展廊道上具有鲜明产业特色和独特生态禀赋的综合性节点城市,形成创新之城、公园之城、数字之城、消费之城、文化创意之都的"四城一都"基本框架,按照这一基本框架,从长三角区域一体化发展战略和杭州湾北岸协同发展进行空间布局规划,构建"绿核引领、双轴带动、十字水街、通江达海"的总体新格局。其中一个比较突出的点是城市功能的进一步建设,这也是奉贤新城从最初的概念雏形期到功能建设期不断完善城市功能、构建生态新城的主要路径。首先,加强引入高能级、国际化公共服务设施。加快新城公建配套中小幼学校建设,引进品牌教育资源,依托高校资源提升办学品质。具体而言,至 2025 年至少拥有 1 所高职以上高等教育机构(校区)、1 个市示范性学区集团,公办园和普惠性民办园在园幼儿占比达到 85%,小学、初中、普通高中平均班额分别不多于 40 人、45 人、40 人,主要劳动年龄人口中受过高等教育的比例高于45%。同时,继续加强一流医疗资源布局,强化体育服务。依托浦南运河、金汇港和上海之鱼,引入更多国际国内多种水上运动赛事和主题活动,高水平建设南上海体育中心和极限运动公园,建设城市体育服务综合体。其次,完善社区级公共服务设施配置。按照优于中心城的标准梳理制定社区级公共服务设施配置标准,提供类型丰富、覆盖广泛的基本公共服务保障。发掘"贤美文化"时代内涵,建设文化创意之都。促进文化与其他功能的融合提升发展。具体而言,针对奉贤新城的特色提升文化产业发展。如以九棵树未来艺术中心为核心,布局建设言子书院、"海之花"市民活动中心等一批文化设施,引入形式多样的文化创意功能和文化研究机构,打造最特别的奉贤品牌。通过加快文化创意产业发展,打造南上海文化创意产业集聚区。经过一系列更加完善的文化、生态建设,奉贤新城的发展焕发出勃勃生机。

以公共服务和文化赋能增强特色,以交通赋能深化联动,以产业赋能集聚人口,以空间赋能提高品质,以城市治理赋能推动转型。奉贤新城不断遵循这一思路,从南桥新城雏形到如今形成独立、产城融合、集约紧凑、功能混合、生态良好的新城,紧紧围绕"人民城市人民建,人民城市为人民"的重要理念,已经逐步成为迈向最现代的未来之城和高效智能的人文城市。奉贤新城的发展,将在未来构建上海乃至长三角经济发展的新增长极,最终实现"长三角城市群综合性节点城市"功能。

4.1.2 奉贤新城建设的"十四五"功能定位

奉贤新城是"十四五"期间上海重点推进的五大新城之一,在"四城一都"建设过程中已经初具雏形。下一步应该通过持续强化全球资源配置能力,进一步提升奉贤重点产业能级,同时研究优化新城商业布局和模式创新,推动新城高质量发展;促进数字经济和实体经济深度融合,助力新城数字化转型,构建新城高端产业发展新优势。

2021 年 3 月,上海市人民政府印发的《关于本市"十四五"加快推进新城规划建设工作的实施意见》通知就要求各区政府在结合自身情况的基础上,加快新城规划建设工作的推进。在新的时期,新城是上海推动城市组团式发展,形成多中心、多层级、多节点的网络型城市群结构的重要战略空间。因此,必须把新城高水平规划建设作为一项战略命题,抓住"十四五"关键窗口期,举全市之力推动新城发展。在功能规划上,需要新城发展找准定位,集聚强化特色功能。首先,也是最关键的一点是立足于服务全市,发挥"四大功能"和建设"五个中心"大局,挖掘资源禀赋,因地制宜加快新城特色功能聚集。对于奉贤新城,这一意见强调,奉贤新城要发挥上海南部滨江沿海发展走廊上的综合节点作用,打响"东方美谷"品牌,打造国际美丽健康产业策源地。其次,新城要提升文化影响力,率先实现数字化转型将文化品牌作为提升新城竞争力的重要载体,不断壮大传播力、影响力和辐射力。进一步提升门户枢纽、公共活动中心和重要街道广场等城市公共空间的文化形象。最后,要注重资源要素集聚,打造新城经济增长极。增强新城人口集聚能力,形成人口合理分布、功能多维支撑、产业优势互补的发展格局。在公共活动中心和交通枢纽、轨道交通站点周边提高开发强度、提升空间绩效。

在《关于本市"十四五"加快推进新城规划建设工作的实施意见》的基础上,上海市新城规划建设推进协调领导小组办公室在同时期出台了《上海市新城规划建设导则》,对五大新城的具体建设也提出了指导。这是上海市针对新城规划建设的一份比较详细的导则,对于各大新城的建设给予了更加全面的建设意见。导则重点聚焦城市空间品质的提升,对规划建设和运营管理全过程提出引导要求。关于新城建设,导则认为新城应该是迈向最现代的未来之城。这样的未来之城应该是汇聚共享、高效智能、低碳韧性、个性魅力的城市。所谓汇聚共享,就是打造功能聚核、宜业宜居的繁荣都市,推进功能融合、空间复合的产城格局,同时塑造人性化高品质空间,打造活力街区,又能够整体性地综合利用地下空间,建设立体城市。高效智能的城市打造则需要实现对外便捷、对内便利,营造更方便优质的出行体验,做优街坊基本公共服务功能,打造未来社区。系统推进实施新基建,加快数字化转型。低碳韧性的城市则以不断提升的生态水平为基础,既要构建优于中心城的蓝绿交织、开放贯通的"大生态"格局,又要构建安全韧性、弹性适应的空间新模式。除了这些功能,新城在新的时期已经不仅扮演早期阶段中心城区的"配角",而越来越发挥出增长极的作用,这就更需要加强个性魅力城市化建设。首先,需要形成中心紧凑密实、外围疏密有致的总体空间形态。其次,构建视景丰富、视点可达、视廊通透的眺望系统。最后,突出历史保护,彰显每个新城独特的文化特色。

2021 年 4 月,《奉贤新城"十四五"规划建设行动方案》(简称《行动方案》)的出台,更是对奉贤新城到"十四五"末建设发展蓝图的具体描绘。其中提出立足"新片区西部门户、南上海城市中心、长三角活力新城"定位,打造成为环杭州湾发展廊道上具有鲜明产业特色和独特生态禀赋的综合性节点城市,形成创新之城、公园之城、数字之城、消费之城、文化创意之都的"四城一都"基本框架。这一规划方案真正具体、明确地为"十四五"时期奉贤新城的发展作了客观的定位,并明确了实现这样的新城定位需要具体落实的措施和努力方向。"新片区西部门户、南上海城市中心、长三角活力新城"定位的实现,需要从产城融合、职住平衡、生态宜居、交通便利等层面继续推进、持续优化。具体而言,有以下几大主要任务。

首先是产城融合。主要依托"东方美谷",围绕化妆品、健康食品、生物医药等领域,来构建产学研创一体的千亿级美丽健康产业生态链,打造"全球生命健康产业创新高地"。此外,继续加快智能网联汽车及核心零部件产业集聚,推动智能网联产业与共享出行、智慧城市融合发展。积极实现功能复合、空间复合,打造高水平通用空间、特色园区、园中园等跨界空间。

其次是职住平衡。要建设高标准的国际青年社区,增加国际化、高等级公共服务设施和公共空间。更加优化的公共服务设施与空间能够吸引国际高端人才的集聚,真正实现人才"留下来"。提供多样化住宅,推出大量公租房,保障快速集聚的居民和青年创业等住房需求。通过提供多样化住宅,降低集聚人才的住房成本,并加快老旧小区改造。《行动方案》具体指出,旧住房更新改造不少于300万平方米。

再次是生态宜居。这是打造"迈向最现代的未来之城"的根本性措施,也是对以往新城"生态新城"建设方针的一种延续。《行动方案》强调未来的奉贤新城,不追求高楼大厦,不建水泥森林,不建玻璃幕墙,不搞标新立异,不生搬硬造,尽可能体现原有特色风貌,而这正是"生态之城"建设的一个重要前提。生态宜居还推进绿色、森林、智慧、水城一体的宜居新城建设,创建国家生态园林城区,蓝绿空间占比要求达到70%以上。这意味着新城的绿色生态面积将非常大,基础设施、生产生活占地将不会超过30%。塑造"十字水街、田字绿廊"生态格局,打造"百里城市绿道、千亩环城森林、万亩生态绿核",至2025年,奉贤新城人均公园绿地预计面积将达到15—16平方米。

最后是继续构建更加便利、多层次的交通网络。锚固综合南上海枢纽,激活杭州湾北岸的节点功能。例如,推进15号线南延伸规划建设、市域线选线规划、中运量交通建设等快速交通布局。在前期交通规划成果的基础上,继续优化新城交通布局,实现新城"30、45、60"的出行目标,即30分钟实现与中心城连接,45分钟到达临港新片区主城区和国际级枢纽,60分钟衔接杭州、宁波、湖州等近沪城市。依托金汇港、浦南运河等骨干河道,打造兼顾通勤和休闲的水上巴士,营造特色水上生活体验。较短的出行时间也将带动更高的要素流动,创造更多的经济条件和发展空间。

除此之外,创新之城、公园之城、数字之城、消费之城、文化创意之都的"四城一都"框架也是保证奉贤新城实现枢纽和节点功能的重点。《行动方案》指出,奉贤新城建设创新之城,就是提升创新浓度、厚度、高度,集聚科技创新人才,激发创新创业活力,高新技术企业数量位于上海新城前列。正如近期的规划文件所强调的,经过十几年的新城建设,新城已经不再是中心城区的"配角",而是在功能上、服务上都能够实现和中心城区实现类似功能的重要增长极。在"十四五"期间,奉贤新城的发展仍然需要提升自身创新水平建设。建设公园之城,就是发挥生态资源优势,打造城市生态绿核,继续打造"生态之城",尽可能体现原有特色风貌,推进绿色发展,凸显江海连景的城镇肌理特色。建设数字之城,就是数字产业化、产业数字化,发展数字经济,建设数字社会和数字政府,在原有的工业生产上不断优化数字应用,以成为产城、职住、生态、交通、营商环境等版块的重要支撑。打造 3 平方千米的"数字江海",投资 400 亿元,形成产城融合的未来产业社区样板。建设消费之城,就是打造世界化妆品之都,建设新城商业数字化示范区,发展线上线下新消费、文化消费、健康消费、现代服务消费等,以消费经济提升奉贤新城的国际知名度、城市繁荣度、商业活跃度、消费舒适度。例如,继续强化打造以"东方美谷"为代表的特色之城。建设文化创意之都,就是建成"文化新地标、演艺新殿堂",塑造江河韵、贤美风、未来感齐鸣的艺术之都,绘就"百里运河、千年古镇、一川烟雨、万家灯火"的新江南水乡景致。

另外,还应继续持续保障社会公共服务的广覆盖、深层面。目前,五个新城已初步形成较为完整的基本医疗卫生服务体系,但与全市平均水平相比,新城医疗卫生资源配置存在不足,对加强优质医疗资源配置的呼声很高。奉贤新城正在不断弥补自身的医疗痛点,推进医疗建设。国妇婴奉贤院区预计 2022 年 8 月正式启用,新华医院奉贤院区预计于 2024 年 12 月竣工,儿科医院奉贤院区正在积极推进中。"十四五"期间,上海市委还将针对新城的医疗保障体系进一步进行提升,为居民们打造"家门口的好医院"。

奉贤,因"敬奉贤人、见贤思齐"而得名,又因"东方美谷"而闻名。如今,作为上海"五个新城"之一,奉贤新城"四城一都"已经初步形成且不断构建更高水平,建设上海南部滨江沿海发展廊道上具有鲜明产业特色和独特生态禀赋的节点城市的步伐也更加坚定。未来,在持续强化全球资源配置能力、优化网络布局和模式创新,加快推进数字化转型和商业高质量的发展背景下,奉贤新城将会继续打造"独立、无边界、遇见未见"的新城,实现"新片区西部门户、南上海城市中心、长三角活力新城"的定位目标,切实把奉贤新城发展成为国内大循环的中心节点城市和国内国际双循环的战略链接城市。

4.2 奉贤新城建设独立综合性节点城市的产业发展战略

产业发展是城市经济的一个重要部分,合理的产业布局与产业结构有效升级是经济高质量发展的重要驱动力。作为新城建设的一部分,产业发展在奉贤新城中的地位也不言而喻。对于奉贤新城的产业发展,从 21 世纪初开始经历了一系列演变。在最初时期,新城的设立就是为了推进和迎合中心城区的发展。在浦东开发开放和中心城"退二进三"战略的推动下,中心城向浦东、宝山、闵行地区拓展。郊区工业区建设则带动了郊区城市化的进程。城市格局呈现中心城圈层式扩张与郊区城市化并行的特征。因此,在最开始的阶段,新城的产业一般都是承接中心城区的工业转移,并没有自身的特色,也没有具体的产业布局和明确的发展规划。直到新城慢慢发展,其新增长极的作用不断凸显,新城的产业规划也才逐渐走上正轨。经历了不同发展阶段和模式的新城,在产业发展战略上也具有了自身的特色。

南桥新城时期,在奉贤区的规划中就提出了针对新城的产业发展战略。例如,《南桥新城总体规划修编(2009—2020 年)》在编制完成时,就针对当时上海城市规划建设的发展重心从中心城向郊区新城转移、区域交通格局变化的背景提出了产业体系设计指导方案。这也是奉贤新城在发展初期一个比较完整的产业体系规划,成为后续规划的重要基础。在这个时期,南桥新城承担的城市职能,是构建长三角全球城市区域中的门户节点城区。具体的产业体系规划为:充分依托周边高校资源密集优势,强化科技创新和人才集聚,优先建设先进制造业与现代服务业融合发展的产业体系。通过围绕"低碳生态城"的发展目标,形成杭州湾北部地区的新兴战略性产业培育基地和中小企业创新孵化基地。

该体系的具体战略一方面要求新城能够对接高端科技研发机构,建设产学研一体化发展,实现自主创新、创业为特征的区域创新系统,并发展以总部经济、服务外包、研发设计等生产性服务业以及现代商业业态为重点的现代服务业,促进南桥新城产业化与城市化联动发展。另一方面,以高新技术产业化和新兴战略性产业政策聚焦为契机,推进先进制造业研发创新和产业化开发,提升南桥新城产业结构和能级。在产业用地的规划上,第二产业用地主要集中在工业综合开发区和现代农业园区。一方面对现有工业用地加大升级改造力度。另一方面,引导两大开发区未出让土地向生产性服务业转型,建设生产型服务业集聚区和科技创新园区。

至于第三产业,则结合公共中心、综合商务区和主要交通枢纽,对商业金融、商务办公、文化娱乐等公共服务设施用地进行布局。在生态林地和上海之鱼等景观优美区域周边建设若干重要的文化设施。依托中小企业总部基地建设,集中建设高品质、现代化的商务楼宇、酒店和综合商业设施。

"十四五"时期,新城建设迈入重要阶段,产业发展战略更加受到重视。2021年 3 月,上海市政府在出台了一系列新政支持新城建设政策的同时,也推出了关于新城产业发展的指导意见,包括《"十四五"新城产业发展专项方案》。上海《"十四五"新城产业发展专项方案》指出,到 2025 年,新城要基本构建特色鲜明、协同发展的产业体系,形成一批千亿级产业集群。同时,产业规模要实现大幅跃升,国内外一流企业、高端人才加速集聚,在上海市以及长三角产业格局中的显示度进一步提升。而对于奉贤新城的产业发展也有了新的预期,奉贤新城年均要增长 6% 以上、力争 8% 以上,实现高端产业人才的加快集聚,力争新增产业人才超过 50 万人。以此为基础,《行动方案》所提出的"产业赋能集聚人口"强调产业赋能,对强化奉贤新城特色培育和独立功能的建设优化呈现了产业发展战略的努力方向。《行动方案》具体指出了奉贤新城的产业施力空间,这是对往年南桥新城产业建设规划体系的一个延续和升级。

首先是对产学研创一体的千亿级美丽健康产业生态链的构建。依托"东方美谷",围绕化妆品、健康食品、生物医药等重点领域,构建具有鲜明奉贤特色的"全球生命健康产业创新高地"。同时,推动一批国产企业持续加大研发投入力度,推动建设有中国特色的化妆品产业体系,集聚相关研发机构、企业技术中心、重点实验室等;推动由生产制造向生产性服务业延伸,发展检测检验、直播电商、品牌营销、展示体验、跨境电商等,集聚一批研发总部和生产性服务业总部,至 2025 年基本形成产学研创一体的美丽健康产业生态链。上海奉贤素有"中国化妆品产业之都"的美誉和优势,"东方美谷"在奉贤诞生,不仅是产业品牌,也成为城市标签。其品牌价值已超 110 亿元,规模以上工业企业各类品牌已达 3 000 多个。就 2021 年第一季度来看,奉贤全区 173 家美丽健康产业规模以上企业就完成产值 116.9 亿元,同比增长 46.6%,占规模以上工业总产值比重 21.8%。六大子产业保持较快增长:日用化学产业稳步增长,完成产值 34.3 亿元,同比增长 56.8%,这主要是受益于元旦、春节假期消费需求的集中释放,科丝美诗、伽蓝、中翊日化同比增长 57%、93.7%、75%。生物保健产值不断提升,在伯杰医疗、帝斯曼等企业的发力下,完成产值 43.4 亿元,同比增长 47.5%。蓬勃的发展态势及耳目一新的新城蓝图,让不少企业趋之若鹜。例如,资生堂、欧莱雅、美乐家、如新、百雀羚等一批国内外知名化妆品企业都集聚奉贤,可以说,奉贤新城有着丰厚的美丽健康产业创新创业的土壤。另外,生物医药产业在奉贤新城也有着丰富的发展土壤。2021年君实生物、透景诊断、白帆生物等知名生物医药企业先后纳规。从实际数据来看,得益于新增纳规企业的增长,2021年1—2月的生物医药产业完成产值36.6亿元,同比增长68.3%。在良好的发展环境下,奉贤新城的生物医药产业集聚不断加快,"东方美谷"、临港新片区生命蓝湾入选上海市五个生物医药特色园区,"东方美谷"生命健康融合发展区写入上海市《关于推动生物医药产业园区特色化发展的实施方案》。近期,奉贤精准聚焦中医药产业,正在加速启动以"东方美谷中医药产业基地"为核心的一基地三中心建设,经过近6年的持续发力,品牌影响力不断扩大。奉贤新城建设关键词是产业发展、产城融合,这个概念的提出为"东方美谷"的提质发展带来更大的想象空间。未来会更大力度推进这三个产业加速发展。具体包括四个推进策略:

一是实施规模倍增计划,力争到2025年底实现产业规模翻番。在生物医药方面,围绕药明生物、君实生物、和黄药业、雷允上等生物医药领军企业,致力于打造全球领先的生物制药发现、开发、生产平台及创新生态,产值规模力争从200亿元到400亿元。在化妆品方面,目前,"东方美谷"中持证的化妆品生产企业数量达到上海市的35%,规上总产值占比达到全市的41%,是国内唯一的"中国化妆品产业之都",产业规模力争过400亿元;二是能级提升计划,对美丽健康相关产业细分领域进行深化布局,发挥国家药监局高研院、"东方美谷"产业研究院等平台作用,引入包括中医药国家级中心在内的各类研发机构,搭建政企合作型开放式创新平台,推动生物技术药物、生物医疗器械、生物美容等跨界融合发展。三是加快产业空间释放,为具有发展潜力的好项目出让土地,加快培育特色产业园区,奉贤目前共有4个市级特色产业园(东方美谷、奉贤化工新材料产业园、临港南桥智行生态谷、上海电子化学品专区),并在区级层面积极打造食品、爱宠经济等特色产业园。四是赋能企业发展,除了享受人才落户、购房租房补贴、医疗服务等扶持政策外,入驻"东方美谷"的企业还可享受张江和临港新片区的双重政策优惠。在此基础上,发挥政府引导作用,围绕美丽健康产业创新创业,引入多种投资基金,发挥高毅资产、国盛产业基金等信息要素集聚作用,形成"资本链带动创新链、打造产业链"的全要素、全生命周期发展模式。

二是加快智能网联汽车及核心零部件产业集聚。全力支持工业综合开发区内现有汽车零部件企业(特别是奥托立夫等一批龙头型企业)以智能网联新能源为方向,通过科技创新、产品创新、业态创新,实现产业的整体转型升级。得益于奉贤新城对新能源智能网联汽车产业的聚焦,2021年1—2月新城汽车制造业完成产值

41.4 亿元,同比增长 88.7%,增速高于全区 18 个百分点,拉动全区产值增长 9.8 个百分点。此外,还需要探索建立智能网联汽车行业应用体系,打造智能网联全出行链。当前,"未来空间"加快建设全产业链场景,自动驾驶全出行链场景一期的 9.87 千米已于 2020 年内基本完成基础设施建设,这也是全国首个具备"全出行链"测试场景的测试区。临港南桥智行生态谷入选上海市智能制造特色产业园区,纳入上海市智能网联产业发展重点布局。上海交大两个国家工程实验室等一批重量级功能平台落地,均胜电子、塞亚森和赛科利等一批特斯拉配套企业投产。作为上海汽车产业的"第三极",以智能网联技术创新为特色的"南上海汽车产业中心"日渐风生水起、光彩夺目。借力特斯拉落户临港,依托高标准厂房,快速引进成熟汽车企业,区内汽车产业整体受益特斯拉落户,产值迅速攀升。创新商业模式,推动智能网联产业与共享出行、智慧城市建设等融合发展。

三是强化绩效导向提升产业能级。按照"四个论英雄"要求,强化资源节约集约利用,优化用地结构,提升资源利用效率。按照优于全市平均水平制定新城产业准入标准,用好新增产业空间。认真、全面梳理新城存量产业用地,认定并处置一批新城低效产业用地。当然,除了认定和处置新城低效产业,对于高效率、高技术水平的产业,奉贤新城在优化自身产业布局体系的同时,继续加大了引入力度,将最好的土地布局应用于能够促进新城产城融合、新城产业升级的新企业上。例如,2021 年 4 月,在"东方美谷"核心区和海湾森林公园必经处,绿地奉贤健康产业园正式开工建设。未来,这个集医疗商城、健康医疗服务中心、康养酒店为一体的产业园,将继续推动"东方美谷"成为南上海健康医疗产业新高地。这是"东方美谷"推进"美丽+健康"的又一重大产业项目,也是上海扩投资 20 条政策亮相后第一时间动工的重要新兴产业项目之一。绿地奉贤健康产业园,占地面积 5.2 万平方米,建筑面积 16 万平方米,总投资 17 亿元,是以奉贤生命健康产业规划为核心,致力于完善南上海大健康产业功能配套,牵手上海中医药大学及上海医药集团等优势产业资源,打造医药医疗、医用物资企业总部以及研发中心、生产实践市场总部的健康医疗产业集群。绿地奉贤健康产业园的开工建设也进一步推动了"东方美谷"与"张江药谷""张江医谷"互补联动,在健康医疗产业集聚、资源导入、体系完善等环节发挥重要作用,使奉贤成为上海张江生物医药创新成果重要承载基地、千亿级健康产业集聚区。

四是加快形成产城融合发展示范。推动生产生活生态功能复合、互融互通。加强产业园区、大学校区和城镇生活区的设施共享、空间联动和功能融合。加强功能复合和空间复合,打造高水平通用空间、特色园区、园中园等跨界空间。结合老旧商务楼宇改造,为创新企业和创业人才提供一批服务完善、环境宜人、宽松灵活的低成本、嵌入式产业空间和创新空间。奉贤新城的产城融合之路,早在《南桥新城城市总体规划(2004—2020年)》就有了相关的建设要求,并不断发展和延续至今,逐渐形成了"奉贤特色"。最具有代表性的是"一核联四片、一环串两带"功能板块明晰、紧凑的城市空间结构。其中,"一核"指利用保留的中央生态林地和规划中的"上海之鱼"湖面,形成辐射整个新城范围的生态核心和公共活动中心;"四片"则是老城、城北和城南三大综合片区和依托综合工业园区的产业片区;"一环"是依托浦南运河、金汇港、南横泾等自然水系形成的环状生态绿带,该绿带串联起四个片区;"两带"则代表解放路公共服务带和金汇港生态景观带。而在推动生产生活生态功能复合上,在南桥新城时期就提出了"复合社区"的开发。

"复合社区"是基于市场经济及自由选择的价值理念,通过住宅就业区位的多样化组合创造不同类型的社区(产业型社区、科技型社区、居住型社区等),在保障适度规模的社区建设门槛基础上,强调生活与生产空间的适度功能混合,并通过水网、绿廊、商街结合的公共开放空间网络,配合丰富的快慢型交通体系来保持社区单元间动态、开放的活力,塑造出富有变化的新江南水乡城市风貌。基于这样的社区概念,新城依托中央生态林地和上海之鱼形成公共中心,周边由2个制造业基地、1个科技园区、1个生产性服务业园区、1个综合商务区和若干个混合住区构成。多个不同功能导向的复合社区镶嵌融合,构成新城的城市基本格局。

在新的时期,奉贤新城的产城融合注入了新的思想和设计蓝图。按照"四城一都"的发展目标,奉贤新城将构建"十字水街、田字绿廊、九宫格里看天下,一朝梦回五千年"的总体新格局。从"十三五"开始,奉贤新城产城融合的建设主要分为几个大的板块:奉浦大道轴线、商务区和南桥源。奉浦大道轴线指奉浦大道产业轴线,全长13.8千米,南北辐射约300米,沿线用地功能复合,将产业与城市环境融合形成大型产业结构,主要分为三大主题段。一是产业升级与服务段:结合奉浦站形成产业区的服务中心,沿奉浦大道形成二产向三产转变的产业服务带,带动工业区产业升级。二是创意新经济段:以金海路口为中心构建创意新经济段,利用森林公园资源,加强道路南北两侧联系,构建环境优美、品质高端的科技研发区和居住社区。三是新市民服务段:奉浦大道东端为大面积安置区,结合奉浦大道光明路口集合设置医院、福利院、公交总站、服务商业、运动场所、居委会等社区服务设施,形成市民服务集中段。在商务区建设方面规划总面积1.47平方千米,规划建筑面积256万平方米,其中商务和商业面积172.58万平方米,住宅面积83.47万平方米。通过集中集聚建设一批高品质、现代化商业楼宇、酒店和综合商业设施,以形成"企业总部商务特色鲜明、专业生产服务功能突出、商务旅游休闲集中"的现代服务业集聚区,并以此打造杭州湾北岸现代服务业集聚新高地,形成与大浦东、大虹桥错位配套、联动发展的格局,也为长三角特别是其南翼度身打造一个借力上海的新平台。南桥源范围为东至环城东路、南至解放路、西至南桥路、北至运河路的区域,面积1 250亩。南桥源核心是保护本土的历史文化,并且将其传承给人们,让人们和城市一起成长。结合古运河,在滨水区植入复合的基础设施建立完整的生态系统,让南桥源形成一片有历史、有生态、多元的复合城区。

新城建设还持续推动建立六大系统:绿色系统,将滨河景观与古华公园及社区公共绿化等结合成为绿色生态整体;运动系统,结合绿色系统植入步行路径、慢跑环线、骑行环线、水上划艇流线,激活城市空间活力;旅游系统,陆路与水路相结合提供便利交通,串联公共文化空间;生活系统,打造集"商、教、文、旅、宗"于一体的混合型社区;商业系统,挖缺本土文化资源,整合创造出新历史,继承南桥商业文化传统,增加对外交流;宜老系统,完善幼儿与养老系统,重塑社区氛围,最终打造宜居、宜游、宜创、宜商的复合历史文化示范区。基于公共文化空间、居民社区建设的新规划,产城融合的新布局将进一步为奉贤新城的功能定位优化提供新的动力。

这些设计策略为"十四五"时期的设计奠定了重要的基础。"十四五"时期,奉贤新城继续按照不同类型,在五大重点地区集中发力:新城中心、数字江海、国际青年社区、南桥源以及"东方美谷"大道。具体的新城中心面积约8.6平方千米,聚焦核心区,高品质建设以上海之鱼、九棵树生态众创空间为中心的中央活动区。依托万亩中央绿心,发挥生态价值,推动创新空间、文化空间与生态空间融合,植入高等级公共服务设施,优化公共空间环境,突出展现新城建设风貌,建设九棵树众创空间的创意文化集聚区、东方美谷的生态商务区和公共服务集聚区,形成最具活力的新城中央活动区(CAZ)。数字江海面积约1.9平方千米。以美丽健康生物医药和智能网联汽车为主导,建设形成环境优美、产业引领、高能级、高科技的产业社区样板。加强高能级、高科技产业的引入,探索自动驾驶应用场景等最新科技应用,建设智能网联汽车应用示范区。国际青年社区面积约3平方千米。充分发挥新片区制度政策优势,以高服务能级、高建设标准、高环境品质打造知名国际社区,引入高等级、国际化文化、教育、医疗资源,形成吸引高端人才集聚安居的新片区西部门户。南桥源面积约2平方千米。高标准推进南桥源及浦南运河两岸城市更新,改善环境品质,提升综合服务能级,结合水上交通,打造具有特色的水上生活体验。东方美谷大道面积约7.8平方千米。以产城融合发展理念,由东至西形成门户区(健康医疗)、文化区(东方美谷中心)、交通主导示范区(TOD总部商业商务中心)、产业区(健康研发)的功能布局。

产业高质量发展,既关乎一个地区发展的命运,也关系千家万户的美好生活。奉贤自"十四五"开局以来从产业"大杂烩"到产业独树一帜,审时度势、因地制宜,一笔一画勾勒出了产业发展的"大写意"。无论是享誉国际的东方美谷,还是充满潜力的未来空间,都是奉贤人民穷尽已知、开拓未知的生动实践。基于新的产业发展战略,奉贤新城将更好地实现新城功能的不断升级和优化,实现更高层级的产城融合,迸发新的生机,创造更多发展机遇。

4.3 奉贤新城建设独立综合性节点城市的公共服务提升

城市功能体现着一座城市的个性和特点,又与市民的日常生产生活息息相关。其中,最能体现"人民城市人民建,人民城市为人民"主旨的莫过于城市的公共服务建设。《上海市城市总体规划(2017—2035年)》等文件都对上海市城市建设过程中的公共服务体系建设和优化提出了意见。一方面是传统的教育、医疗、就业等层面的保障性供给。例如,在教育层面,要培育若干世界一流大学,形成一批世界一流学科,鼓励高校或开放型大学和新城、城市副中心联动发展,要求每个新城、城市副中心至少有一所大学。在文化建设层面,每10万人拥有2.5个以上演出场馆、6个以上美术馆或画廊、1.5个以上各类博物馆和4个以上图书馆。在体育层面,上海市有专业足球场5—10个,预留高等级专项体育场馆和训练基地。在医疗层面,在虹桥、浦东等地区打造医疗功能集聚区,并要求每个新城至少有一处三甲综合医院、一处三级专科医院。此外,还应包括更多多样化的文化公共服务。首先,要求构筑全覆盖均等化的基本公共服务体系,让所有市民都能在有助于健康活力生活的社区居住、工作、学习和锻炼。各类社区公共服务设施与场地将更加开放、服务效率更高、服务机制更加完善。其次,提供覆盖全年龄段的公共服务保障,完善社区图书馆、文化活动室、市民健身中心、老年学校、青少年培训中心等多样化的文化设施建设,完善社区卫生服务中心和服务卫生点,提升社区公共服务设施对青少年的开放度和利用率。最后,建设老年友好型城市,建设和改造一批适老性住宅,优化形成以家庭自我照顾为基础、社区居家养老服务为依托、机构养老服务为支撑、医养相结合的养老服务格局。

对于就业环境的改善,《上海市城市总体规划(2017—2035年)》则提出了若干建议。首先是优化就业岗位和布局。例如,拓展高端人才就业规模,强化现代服务业的就业吸引力,提升新兴产业就业岗位,逐步淘汰劳动密集型的低端制造业,增加高技术就业岗位。引导就业岗位的均衡布局,主城区疏解非核心功能及相应的就业岗位,郊区城镇加强就业集聚度。积极打造职住平衡的产业社区,形成二三产融合发展、配套功能完善、环境景观宜人的产业社区。其次是要继续帮助中小微企业的发展,提供宽松灵活的产业发展空间,完善公共服务扶持政策,为中小微企业提供创业、创新、融资、咨询、培训、人才等专业化服务。最后是继续完善鼓励人才成长的环境。通过实行租购并举,为青年群体提供可负担的住房,完善公共服务配套和环境品质,以便捷舒适的生活环境提高对青年人才的吸引力。加强劳动力职业技能教育和培训,营造汇聚人才的政策环境。

当然,上述关于公共服务的目标是以上海市整体发展作为布局设计。每个新城依然需要结合自身社区结构、交通布局来实现最佳的公共服务供给设计与相关的配套服务体系建设。2021 年 3 月,《上海市新城规划建设导则》(简称《导则》)专门针对五大新城总体的设计指出了方向。其中的公共服务建设部分进一步体现了"汇聚共享"和"高效智能"的思想。在"十四五"建设时期,无论是产业发展战略,还是公共服务供给,都更加重视智能化、高效化的智慧科技应用。例如,《导则》指出,注重智慧科技在城市交通、公共服务、基础设施等领域的深度融合、迭代演进,从快捷的出行、便利的服务和高效的基础设施三个维度,为市民创造更加高效智能的生活。公共服务的智慧化应用将使居民在享受公共服务的时候体验到相对于以往更加舒心的体验。典型的例子是《导则》中所提到的"未来社区"与"智慧城市"建设,一方面,打造深入街区的均等化、高品质社区级公共服务设施,加强线上线下高效融合,提供多样便捷、触屏可得、精准化供给的品质服务,打造未来社区。另一方面,运用物联网、大数据、人工智能、5G 通信等新技术,全面提升综合交通、公共服务、基础设施等领域的信息化、智慧化水平。同时,对于各新城而言,还应充分挖掘新城资源禀赋,引入一批特色化的公共服务品牌资源,促进社会事业和产业深度融合,显著提升新城公共服务影响力。另外,在升级建设这些智能化服务供给的同时,还需继续加强传统教育、医疗等服务建设。例如,《导则》继续强调新城在医疗、教育等方面的保障性要求,每个新城至少拥 1 所高职以上高等教育机构(校区),1 所三级综合性医院,1 个综合性体育运动中心,1 座市级博物馆、美术馆或大剧院等文化场馆。优化街区功能,鼓励在街区、街坊和地块等不同层面进行土地复合利用,形成多种维度的功能混合。重点关注建筑底层的功能业态,底层界面公共功能占比达到 75% 以上,鼓励设置开放性强、互动性高的功能,宜以中小规模餐饮、零售、生活服务、产品展示等公共服务功能为主,营造生活化和社交性的场景。

新城作为独立的综合性节点城市,其中心应该具备比主城副中心更加完备的功能,同时也要结合各个新城的特点植入特色服务,实现新城中心集约紧凑发展。奉贤新城的总体建设导向是围绕金海湖,重点培育科技创新、商贸等核心功能,形成辐射杭州湾北岸地区的区域综合服务中心,因此,其公共服务体系的优化作用不言而喻。在上海市的城市建设规划与《导则》的指导基础上,奉贤新城紧抓独立综合性节点城市与长三角活力新城建设,进一步结合自身特点,打造更加高效的公共服务体系,提升民生服务水平。《行动方案》指出,要提升公共服务能级,创造高品质生活。具体包含:第一,推进教育更高质量发展,优化教育资源分布与教育保障机制的完善等;第二,提升医疗健康服务能级,包括推进基本公共卫生服务均等化、引进和培育优质医疗服务资源、加强医疗卫生专业队伍建设与全人群健康管理服务的升级;第三,推动实施就业优先战略,包括支持鼓励创业带动就业、加大创业政策扶持力度并加强适应产业需求的职业培训等;第四,着力扩大养老服务供给,稳步推进养老服务增量和增能、效能;第五,加强社会保障体系建设,完善多层次社会保障制度体系、社会救助机制等。基于规划方向,"十四五"时期的奉贤新城在公共服务供给上不断发力,目前持续建设了多个公共服务项目,为高效的功能打造注入了活力,主要包括补短板和创新性服务的建设。尤其是补短板工作,是新城公共服务的基础。如教育和医疗,上海市"十四五"规划就强调加大对教育资源相对薄弱区域的政策倾斜和投入力度,加快新城医疗卫生资源补短板、增功能、提能级。

奉贤新城的教育和医疗供给相对弱势,因此,补短板主要体现在教育资源和医疗等基础供给上。奉贤新城在新城核心区建设了"幼儿园—小学—初中—高中"四个学段一体化的全新教育集团。在近年来还引进了格致中学,推动曙光中学成为华东理工大学附属学校。以此为基础,引进了世外学校、上海中学国际部等优质教育资源,这些优质教育资源的注入改善了奉贤新城原本存在的教育资源相对匮乏的问题。与教育资源相类似的还有住房问题。解决年轻人的居住需求,吸引更多年轻人到奉贤进行创新创业,是奉贤新城推动产业发展和新城创新性经济的重要保障。奉贤新城除了不断优化城市空间布局外,还持续供给了充足的保障性租赁房,这些租赁性住房极大地降低了年轻人的住房成本,一方面使青年人才愿意留在奉贤,促进经济建设,另一方面也激励了年轻人的消费。目前,奉贤有存量租赁住房 3 万套,每年还将新提供 1 万套左右的租赁住房,一套两居室的房屋租金大约为 2 500—3 000 元/月。同时,按照产城融合、职住平衡的要求,奉贤新城着力打造更加便于年轻人居住、生活、工作的 15 分钟社区生活圈,避免"潮汐"现象,这与上海市 2016 年 8 月份提出的《上海 15 分钟社区生活圈规划导则》中所倡导的便捷性思想完全一致。《上海市城市总体规划(2017—2035年)》也同样重点关注社区作为网络化时代城市的基本社会生活的空间单元,致力于通过15分钟步行生活圈的构建,让市民"住有所居",出行更加方便,归属感和认同感更强。

其次是医疗资源供给。奉贤新城积极引进了3家三级甲等医院,国妇婴奉贤院区、新华医院奉贤院区、复旦儿科奉贤院区,未来推进亚洲妇儿医学中心建设。通过对社区医疗服务的着力完善,实施社区卫生服务中心和村卫生室新一轮标准化建设,让老百姓能够在"家门口"就诊,这同样极大地满足了广大新城居民的医疗需求。2021年,奉贤新城将继续计划推进政府投资项目134个、社会投资项目55个。加快"海之花"市民活动中心、"东方美谷"新城商务地块、国妇婴奉贤院区等续建项目建设,实现"在水一方"、言子书院、"上江南"等功能性项目开工,漕河泾临港科技城、奉贤中学附属初级中学及附属小学等项目竣工。

创新性服务的建设主要体现在更精准、更高质量的城市供给上。主要是按照绿色、智慧、低碳的未来生活方式,打造具有未来感的数字之城。在硬件方面依托新基建,加强5G、工业互联网、物联网等数字基础设施建设,支撑城市未来的数字化转型。依照"想明白的加快投入、加快布局,没想清楚的暂时不动"的思想,为城市未来发展预留出空间。在软件方面应用BIM、GIS、数字孪生技术等,纵向打通城市电网、交通、水务、政务等设施系统,力争实现城市风险提前预警、服务精准推送、治理高效智能。为了推进"数字江海"计划,奉贤新城还在新城范围内拿出了1.9平方千米的试点区域,打造全新可感知、可参与各类创新要素集成的未来数字城市示范区。在未来的新城建设中,奉贤新城还将着力"扬百城之长,避千城之短",认真谋划好地下空间规划,强化地下管网设施、地下停车、地下商业等地下空间的综合利用。

奉贤新城的面积虽然在新城中最小,但仍然可以通过创新规划理念做到小而精、小而强,实现紧凑混合开发来增强服务供给。"十四五"期间的推进重点主要包括三个方面的举措。一是以"轨交站点"为核心,实现集聚开发、紧凑高效。通过营造空间紧凑、公交导向、步行易达的土地利用结构,实现精明增长。在轨交站点周边,提高开发强度,平均容积率4.0左右,打造约300万平方米的开发总量,引导新城高度聚集。比如,在轨交望园路站周边,规划划定新城中央活力区,打造250米的城市新地标。而在外围区域,主要实行低密度、小街区式开发,形成中心紧凑密实、外围疏密有致的空间形态。二是以"短途出行"为导向,实现职住平衡、功能混合。进一步丰富和提升城市功能,形成相对完整、独立组织的城市,并实施弹性兼容的混合用地模式,在较小的空间单元内鼓励多元功能复合。奉贤新城将采用"短途城市"理念,加快打造15分钟生活圈,鼓励公交优先和绿色出行,到"十四五"时期末,社区公共服务15分钟步行可达率不小于85%,提高公共交通站点覆盖率,公交站点500米覆盖率达到100%,慢行交通出行比例不低于40%,打通新城公共交通内循环,塑造步行友好、适宜慢行的街区格局。三是以"立体开发"为亮点,实现互联互通、功能协调。规模化开发利用新城地下空间,打通地块之间的边界,网络化连接地上地下,并系统整合公共活动、基础设施、地下交通、智能物流等各类功能,形成多样立体、富有活力的城市空间。在奉贤新城规划建设中,需要不断创新规划理念,用高水平规划引领高品质建设,从而实现有限资源、无限利用,有限空间、无限发展。加快文教体卫优质资源集聚,加快优化提升城市空间布局。

奉贤新城的公共服务建设仍然朝着预期目标有序迈进。2015年4月22日,奉贤区学区化集团化办学启动大会召开,标志着奉贤学区化集团化办学正式启动。奉贤学区化集团化办学将以一体化共同发展、多样式逐步推进、融合中主动发展原则,争取使学区化集团化办学成为奉贤促进教育优质均衡发展的重要机制。奉贤学区化集团化办学,将通过资源整合、多校协同,推进"四个一体化",即学校管理一体化、教师队伍一体化、评价考核一体化、教育教学一体化,加快实现办好每一所家门口学校和促进各类教育优质均衡发展的目标,建设"自然、活力、和润"的南上海品质教育区。同时,奉贤学区化集团化办学,既要实现优质资源共享、辐射和引领,更要创新发展,发挥优质教育最大价值空间,培养更多名优教师、未来学科专家以及优秀教育管理者。在区域学区化集团化办学中,奉贤首批建设实验小学(实验小学、育贤小学)、南桥小学(南桥小学、恒贤小学)、实验中学(实验中学、教院附中)、汇贤中学(汇贤中学、古华中学)和育秀实验学校(育秀实验学校、江山小学)等五大学区集团,建立学区(集团)理事会,推进集团内办学资源共享,促进集团内各学校融合中主动的一体化发展,进一步放大了优质教育资源的示范辐射效应。

除此之外,奉贤新城持续建设了一批新的公共服务项目。"新江南呈现地·新产业爆发地·新青年集聚地"2021奉贤新城产业、生态与城市功能项目的集中开工,就包括致远高中、"上海之鱼"移动驿站和南桥塘公共绿地等。致远高中项目位于奉贤新城15单元内,东至金碧路,南至齐贤雅苑,西至金钱公路,北至南行路。项目为新建36班高中,用地面积46 587平方米,总建筑面积61 214平方米,建筑高度35米。项目设计通过九宫格布局,将教学楼、综合楼、文体楼、宿舍楼及活动区高效合理布置,极大地开发出学生活动休憩空间。"上海之鱼"驿站以"观鱼春池鼓枻歌,花开满园游亭榭"为设计理念,旨在将上海之鱼打造为"民之乐园",成为提升城市活动多样性的触发器,增加市民的参与感与互动性。驿站总体布局延续一期日晷结合十字水街的设计理念,呈几何放射状分布。该驿站作为构筑物承担着补充公园的配套设施、丰富公园的使用功能,增添公园的开放性与活力的作用。南桥塘公共绿地项目则位于沈家花园北侧,项目位于奉贤新城 05 单元 06—01 地块,东至科技路,南至沈家花园,西至南桥路,北至新建中路。此次更新改造将再现原人防工事历史风貌,并对总体景观、灯光环境进行改造提升。建设内容主要包括地下人防旧址改造及新建下沉广场,地下停车库修缮,绿化,人行步桥,园路铺装以及设备房改造、景观休息亭、电气、照明、给排水、标识标牌等工程。

　　高效智能、方便绿色的公共服务建设成为奉贤新城不断推进建设独立综合性节点城市的关键环节。在未来的一段时间里,随着奉贤新城对公共服务体系的进一步优化,新城的公共服务将迈上一个更高的台阶,公共服务能级持续提升。秉承"人民城市人民建,人民城市为人民"的理念,以人为本的公共服务体系优化,将更好地激发奉贤新城的城市潜能,为构建"最现代的未来新城"而打下坚实基础。

4.4　奉贤新城建设独立综合性节点城市的创新性政策支持

　　建设具有鲜明特色的独立综合性节点城市,离不开政府的创新性政策支持。特别是"十四五"时期,奉贤新城的新城建设将迈入一个新的阶段,更加需要创新性政策为各类市场主体提供政策保障与高效率的执行通道。《奉贤新城"十四五"规划建设行动方案》是在《中共上海市委关于制定上海市国民经济和社会发展第十四个五年规划和二〇三五年远景目标的建议》《上海市奉贤区总体规划暨土地利用总体规划(2017—2035 年)》和《关于本市"十四五"加快推进新城规划建设工作的实施意见》等文件精神的基础上制定的"十四五"时期新城建设最新蓝图,其中就重点指出了新城建设中创新性支持政策所存在的积极意义。在这一最新的新城规划中,明确指出了加强新城政策支撑保障的重要性。主要包含了以下四个层面的政策支撑。第一,强化人才引进政策。要全面承接自贸试验区临港新片区的政策溢出,探索针对生物医药、智能网联汽车等重点领域的相关外籍高端紧缺人才,给予个人所得税补贴政策。针对"东方美谷"等重点发展区域,探索"户籍额度"管理机制,便利人才引进落户。加大新城对紧缺急需人才和优秀青年人才的引进力度,进一步完善居住证、户籍政策,提升新城对人才的吸引力。拓宽海外人才引进渠道,放宽现代服务业从业限制,设立境外人才工作创业绿色通道。因地制宜制定涉及子女教育、医疗、养老等服务人才的一揽子公共服务配套政策,创造新城宜居宜业的生活环境。第二,优化土地保障政策。对符合新城产业功能的工业、研发类项目,容积率可进一步提高。支持新城内产业区块实行混合用地、创新型产业用地等政策,加快创新功能集聚,加快新城内战略预留区的功能定位和规划安排。拓宽低效产业用地盘活路径,降低优质产业用地扩建成本和园区平台用地成本。第三,加大财税支持政策。研究出台"十四五"期间新城范围内的税收转移、建设基金支持政策,强化新城规划建设的支撑力度。鼓励符合新城产业发展导向的企业从中心城区和周边城市向新城转移集聚。第四,优化营商环境政策。深化"放管服"改革,加快营造市场化、国际化、法治化的新城营商环境。推动知识产权、要素流动、竞争政策、争端解决、企业服务、监管执法等的制度探索。聚焦新城重点区域和重大项目,开通项目审批绿色通道,推行"极简审批"制度,优化事中事后监管,建立与国际接轨的监管标准和规范制度,打造一流营商环境新高地。基于《奉贤新城"十四五"规划建设行动方案》指明的政策支持方向,奉贤新城不断出台更多赋有职能保障的创新性政策。

4.4.1 强化人才引进和创业就业扶持政策,制定养老等配套公共服务

优质人才是促进新城技术进步和管理水平提升的一个重要动力,特别是以大学生、青年骨干为代表的核心力量。如何引进人才并留住人才是新城建设过程中的一个关键问题。奉贤新城在对"十四五"的新城建设中强调了强化人才引进政策的重要性,并在前期相关文件的基础上不断更新符合新发展阶段的支持政策。可以说,前期的相关政策为新的发展阶段制定新政策奠定了重要的基础。在2016年,奉贤区正式发布的《上海市奉贤区人民政府关于进一步做好新形势下本区就业创业工作的意见》就具体指出了支持就业创业的18条政策,包含三大类,突出政策的覆盖面、有效性和针对性。首先是重视就业促进,一是重点关注大学生、失业青年就业;二是继续鼓励跨区就业,减轻就业压力;三是实施企业稳岗政策,促进本地劳动力就业。例如,在补贴方面,农村富余劳动力跨区就业补贴420元;企业稳岗

补贴每人每年 300 元。其次是创业带动就业方面,一是就《上海市人民政府关于进一步做好新形势下本市就业创业工作的意见》进行政策配套,并结合创业型城区创建的契机来促进创业工作;二是重点实施区级创业示范园区建设,大力培育众创空间;三是建立"奉贤区青年创业培育中心",形成第三方创业服务综合平台。例如,在补贴方面,青年创业开办费补贴 3 000 元;创业带动就业社会保险费补贴,按照新招用人数给予 50%社会保险费补贴,限额 15 万元。最后是实施就业援助方面,一是继续实施大龄镇保无业人员就业援助,保障大龄镇保无业人员基本生活;二是关注特殊群体,对就业困难人员、"启航"计划对象、农村就业困难人员、残疾就业困难人员、刑满释放人员等实施就业援助;三是鼓励企业建立戒毒康复人员、刑释解教人员等特殊群体就业安置基地,促进就业和社会稳定。例如在补贴方面,吸纳就业困难人员补贴每人每年 1.6 万元,协保人员 8 000 元;特殊群体就业安置基地运营费补贴 10 万元。

除了对创业就业进行直接支持以外,奉贤区还设法通过"发红包"的途径来减少创业人员的创业成本,扶持创业者的各类创业活动。这类"红包"包括社保补贴、房租补贴、创业园区补贴等资金补贴以及各种优惠。例如,房租补贴就包括申请初创期组织房租补贴,按照组织内吸纳上海市劳动力情况来进行,以每年每人 3 000 元计算,按月补贴。对于奉贤区认定的示范性创业园区内的一些注册企业,根据当年度缴纳社会保险费的人数,给予企业每人 5 000 元的补贴。对于创业园区,被认定区级示范性创业园,可享受由区给予的运营管理方每年 10 万元的补贴。示范性创业园当年度的创业项目直接通过"孵化器"成功创办企业的,由奉贤区给予创业园区每户 2 000 元的一次性补贴,当年度的创业项目通过"苗圃区"或"众创空间"培育后成功创办企业的,由区向创业园区提供每户 4 000 元的一次性补贴。注册成立 3 年以内的小微型企业、个体工商户、农民合作社和民办企业单位等四类创业组织,其中法定代表人为 35 周岁及以下、具有大专及以上学历的青年,吸纳本市户籍劳动者就业,并按规定缴纳社会保险费满 6 个月还可以向区创业指导部门提出社会保险费补贴的书面申请。而对于初创期的创业组织,如果吸纳各级人力资源社会保障部门认定的就业困难人员,与其签订一年及以上期限的劳动合同并按相关规定为其缴纳社会保险费的,可以按季或半年申请社会保险费补贴。补贴标准为按上年上海市职工月平均工资 60%作为基数计算的养老、医疗、失业、工伤和生育保险费。这类政策有助于各类初创企业的发展,极大地节约了企业的创业成本。由于初创企业在建设初期的资金压力大、融资难、融资贵问题突出,类似的保障政策有利于企业生存和发展。除此之外,对于特定的行业,即使不是初创企业,具备招用部分失业性质的人员也有补贴的优惠。如商贸、服务型企业、街道社区具有加工性质的小型企业实体,若年度新招用失业登记满半年、零就业失业人员、毕业年度高校毕业生,则可以享受税收减免政策,在3年内按实际招用人数给予个体每人每年9 600元的减免税限额;给予企业每人每年5 200元的减免税限额。

这类补贴政策在"十四五"时期将会发挥更大的作用。"十四五"时期,奉贤新城针对人才引进、企业成本的降低等方面提出更多的补贴措施,进一步落实"引人才、留人才"的方针,为奉贤新城新阶段的发展加速注入创新活力。2019年,《上海市奉贤区人民政府关于进一步促进就业创业工作的实施意见》则在2016年政策支持的基础上进行了相关的优化,进一步落实积极的就业创业政策,在经济转型中实现就业转型,力求以就业转型支撑经济转型。2020年初,由于受到新冠肺炎疫情的影响,许多企业的生存面临巨大挑战,特别是对于一些中小企业,疫情对生产和盈利造成一定的冲击。因此,奉贤新城的政策一方面解决疫情对各类企业的冲击,制定适宜的保障性政策以支撑企业运行和发展。另一方面,在原有相关政策的基础上进一步实现优化,并探索更多创新性政策,实现"十四五"时期的新城建设新目标。

为了应对疫情冲击下的生产问题,支持企业能够有效应对疫情冲击,同时促进奉贤新城企业的活力和创新力。奉贤区对生产经营遇到困难的企业和参与防疫物资生产的相关企业制定了相关政策,以降低困难企业成本,支持中小企业共渡难关,促进经济平稳发展,具体包括十大方面。第一,各银行机构加大对中小企业的支持,严格执行银监会相关要求,鼓励各银行机构在原有贷款利率水平基础上下浮10%以上,确保2020年中小企业信贷余额不低于2019年同期余额,同时确保2020年中小企业信贷户数高于上年同期户数。第二,对列入市疫情防控需求物资生产和供应重点名单的企业,其在疫情期间因扩大生产而产生的损失,给予适当补贴,最高可达300万元。第三,减免中小企业房租。对承租区内国有资产类经营用房的中小企业,暂免收房租1个月,减半房租2个月等。第四,搭建区内企业用工供需对接平台,加强协调调度,摸清企业用工总量和结构,引导无法复工企业富余劳动力就近在用工紧缺企业就业,帮助符合复工条件的企业尽快复工。对于企业急需的高校毕业生,提供公益性组团招聘和代理招聘等服务。第五,对在停工期间组织职工参加线上职业技能培训的,区财政按实际培训费用的95%对企业进行补贴。第六,简化审批流程,加快对企业兑现专项资金扶持,对符合兑现条件的扶持项目即时兑现;对建设周期较长的项目,根据项目的实际投资发生额,提前按比例兑现扶持资金。对已申报国家和市级专项资金补助并成功的项目,提前兑现应由区、镇配套的资金。第七,及时为企业提供防疫物资采购信息,帮助企业尽快复工。第八,超前服务,提前审批企业投资项目。对拟定的产业项目准入,不进行集中式会议评审,改由区政府领导按分工负责原则签批;项目开工涉及发展改革、规划资源、建设管理等部门的前期手续,在疫情期间加快审批,确保疫情期间后早日正式开工。第九,搭建区内企业上下游供需信息平台,加强原辅材料供应、加工生产和流通环节配对,引导区内企业开展市场化合作,做强产业链、供应链和服务链,促进实体经济发展。第十,全面实行"一网通办",疫情期间涉企事项原则上都在网上办理,切实减少环节、精简材料,真正实现"零跑动"。确需线下办理的,由区行政服务中心或职能部门派员上门办理或全程"帮办"。

此外,在原有相关政策的基础上进一步优化,坚持留住人才,支持毕业大学生的高效就业。奉贤配合和支持上海市《关于做好 2020 年上海高校毕业生就业工作的若干意见》中的指导意见,从九个方面推出支持高校毕业生就业的政策福利,具体举措包括市属和区属国有企业安排不低于 50% 的就业岗位定向招聘毕业生(企业吸纳);上海全市 2020 年推出"大学生村官(选调生)"岗位 400 个、"三支一扶"岗位 400 个、街道、乡镇以及居民区社区工作者岗位 1 000 个(基层就业);加大全市中小学教师招聘力度,扩大中小学幼儿园招聘高校应届毕业生规模等。在见习基地进行不超过 12 个月就业创业见习(创业见习);增加网络招聘在招聘过程中的部分;上海市户籍高校毕业生,毕业两年内初次就业为灵活就业,可申请社会保险补贴,高校毕业学年学生参加补贴培训目录内部分培训项目,可享受培训补贴(就业扶持);毕业年度内高校毕业生从事个体经营,3 年内按每户每年 1.44 万元限额依次扣减相关税费(自主创业);推迟 2020 年非上海生源应届高校毕业生申请落户受理时间,并扩大 2020 年硕士生和普通专升本招生计划。

保障就业的同时,还需要充分发挥政策空间,支持公共服务更好地配套于新城的就业创业发展,继续完善医疗、养老等传统配套服务的优化政策。随着新城建设进入新的时期,上海也逐渐迈入了人口深度老龄化的阶段。因此,通过政策支持养老公共服务,对于改善年龄结构也具有其必要性。2020 年 5 月,上海市制定发布了《关于促进本市养老产业加快发展的若干意见》以加强和完善养老公共服务,意见针对养老产业和服务的政策,从供给侧、需求侧和制度环境入手,包含了 20 条政策举措,包括支持与鼓励相关产业发展、激发市场活力、加大金融支持等。

第一,聚焦五个重点领域:增加养老产品和服务供给,包括增加多层次养老护照服务、大力发展辅具用品产业、积极发展老年宜居产业、激发老年教育市场活力和促进老年旅游健康发展。例如,支持外商独资、中外合资养老服务机构在沪发展,鼓励养老服务机构专业化、连锁化、品牌化发展,并鼓励建设年轻人、老年人融合居住的综合社区、长租公寓等。第二,强化五类要素支撑,加快释放产业功能。

包括丰富的人力资源供给、扩展用地空间、加大财税支持和强化科技赋能。例如，鼓励高等院校和职业院校开设养老服务、康复辅具等专业，加快建立统一的养老护理员薪酬等级体系，鼓励开发集信息系统、专业服务、智慧养老产品于一体的综合服务平台并定期发布智慧养老应用场景需求清单，制定完善智慧养老产品和服务标准。第三，增强四项支付能力，积极培育消费者市场。包括个人税收递延养老保险、鼓励发展养老普惠金融、积极发展长期护理保险等。例如，鼓励基金公司扩大养老目标基金管理规模，实行市场化、差异化销售费率管理，同时鼓励金融机构创新开展存放养老业务，增强老年人现金支付能力，探索完善相关合同执行、遗产继承公正等配套制度等。第四，从四个方面优化制度环境，夯实产业发展基础。包括建立养老产业统筹推进机制、建立健全养老产业统计制度、建立健全各类产业服务平台和营造公平开放的政策环境等。例如，要求制定养老产业的统计目录、统计口径及统计方法，定期发布相关统计数据。另外，还要定期公布全市现行养老服务扶持政策措施清单和养老服务投资指南，积极探索对提供基本养老服务的企业和民办非企业单位给予同等的床位建设、机构运营等补贴支持，制定异地养老新模式和配套支持措施。

加强对紧缺急需人才和优秀青年人才的引进，需要进一步完善"留住人才"的政策。提升新城对人才的吸引力是新城得以持续健康发展的关键。奉贤新城和上海市的这一系列政策，都对新城发展提供了政策性保障。不仅通过直接、间接的政策支持与各类税收减免促进人才利用、企业创业创新，还不断探索与之配套的医疗、养老等公共服务配套政策，为新城的宜居宜业生活环境构建了坚实的基础，也为城市职能的不断优化提供了政策上的支撑。

4.4.2　强化土地保障和人口居住政策

土地相关政策主要包括特色产业园区的建设和产业投资促进政策、奉贤城镇农民集中居住政策等相关政策。土地政策旨在拓宽低效产业用地路径，降低优质产业用地的建设成本和园区平台用地成本，并能够对符合新城产业功能的工业、研发类项目实现更高的容积率支持。通过对新城内的产业区块实行混合用地、创新型产业用地等政策来加快创新功能集聚，优化土地布局能级，加快新城内战略预留区的功能定位和规划安排。

特色产业园区的相关保障是"十四五"期间奉贤新城新落实的政策。2020 年 5月上旬，上海市发布了《关于加快特色产业园区建设，促进产业投资的若干政策措施》的政策文件(简称《若干政策措施》),其主要内容包括:集中推出 26 个"小而美"的特色产业园区,并优化配套服务,鼓励提高投资强度和经济密度;聚焦新网络、新设施、新平台、新终端等,支持新型基础设施建设,带动新兴产业投资;加大招商引资激励,集聚各方招商力量;加强重大产业项目要素保障,拓宽可享受工业用地 50 年出让年期的项目范围,鼓励提高土地利用强度,提升产业用地配套功能;加大招才引智,用好特殊人才区域自主审批政策,支持重点招商项目高管和核心技术人才合理住房需求;发挥"4 个 1 000 亿"资金引导和杠杆作用,支持集成电路、人工智能、生物医药等重点产业发展;对重大产业项目立项、规划、土地、环保、报建等开展跨前服务,建立绿色通道等。

《若干政策措施》突出了三方面考虑。首先是发挥产业投资带动作用和稳住经济基本盘,其次是聚焦打造特色产业园区和培育经济新动能,最后是突出综合集成创新叠加,打好政策组合拳。具体包含五个部分,第一,聚焦产业规划布局,坚持规划引领,以特色产业园区为依托,发挥产业地图对产业投资的引导作用,支持重大产业项目,根据产业地图进行集聚布局。先期推出特色产业园区 26 个,总规划面积约为 108 平方千米,规划产业用地占比约 55%,可供优质产业的用地将不低于 25 平方千米,特色产业园区的规划突出了"小而美"的思想,并强调区域联动的实现。第二,培育创新经济新动能,以新基建带动新型产业投资,推动新技术、新业态、新模式发展,打造一批在国际国内有重要影响力的在线新经济生态园。对于技术攻关类产业化项目及各类首台套、首版次、首批次项目给予财政补助。对引进和培育国内外科技前沿研发机构、功能总部、龙头企业、创新平台加大补贴力度。第三,落实土地要素保障,强化产业土地保障,拓展产业发展新空间,加强土地开发利用,提高重大项目承载能力,充分运用市场机制盘活存量土地和低效地,促进盘活存量的税费制度和财政政策。这充分体现了新城致力于"拓宽低效产业用地盘活路径"的重要思想。首先,经认定的重大产业项目可采用 50 年出让期,对集成电路、人工智能、生物医药等领域的重点项目实行优先供地;其次,提高产业用地容积率下限,工业用地容积率不低于 2.0,通用类研发用地容积率不低于 3.0,提高单一用途产业用地的混合用地比例。最后,支持土地滚动收储、及时供地,做到"地等项目""房等项目"。第四,设立财政金融政策,综合运用投资补助、资本金、贷款贴息、委托贷款等多种方式,发挥"4 个 1 000 亿"资金引导和杠杆作用。例如,设立总规模 1 000 亿元的先导产业基金、新基建信贷优惠专项、园区二次开发基金和面向先进制造业的中长期信贷专项资金。第五,做好投资促进服务,以加快重大项目落地为导向,从服务机制、要素保障、优化审批等方面,加强项目落地过程中的精准服务。例如,建立上海市领导联系重大产业项目制度,由市领导对口联系推进100亿元以上的重大产业项目,总投资10亿元以上项目由市级部门派专员协调。深化项目审批流程改革,对重大产业项目立项、规土、环保、报建等开展跨前服务,简化环评审批、建筑许可、竣工验收等流程,缩短审批周期。通过加大力度改善土地结构利用、推进优质产业投资、培育更丰饶的投资沃土,使奉贤新城的投资营商环境更加良好,进而创造更多更优质的服务,扩宽发展渠道。

除了优质产业投资与土地利用,城镇人口的结构、布局也具有其政策优化的新空间。2020年8月,奉城镇积极开展农民相对集中居住的摸底排查,逐步实行农民集中居住政策。奉城镇集中居住政策项目区范围包括《上海市奉贤区奉城镇郊野单元(村庄)规划(2017—2035年)》中集建区域外涉及的39个村近期B类(零散宅基地)减量农户的宅基地,涉及农户约3 661户。相对集中居住就是宅基换房,2019年,上海市政府发布了《关于切实改善本市农民生活居住条件和乡村风貌进一步推进农民相对集中居住的若干意见》,"集中居住"就是相对农村目前每户一栋房一块地的分散式居住模式,以城市较为集中集约的居住模式为理想目标提出的。上海一直在持续推进农民集中居住,上海市政府在2016年就印发了《上海市人民政府关于促进本市农民向城镇集中居住的若干意见》,"相对"是指除了"向城镇集中居住"这一种选择外,亦可采取其他的集中方式。比如,让农民自主选择退出或置换宅基地,政府将土地复垦或作他用,但地还是集体的,不改变集体经济组织成员分红的权益。集中居住主要分为进镇上楼和平移归并,也包括货币化安置、集中养老等多种形式。根据上海市汇总的村庄布局规划,上海市68万户农民中,进镇上楼的占50%,平移归并的占16%,其余34%保留不集中居住。推进农民集中居住有三大原因,一是土地资源紧缺,宅基地人均占地大;二是乡村空间散乱,住房老旧风貌差;三是配套设施不集约,运营维护成本高。实施城镇集中居住,优先保障农民集中安置用地,将安置地块优先布局在城镇化地区、大型居住社区和周边现状为建设用地的地块,可以满足基本公共服务、交通和生活便利等。这一措施不仅能够加强集中居住点建房风貌的管控、保持乡村风貌和建筑肌理,也能够体现上海江南水乡传统建筑元素和风貌。

4.4.3 加强财政金融支持政策

实体经济的健康增长离不开财政金融政策的支持。有效的资金融通渠道和高效的财政、金融效率能够确保新城经济系统的持续健康运行。奉贤新城的财政金融政策一方面紧随上海市的统筹部署,一方面根据自身实际制定和发展各类配套方针。早在 2017 年,奉贤就出台相关基础政策支持实体经济的发展,为实体经济的稳定健康发展扫清障碍。根据上海市人民政府《关于创新驱动发展巩固提升实体经济能级的若干意见》的文件精神,上海市奉贤区人民政府发布《关于进一步支持提升实体经济能级完善财政金融扶持政策的实施意见》,力求通过财政金融政策的撬动作用、引导作用、拉动作用和激励作用支持实体经济发展。

第一,发挥财政金融政策的撬动作用,包括撬动社会资本,设立政府引导基金,同时撬动存量资产,鼓励金融机构开展资产证券化业务。将 20 亿产业引导基金投向"东方美谷"相关产业、新能源产业、"四新"经济及战略性新兴产业,采取参股和跟投的模式,促进优质资本、项目、技术和人才向奉贤集聚,引导社会资本投向"1+1+X"产业细分行业和企业,推动全区重点产业和四新经济做大做强。在基金的总体框架下,设立由财政资金参与,按市场化方式运作的实体企业股权投资基金,发挥基金的投资作用,助推奉贤的实体企业做大做强。积极推动资产证券化,对金融机构承销并成功发行的"东方美谷"企业专项资产、基础设施收益权、农艺公园、特色小镇等特定种类的资产证券化项目,财政按发行金额和相应期限给予 1‰ 的奖励。

第二,发挥财政金融政策的引导作用,包括引导金融资本投向实体经济、引导企业上市开展直接融资和引导区域股权市场优化挂牌交易。例如,制定奉贤区银行年度评价办法,主要评价商业银行对奉贤区"1+1+X"产业、实体企业定向增放贷款的措施,发挥政府公共资源配置导向功能,引导金融机构重点支持区委、区政府确定的重点领域及重点产业。鼓励、支持商业银行等金融机构在投贷联动、担保方式、提升信用担保比例等方面开展业务创新。此外,在引导企业上市方面还额外给予奖励。对已完成股份制改造并在上海证监局辅导备案的企业,给予 50 万元补贴;对已向中国证监会提交发行上市申请并收到证监会受理函的企业,给予 150 万元补贴。对新迁入奉贤区的企业,如在迁入之日起两年内上市,除上述奖励外另给予企业 50 万元奖励。通过并购重组等方式实现企业上市,注册地及税收落户奉贤区的给予 200 万元补贴;企业成功上市后 3 年内,累计发行股票的 50% 以上(含 50%)用于奉贤区产业投资且投资额实际到位的,投资额在 1 亿元(含)人民币以上的,按投资额 2‰ 的比例奖励。对于挂牌交易优化,鼓励企业在"新三板"和上海股交中心"科创板""E 板"挂牌,对成功挂牌的企业,其申请挂牌过程中发生的中介费用,按实际发生额给予最高不超过 150 万元的补贴。对已在场外市场挂牌且增发额达 3 000 万元以上的企业,一次性给予 50 万元奖励。企业在海外主要交易场所上市的,比照国内上市享受扶持政策。对由上海市其他区迁入两年内成功挂牌的企业,除同样适用上述政策外,再给予 20 万元奖励。

第三,发挥财政金融政策的拉动作用,包括拉动科技企业成长发展,开展"百家"科技企业财政金融支持工程,同时拉动农村集体经济发展,鼓励金融机构开展"三地三化"项目探索。例如,在进行评估认定的基础上,对支持名单内的重点科技企业,通过政策性融资担保的方式进行融资支持,缓解科技型企业的融资问题,促进企业做大做强。支持农村集体建设用地改革,建立农村集体建设用地抵押贷款风险补偿机制,鼓励银行等金融机构综合运用基金、融资担保等多种手段,逐步建立起政府引导与市场化运作相结合的农村集体建设用地抵押融资支持保障机制,降低银行的风险预期和抵押品处置难度,进一步推进"三地三化"建设。

第四,发挥财政金融政策的激励作用,包括激励金融机构对实体经济的支持、新型金融机构的设立和惠民金融的发展。对总部在本市以外的银行、证券公司、保险公司、期货交易公司等金融机构在奉贤区设立的机构,能实际产生地方税收贡献的,在地方财政收入的额度内,给予 50 万元的开办费补贴。对新批准组建的村镇银行,按照不超过注册资本的 1‰给予开办费补贴。对新设立的小额贷款公司和融资性担保公司、经银监会批准成立的财务公司与消费金融公司,按其注册资本的1.5‰给予开办费补贴。建立和完善对属地金融机构的考核机制,对金融机构支持地方实体经济发展、维护金融安全稳定、创新金融改革等方面进行考核。对地方贡献突出的金融机构,以及对获得上海市金融创新奖和支持"百家科技企业财政金融支持工程"作出突出贡献的金融机构,将在年度金融机构综合评价体系中予以加分。鼓励银行在大型居住社区、农村偏远地区等新设分支机构或服务网点,给予租金或购房资金补贴,最高 20 万元,对设立自助式综合服务类银行便利终端机器给予每台 5 万元的补贴。

经过对财政金融政策的持续重视,有效的财政金融政策在促进奉贤的实体经济发展中扮演了越来越重要的角色。基于高效的财政金融政策保障实体经济健康发展的思路,"十四五"时期,奉贤新城继续加大对财政金融政策的不断优化和升级,财政金融支持实体经济发展迈出实质性步伐。进入新时期以后,更具特色、更具创新性的财政金融体系也受重视。2020 年年底,奉贤区在前期政策的基础上,继续出台新政策,加大财政金融政策的作用,对科技金融的发展进行布局并优化地区金融体系。上海市奉贤区人民政府印发的《奉贤区鼓励引导企业上市(挂牌)和支持科技金融实体经济发展的实施意见》(简称《意见》)从科技金融的角度继续加强实体经济发展。《意见》共十五条,分别从企业境内外主要资本市场上市奖励、企业挂牌补贴、科技型企业贴息贴费以及激励新设金融机构及惠民金融发展四个方面给予政策支持,通过资本市场助力实现企业快速增长,促进奉贤科技金融实体经济发展。《意见》明确,对注册地和税收户管地均在奉贤的企业,在境内外主要资本市场上市最高给予 600 万元奖励。具体内容包括:对本区企业境内外主要资本市场上市奖励上限提高至每家 600 万元;对辅导区内企业成功科创板上市的中介机构给予奖励,最高 150 万元;对企业成功上市 3 年内,将发行股票的 50%(含)以上用于奉贤区产业投资且实际投资额达到要求的,对企业给予投资额 2‰,最高 200 万元奖励;对企业挂牌给予 150 万元的补贴上限;对科技型企业给予利息(最高 50 万元)及担保费(最高 15 万元)的补贴;对银行、证券、保险等新设金融机构的开办费补贴;鼓励惠民金融发展,更好地服务地方经济发展(给予 5 万—20 万元补贴)。通过持续的财政金融政策支持,强化实体经济保障,这些政策为"十四五"期间奉贤新城的经济发展和城市功能建设扫清了资金融通的障碍。

4.4.4 针对特定项目与产业发展的创新性政策支持

作为"十四五"时期,上海市乃至长三角区域的重点推进地区,五大新城都拥有各自不同的城市功能定位。基于此,符合自身特色的产业打造与项目建设计划都需要特定的政府政策支持,以实现新城功能的不断完善和发展。随着十几年里,新城的建设稳步推进,奉贤新城的许多特定项目和产业成为城市的一道亮丽风景线,不仅逐渐成为奉贤新城的城市名片,更成为带动新城发展的主导力量。例如,上海奉贤素有"中国化妆品产业之都"的美誉,也具有产业上的独特优势。东方美谷在这里诞生,"东方美谷"不仅是产业品牌,也成为了城市的一个独特标签。特定的产业政策随着奉贤新城的建设发展不断推出和完善,对保护本地特色产业、支持创新性项目,最终引领和建设奉贤新城独立综合性节点城市、辐射长三角起到不可替代的作用。

针对特定项目与产业发展的创新性政策,最具代表性的是对"东方美谷"的特定项目支持。发展美丽大健康产业,是上海巩固提升实体经济能级、培育增长新动能的重要举措,是优化市场供给、提升人民群众生活品质的必然选择,对更好地推进国际"设计之都、时尚之都、品牌之都"建设具有重要的战略意义。奉贤新城在这其中能够发挥的价值空间非常巨大。根据《关于推进上海美丽健康产业发展的若干意见》的文件精神,奉贤区政府职能部门发布关于推动"东方美谷"项目建设的政策性文件——《服务"东方美谷"化妆品产业发展若干措施》,为"东方美谷"提供政策支持,这也是首次针对该特定项目支持的政策,为后续的相关优化奠定基础。具体包括九项措施,涵盖了市场准入、品牌建设、技术支持和法制保障等方面。在市场准入方面,主要集中于建立信息互通机制,做好办照前期服务、建立现场会商机制,做好办证与产品备案指导服务和建立跟踪服务机制,做好换证提醒帮扶。例如,通过与区"东方美谷"推进办建立联系和沟通机制,提前获知企业的意向信息,主动对接并指导企业办理相关注册登记的前期服务,同时在"区行政服务中心东方美谷分中心"中设立专门受理窗口,为"东方美谷"入驻企业开辟行政审批的绿色通道,简化手续、优先审批。对已经取得《化妆品生产许可证》的企业积极做好帮扶指导工作,尤其是对生产许可证即将到期的企业专门检索提醒,对其到期日期、生产范围、生产地址和需要办理的审批手续等逐项列出,做到资料齐、期限清、情况明。并逐户上门走访提醒,宣传沟通换证的相关规定要求,指导企业及时获得各类证照。

在品牌建设方面,旨在建立卓越绩效管理模式导入机制,提升企业管理水平,并建立品牌培育机制,实施"一企一策"定制服务。例如,对全区化妆品生产企业进行全面调查摸底,按照企业规模、经营状况、市场影响、管理水平等因素逐个分析,并每年列出"品牌企业"重点培育对象,专门制定"一企一策"的个性化分类指导方案,根据对象特点,采取局领导挂点联系、专家上门服务、各部门现场指导等方式,激励帮扶区内化妆品优势企业积极争创各级质量奖项和"中国驰名商标""上海市著名商标""上海市名牌产品"及各级品牌荣誉,同时持续服务好现有品牌企业,为倾力打造"东方美谷知名品牌示范区"奠定基石。

在技术支持方面,关注检验检测能力的提升,提供第三方公正服务,同时还加强建设化妆品公共实验室,开放新产品研发平台。通过重组和优化区内化妆品检测机构和化妆品生产企业检验检测资源,建立资源共享和开放的区级化妆品公共技术研发和检测实验室。实现实验室场地资源、设备资源和人力资源的共享,为化妆品企业提供方便快捷的原材料把关、产品研发和出厂检验等服务,有效降低企业投入成本,为企业落户解决后顾之忧,并促进现有产业转型和升级。

在法制保障方面,建立"组团送法"机制,提升企业法制意识。建立局企合作打假机制,维护企业合法权益。通过整合本系统各类专家,组建一支企业法律顾问团队,根据不同的企业,针对法定代表人、实际负责人以及市场管理、质量管理、品牌管理、技术管理、安全管理等不同层次、不同类型人员的法律需求,组团送法,量身打造"套餐式"普法服务,定期主动上门指导企业有效防控法律风险。依法加强对企业注册商标专用权的保护,以驰名、著名商标和名牌产品保护为重点,建立政企联合打假机制。在企业遭遇假冒侵权问题时,第一时间快速反应,保护企业合法权益,必要时组织专项执法打假行动。同时加强跨地区、跨部门的打假工作协作和区域执法联动,用法制的近身保障为奉贤化妆品企业乃至"东方美谷"产业的发展保驾护航。基于这些政策的保障,2017 年 9 月,上海市政府制定和实施《关于推进上海美丽健康产业发展的若干意见》,继续明确了"东方美谷"的核心地位,并授予奉贤区"设计之都、时尚之都、品牌之都"三都示范区的称号。同月,中国轻工业联合会、中国香料香精化妆品工业协会授予"东方美谷"全国唯一的"中国化妆品产业之都"称号。这使"东方美谷"越来越呈现出极大的发展潜力。

在五大新城中,奉贤新城成为滨江沿海发展廊道上的重要节点,具有辐射长三角的功能。从基于郊区新城建设的南桥新城,到赋予更多新功能的节点创新城市,奉贤新城不断发展的独特生态禀赋、科技创新能力将为上海城市经济的发展注入源源不断的动力,正成为长三角地区的重要增长极和新的战略支点。"奉贤的世界,世界的奉贤"已经成为了奉贤新城的追求,某一个点上是奉贤,放大就是世界。奉贤新城需要打造具有奉贤特色、上海气派、中国风范的新城城市形象和文化,把握"十四五"时期发展机遇,构建奉贤特色的独立综合性节点城市,以真正实现辐射长三角、赋能新时代。通过聚焦功能定位、优化产业布局和创新性政策保障,让奉贤这座新城市更美、更强,更有意味,成为一座更现代的未来城市,是奉贤新城下一个阶段需要继续推进的任务,进而实现"中心辐射、两翼齐飞、新城发力、南北转型"的新发展格局。通过强化与长三角更多城市互相赋能、借鉴、学习,融入长三角区域城市网络,加强与周边地区乃至长三角城市联动发展,深度参与国际竞争、国际分工、国际合作。

第5章
"十四五"时期南汇新城建设独立
综合性节点城市研究

5.1 南汇新城发展的历史沿革与"十四五"功能定位

5.1.1 南汇新城发展的历史沿革

南汇是长江三角洲冲积平原的一部分,是上海市郊成陆较晚的地区。中心有湖,两面临海是南汇新城独特的区位优势。

南汇成陆于唐代前后,《旧唐书》记载,由"扬子江水出海后受海潮顶托,折旋而南,与钱塘江水在此交汇"而成陆。它之所以被称为"南汇嘴",是因为它弯入大海,形状像一个嘴巴。它也曾被称为"海曲""南沙"。唐开元元年(713年)在周浦、下沙一线重筑古捍海塘,故南汇西部地区当成陆于唐以前。随着时间的推移,陆地逐渐向东南延伸,沧海变桑田,宋元时期,惠南一带成陆。

明洪武初置金山卫,领千户所六,南汇为其一也。嘉靖年间,曾计划建立以新昌为中心的新县,因八团乔镗坚决反对而作罢。清雍正四年(1726年)从上海县划出长人乡与下沙盐场建县,因县治设在原守御所南汇嘴,故名"南汇",属江苏省。1949年5月16日,划归苏南松江办事处管辖。1958年11月,国务院决定将南汇划归上海管辖。2001年,南汇县撤销,南汇区成立。2009年5月,国务院批准撤销南汇区,将南汇区行政区域并入浦东新区。8月8日,浦东新区第四届人大一次会议闭幕,选举产生了新一届浦东新区人大和浦东新区领导小组。至此,原浦东新区与原南汇区已完成法律意义上的"合并"。自8月9日零时起,原南汇区行政级别不再存在。

2012年9月19日,临港地区开发建设管理体制进行了调整完善,合并上海临港产业区管委会和南汇新城管委会,成立上海市临港地区开发建设管委会和南汇新城镇。临港地区开发建设管理委员会,为上海市人民政府派出机构,委托浦东新区管理。原芦潮港镇和原申港街道合并,成立南汇新城镇。

2020 年,"十四五"规划将南汇新城设立为上海市"五大新城"之一,建设独立综合性节点城市,南汇新城"十四五"期间迎来战略叠加的历史性发展机遇,将实现经济跨越式发展。

作为临港新片区的主城区,发展基础最弱、区位条件最差、人口规模最少的南汇新城,近年来发生着翻天覆地的变化。未来政策强度最高、功能加载最快、想象空间最大的南汇新城,将充分利用"海湖"资源优势,构建沿海到内陆,从气势磅礴到疏朗开阔渐次过渡的风貌格局,塑造起伏有致的城市天际线,打造最具特色的滨海新城。

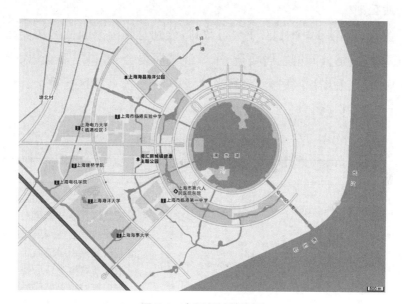

图 5.1　南汇新城镇地图

资料来源:中国地理信息系统。

5.1.2　南汇新城发展现状

1. 地理区位

南汇新城位于大治河以南,上海绕城高速(G1503)—瓦洪公路—两港大道—中港以东区域。占地面积 343.3 平方千米,为五大新城占地面积最大的区域(如表

5.1 所示)。其中土地面积 152.23 平方千米,占总面积 44.4%。根据规划,2021 年南汇新城区域公告出让土地约 6 平方千米,其中产业用地约 3.4 平方千米,年度住宅开工总量约为 400 万平方米。

表 5.1   上海市五大新城占地面积情况

区　域	占地面积(平方千米)
嘉定新城	159.5
青浦新城	91.1
松江新城	158.4
奉贤新城	67.9
南汇新城	343.3

资料来源:上海市新城规划建设导则。

2. 行政区划

南汇新城镇下辖 11 个社区、1 个行政村,分别是临港家园社区居委会、宜浩佳园第一居委会、宜浩佳园第二居委会、东岸涟城居委会、港口居委会、果园居委会、新芦社区居委会、农场社区居委会、海尚社区居委会、海芦社区居委会、海汇社区居委会、汇角村村委会(如表 5.2 所示)。

表 5.2   南汇新城行政代码

统计用区划代码	城乡分类代码	名　称
310115145001	121	南汇新城镇临港家园社区居委会
310115145002	121	南汇新城镇宜浩佳园第一居委会
310115145003	121	南汇新城镇宜浩佳园第二居委会
310115145004	121	南汇新城镇东岸涟城居委会
310115145005	121	南汇新城镇港口居委会
310115145006	121	南汇新城镇果园居委会
310115145007	121	南汇新城镇新芦社区居委会
310115145008	122	南汇新城镇农场社区居委会
310115145009	121	南汇新城镇海尚社区居委会
310115145010	121	南汇新城镇海芦社区居委会
310115145011	121	南汇新城镇海汇社区居委会
310115145201	122	南汇新城镇汇角村村委会

注:表中代码为中华人民共和国统计局统计用区划代码。
资料来源:上海市浦东新区南汇新城镇人民政府。

3. 人口与土地利用状况

在人口数量上,2017—2019 年南汇新城镇家庭户数与年末人口实现稳步增长,2019 年达到 12 877 户、36 753 人(如图 5.2 所示)。

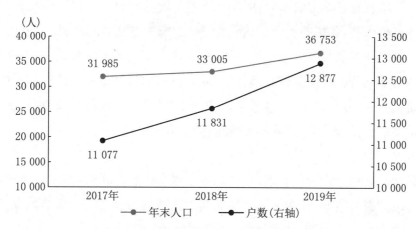

图 5.2 南汇新城镇年末人口与家庭户数

资料来源:2017—2019 年《浦东新区统计年鉴》。

南汇新城自 2004 年启动建设以来,历时十余年,引进了一大批产业项目,同时建成了一大批重大城市基础设施。其发展由沿海向内陆,从产业到城市,到 2020 年,南汇新城已由起步时的远郊农村发展成为现代化的产业新城。

4. *产业发展现状*

南汇新城兴起于上海"十二五规划"时期,当时以建设"四个中心""快速工业化"和"快速城镇化"为任务,经过十年的高速发展取得了巨大成就。

特别是 2019 年 8 月 20 日临港新片区正式挂牌后,南汇新城迈入新的发展阶段,迎来了前所未有的发展机遇,经济发展稳中加速。2016—2019 年,临港地区工业总产值年均增长 11%,全社会固定资产投资累计实现 1 250 亿元。2020 年,南汇新城工业总产值完成 1 613.3 亿元,同比增长 39.6%;全社会固定资产投资完成 607.4 亿元,同比增长 51.3%。①

在产业布局上,南汇新城产业集群效益也逐步显现,制造业高端化转型有力推进,智能新能源汽车产业和高端装备制造产业集群效应初步彰显,以集成电路、人工智能、生物医药、民用航空为代表的前沿产业加快布局。跨境金融管理制度体系初步搭建,滴水湖金融湾启动建设,全国首家外资控股合资理财公司等一批项目签约落地。综合交通体系初步构建,形成 S2、G1503、两港大道、轨交 16 号线等主要对外通道,与市中心交通联系显著增强;内部公共交通网络加快完善,现状路网规

① 资料来源于《2019 年浦东新区统计年鉴》。

模约 916 千米,公交线路运营里程约 685 千米,公交站点 563 个。公共服务能级逐步提升。优质教育资源加快布局,明珠小学等品牌基础教育项目逐步集聚,上海电力大学等高校入驻,各级各类学校达到 47 所,上海中学东校高中部等 26 所学校启动建设。医疗和养老服务体系初步构建,初步建立以三级医院为龙头、以社区卫生服务中心为基础的医疗服务体系,新建养老床位 996 张。商文体旅初具特色,商业设施建筑面积 45 万平方米,上海天文馆、冰雪之星等重大项目加快建设,滴水湖迎新跑等活动形成品牌效应,游客年接待量达到 500 万人次。

5. 发展困境

虽然南汇新城建设成效显著,但在高规格谋划推进的同时,南汇新城的发展目前还存在较大提升空间,作为一个平地而起的新城,在人口集聚、功能培育、设施支撑上也面临成长过程中特有的问题。

第一,硬质功能片区划分导致产城融合不足。规划之初,南汇新城被规划为主产业区、重装备和物流园区、奉贤分区、主城区和综合区几大功能片区,其中重装备和物流园区、主产业区、奉贤分区主要承担产业功能,主城区和综合区主要承担生活和配套服务功能。截至 2021 年,新城已引进一批战略新兴企业,建设高级、先进制造业基地的发展目标已初步达成。但产业区与生活区在空间上相对隔离,产城融合不足,导致城市对人口的吸引力有限,规划人口目标实现度仅为三分之一左右。

第二,对内对外交通组合功能仍有待完善。新城内重大道路交通网络已形成,连接市区的轨道交通 16 号线于 2013 年开通运营,联系浦东机场的两港大道以及新城内部的一系列重大骨干交通网络相继建成,对外交通联系与内部生产的需要基本得到保障。但是,南汇新城作为交通末梢的区位劣势尚未得到根本性的扭转,基础交通设施的组合效应仍有待进一步完善。

其一,由于承担货运交通功能的铁路线、内河港区等重大交通设施与洋山港区分离,对于洋山港口功能支撑不足,导致部分主要公路交通压力较大,对外的水运中转比例尚待提高。

其二,由于承担配套集散的道路配套设施不足及地区道路的建设滞后,使得作为空港—海港间的快速联系通道的两港大道过多地承担地区内部交通,疏港服务功能发挥受到限制。

其三,由于各分区内部路网系统较为独立,部分区域发展滞后,内部路网的建设尚不完善,导致本应服务于过境长距离交通为主的骨干道路承担了部分地区中短距离的交通任务。

其四,以轨道交通为核心的多层次公共交通体系尚未形成,目前只由单条轨道交通线接入全市的轨道交通网,公交接驳尚不健全,服务能力受限。

其五,对外交通发展滞后,广泛交通联系和区域交通枢纽地位是构筑城市流量经济节点功能的重要保障。目前,南汇新城对外联系主要以国道公路干线为主,连接长三角的对外交通特别是轨道交通较为薄弱,尚无一条城际快线,区域交通枢纽地位尚未形成,对外联系的广度、密度和便捷度存在明显短板。当前,周边的临沪城市,基本都有综合性交通枢纽,但南汇新城均无高铁或城际轨道站点。并且,南汇新城与其他四大新城之间交通联系薄弱,特别是缺乏将各新城串联起来的环状轨道交通线路,使得新城无法成为枢纽型交通节点。据测算,南汇与其他新城之间利用轨道交通的平均通勤时间需要两个小时,通勤效率较低。

第三,地区总体服务能级和吸引力尚处于起步阶段。为了提升城市综合服务功能、集聚人气,新城先后引入了上海海事大学、上海海洋大学、上海建桥学院、中国航海博物馆、上海天文馆、海昌海洋公园、市六医院东院等优质的教育、文化、医疗等资源。但设施主要集中在主城区,服务功能受空间距离限制,设施的服务能级和吸引力尚处于起步阶段,设施网络体系仍有待完善。

第四,生态特色逐步凸显,但田园城市风貌尚未形成。在规划之初,南汇新城就被定位为滨海田园城市。经过十余年的建设发展,地区绿化景观不断完善,一批地区及社区级公园建设落成,城区绿地覆盖率超过 38%,成为上海市首批低碳发展实践区。

但规划处于腹地,连接几个片区的临港森林建设滞后,以生态保育、休闲旅游为主导功能的城市生态核尚未形成。同时,旅游发展也处于起步阶段,新城的游客数日益增长,但较少驻留,以一日游为主。

当前,南汇将进入下一个战略时期,建设"全球城市"、创新驱动和内涵式发展的"独立综合性节点城市"成为新时期的发展目标。面对新的发展阶段和背景,机遇与挑战共存,在下一轮发展中,南汇新城将回应新的发展要求,实施与新的战略高度和建设目标相匹配的发展策略。

5.1.3 南汇新城的"十四五"功能定位

规划建设"五个新城"是上海面向未来的重大发展战略部署,是落实长三角一体化发展国家战略,进一步优化上海城市空间布局,增强城市能级和核心竞争力的重大举措。十四五期间,上海发展的总体思路,是加快形成"中心辐射、两翼齐飞、新城发力、南北转型"的空间新格局。南汇新城,既是"五大新城"之一,也是"东西两翼"之一,目标定位是打造成独立的综合性现代化海滨节点城市。

作为中国(上海)自由贸易试验区临港新片区的主城区,南汇新城北至大治河,西至上海绕城高速公路(G1503)—瓦洪公路—两港大道接中港,东、南至规划海岸线围合区域。作为临港新片区的主城区,南汇新城承载着特殊经济功能区和现代化新城的核心功能。

为打造最具特色的滨海新城,新片区将从两方面发力,一是进一步推进更深层次、更宽领域、更大力度、更高水平的全方位对外开放。在一些具有首创性、引领性的对外开放政策创新和制度创新方面实现历史性的突破,为全国高水平对外开放创造经验。二是推进成为全球资源和要素配置的核心枢纽,着力引进、培育一批具有明显的标志性、强大的引领性、特殊的功能性的重大项目。建设世界级、开放型、现代化的产业体系以及特殊经济功能性平台。"如果具象地形容这座未来滨海城市的话,她将具备完善的城市公共服务功能设施,如高水平、专业性的医院、学校、文化设施等;她将具备以高水平对外交通为主的城市基础设施,如连接市中心,连接区内便捷的交通网络,以及高水平的生态绿化等;她将具备智慧化、智能化及数字化的城市管理,比如道路、城市建筑、工厂设计等,都是充满'智慧'的。"①

南汇新城将按照建设长三角城市群独立的综合性节点城市总体定位,围绕"产城融合、功能完备、职住平衡、生态宜居、交通便利、治理高效"的总体目标和"最现代、最生态、最便利、最具活力、最具特色"的发展要求,全力建设高能级、智慧型、现代化的未来枢纽之城。聚焦前沿产业以及新型国际贸易、跨境金融、现代航运、信息服务、专业服务等现代服务业,建设国际人才服务港、顶尖科学家社区等载体平台;率先布局新型基础设施,建设智慧城市,加速对外快速交通网络建设;完善城市公共服务配套,布局高能级教育、医疗、商业、文体设施。

按照这样的定位,位于上海东南角、凭海临风的南汇新城,在不久的将来将成为一座具有国际风、未来感、海湖韵的独立城市。

5.1.4 南汇新城规划总体

展望"十四五"时期,国际国内形势为南汇新城提供历史性发展机遇。从国际

① 陈烁:《南汇新城:打造节点型现代化滨海城市》,《浦东时报》2021年2月24日。

上看,世界百年未有之大变局带来的影响将更加深刻,国际高水平经济技术合作与竞争更加深入。从国内看,中华民族伟大复兴的历史脚步将更加蹄急步稳;中国将努力构建以国内大循环为主体、国内国际双循环相互促进的新发展格局,实现高质量发展;以自由贸易港建设为龙头,构建全方位高水平对外开放格局,呈现千帆竞发、百舸争流的大好局面。

从上海全市看,上海正进入社会主义现代化国际大都市建设新阶段,强化"四大功能",深化"五个中心"建设,推动城市数字化转型、做强做优"五型经济",建设"五大新城"优化市域空间布局,打造国内大循环的中心节点和国内国际双循环的战略链接,提升城市能级和核心竞争力。

国际国内的宏观环境,既为南汇新城建设成为具有较强国际市场影响力和竞争力的特殊经济功能区、核心功能区和独立的综合性节点滨海城市带来前所未有的重大发展机遇,也让南汇新城面临了一些不确定性和挑战。

根据《"十四五"加快推进新城高质量发展的支持政策》,南汇新城按照临港新片区产业规划,到 2025 年生产总值达到 5 000 亿元,年均增长不低于 25%,其他 4 个新城年均增长 6% 以上,力争 8% 以上,高端产业人才加快集聚,力争新增产业人才超过 50 万人。

到 2025 年,南汇新城将初步建成具有较强国际市场影响力和竞争力的特殊经济功能区核心承载区,初步建成"开放创新、智慧生态、产城融合、宜业宜居"的链接全球、辐射长三角的独立综合性节点滨海城市,初步建成令人向往的"东海明珠"和新城建设的标杆典范,成为上海建设具有世界影响力的社会主义现代化国际大都市的战略新空间。具体表现为"三高地五新城",即建设"高水平开放高地、集成改革创新高地、高能级产业高地、生态新城、数字新城、宜居新城、文化新城和滨海新城"。在指标上围绕"发展规模、产业发展、综合交通、公共服务、人居环境"等五个方面,提出了 24 个核心发展指标(如表 5.3 所示)。比如"工业总产值"从 2020 年的 1 700 亿元增长到 5 000 亿元,年均增速在 25% 以上;"数字经济增加值"平均增速达 50%;"中运量公交线路建设总里程"达到 50 千米;"生态空间比例"达到 55%。

表 5.3　南汇新城"十四五"规划建设目标指标表

类别	序号	指　标　项	单位	2025 年
发展规模	1	常住人口	万人	75
	2	建设用地总规模	平方千米	176.8
	3	工业总产值	亿元	5 000

（续表）

类别	序号	指 标 项	单位	2025 年
产业发展	4	数字经济增加值平均增速	％	50
	5	职住平衡指数	—	100
综合交通	6	中运量公交线路建设总里程	千米	50
	7	新城内部通勤及联系周边中心镇、到近沪城市、中学城和相邻新城,衔接国际级枢纽的出行时间	分钟	30、45、60
	8	滴水湖核心区路网密度	千米/平方千米	6
	9	建成区公交站点 500 米覆盖率	％	≥80
	10	绿色交通出行比例	％	≥80
公共服务	11	社区级公共服务设施 15 分钟步行可达覆盖率	％	85
	12	普惠性托育点覆盖率	％	85
	13	小学、初中每百名学生拥有区级以上骨干教师数	人	≥1
	14	每千常住人口执业(助理)医师数	人	≥3
	15	每千常住人口医疗卫生机构床位数	张	6.5
	16	每千常住人口社区养老服务设施面积	平方米	40
	17	人均体育场地面积	平方米	4
	18	每十万人拥有文化场馆数量	个	10
人居环境	19	人均公园绿地面积	平方米	17
	20	森林覆盖率	％	＞15
	21	生态空间比例	％	55
	22	水功能区水质达标率	％	100
	23	5G 网络覆盖率	％	≥99
	24	数字化应用场景数量	个	30

资料来源:《南汇新城"十四五"规划建设行动方案》。

依据《中国(上海)自由贸易试验区临港新片区国土空间总体规划(2019—2035年)(送审稿)》"轴向带动、大疏大密、有机生长"的空间组织模式,"十四五"期间南汇新城规划形成"一核一带四区"的空间结构。

"一核",即滴水湖核心。打造具有人口高度集聚、空间多元复合、海湖特色鲜明、城市核心功能完备的城市核心区。围绕新型贸易、跨境金融、总部经济、研发孵化和航运服务等功能,营造世界级商业商务环境。"一带",即沿海发展带。"四区",即洋山特殊综合保税区(芦潮港区域)、前沿科技产业区、综合产业区、新兴产业区。依托两港大道、两港快线等沿海大交通走廊,强化交通快速通达与经济联动功能,串联滴水湖核心和"四区",促进要素资源高效流通,加快"一核"和"四区"全面融入上海城市发展、长三角一体化和国内国际市场,形成产城融合和开放创新的发展格局。

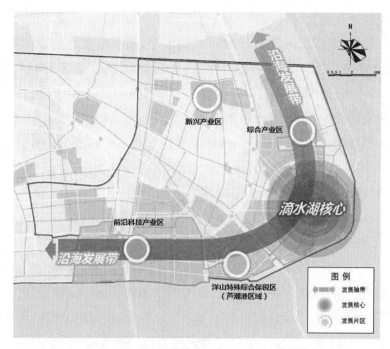

图 5.3 南汇新城空间结构规划示意图

资料来源:《中国(上海)自由贸易试验区临港新片区国土空间总体规划(2019—2035 年)(送审稿)》。

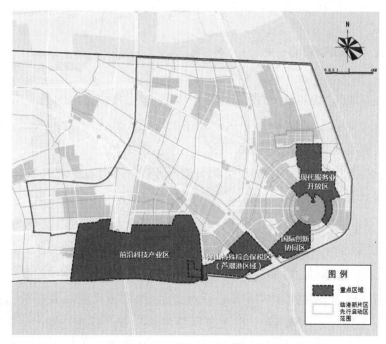

图 5.4 南汇新城"十四五"重点规划建设的四大区域

资料来源:《上海市新城规划建设导则》。

重点规划建设四大区域,以"一核一带四区"为基础,汇聚城市最新理念、最新技术和最新场景,对标国际最高标准和最高水平,高质量规划建设国际创新协同区、现代服务业开放区、洋山特殊综合保税区(芦潮港区域)、前沿科技产业区,形成一批体现"最现代、最生态、最便利、最具活力、最具特色"的城市示范区。

关于未来建设的重点方向,一方面是要增强功能、以产兴城,打造集聚和辐射能力更强的特殊经济功能区。全面打造具有国际影响力的前沿产业体系,强化科技创新策源功能,"十四五"期间,重点建设"东方芯港""生命蓝湾""大飞机园""信息飞鱼"等特色产业园区,力争形成3个以上千亿级产业集群、30家开放型产业创新平台、1 000家高新技术企业,让城市的功能更强、活力更足、机会更多。另一方面,要提升品质、加快转型,塑造"国际风、未来感、海湖韵"的现代化新城。加快建设现代服务业开放区和国际创新协同区,加强配置相应的世界级、国际化、人性化公共服务配套。抓住城市后发优势足、应用场景多的特点,在规划初期嵌入治理数字化、生活数字化的理念,全面打造智慧城市。同时,推进绿地、森林、景观海岸线等重大生态工程建设,促进蓝色滨海空间、绿色生态空间和市民生活空间相融相生。

南汇新城将充分发挥开放优势和试验田作用,与其他四座新城形成联动,带动长三角城市群共同打造世界级的产业体系,为上海和长三角的发展提供强劲的经济增量和创新引擎。

5.1.5　南汇新城的城市内涵

南汇新城成为"新的城市"所需的独立性,并非行政意义上的独立市,而是在功能上具备相对主城区的独立性,如权责利在更高层次上统一,产业发展、基础设施、公共服务在更高水平上相对完整。

南汇新城成为"新的城市"所需的综合性,是要强调不再过于依附于上海市或者浦东新区,要发展相对完整的城市功能。以往的新城被称为卫星城或卧城,与主城区在空间和功能上基本是从属关系,现在强调综合性就是要求新城摆脱以往在就业、出行、消费、娱乐、公共服务等方面过于依赖主城区的历史,协同推进制造业与服务业融合发展,高水平建设基础设施和公共服务,成为长三角区域一体化发展进程中的参与主体。

南汇新城成为"新的城市"所需的节点功能,顾名思义就是要在长三角区域城市网络、产业网络、交通网络和公共服务网络中承担节点枢纽功能。南汇新城发展成效显著,但在产业发展、城市能级、基础设施和公共服务上与中心城区或者市域外的同级别城市相比仍有落差,独立性、综合性和节点功能的特质仍需要强化。

　　"十四五"期间,南汇的"新城发力"亟须找到一个成为"新城市"的强力突破口。这个强力突破口就是"新的城市"所需特质,即南汇新城"新"在哪里、"特"在何处。具体体现以下三个方面。

　　一是突出开放性和国际化。南汇新城承担着重要的国家战略,将充分发挥"空港、海港、自由港"的区位和制度优势,运用自主发展、自主改革、自主创新管理权限,实施高水平、全方位开放和深层次改革系统集成,努力营造国际一流营商环境。充分体现"国际风",在规划设计、城市功能、产业发展、风貌管控、基础设施、公共配套、人文交流等诸多方面吸引国际优质资源参与。

　　二是突出未来感。发挥南汇新城"滩涂造城、平地兴产"的特点,利用广阔的开发空间,加快建设智慧互联的数字城市、色彩缤纷的公园城市、生态韧性的海绵城市、综合利用的无废城市、绿色环保的低碳城市、集约高效的立体城市。充分展现未来科技前沿、未来城市模式和未来生活方式,打造鲜明的新城特质。因此,在城市数字化转型上将率先布局,围绕经济数字化、生活数字化、治理数字化等重要领域率先突破,增强科技创新策源,加快培育应用生态体系,打造数字经济发展优势;做生态绿色的发展标兵,坚持生产、生活、生态的统筹安排,依托科技创新优势,建设具有超前性的绿色能源体系和资源循环利用体系,厚植生态绿色基底。与此对应,也要突出乡村规划建设的未来前沿,科技农业、美丽村庄、数字乡村、智慧小城镇,也将成为上海城乡融合发展的空间基底。要把小城镇改造,特别是非建制镇改造提上议事日程,借助新城发力,积极注入未来元素,从根本上解决与上海国际大都市不太匹配的非建制镇问题,规划建设具有全球领先性的未来之城。

　　三是突出滨海城市风貌塑造。发挥南汇新城"滴水成湖、向海而生"的临海拥湖优势,加强城市风貌设计和重点区域风貌管控,塑造"世界海岸、未来之城"的大文化品牌,打造最具特色、最具魅力的滨海新城、文化新城。充分利用面向大海、海空港齐备的区位条件和临港新片区的政策优势,大力发展以海洋经济为特色的节点城市,争取建成全球海洋经济中心城市。

5.2　南汇新城建设独立综合性节点城市的产业发展战略[①]

　　作为中国(上海)自由贸易试验区临港新片区的主城区,在临港新片区自 2019

年正式挂牌后,南汇新城迈入新的发展阶段。2019 年工业总产值达 261.4 亿元,同比增长 3.4%。财政收入与 2018 年相比虽略有下降,但依旧维持在 60 亿元以上。

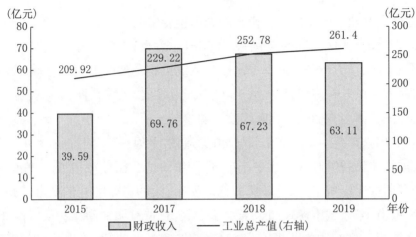

图 5.5　南汇新城财政收入与工业总产值

资料来源:2015—2019 年《浦东新区统计年鉴》。

与其他四大新城不同,有上海自贸试验区临港新片区加持的南汇新城产业发展更多体现了国家战略,必然会得到各方更多的资源和支持。作为五大新城中占地面积最大的新城,南汇新城重点发展的产业众多。借助上海自贸试验区临港新片区的东风,南汇新城构建了"7+5+4"的现代化产业体系格局。"7"大前沿产业:重点发展集成电路、人工智能、生物医药、航空航天智能新能源汽车、高端装备、绿色再制造,着力提升高端制造业领域的基础优势;"5"大现代服务业:提升发展新型国际贸易、跨境金融、高能级航运、信息服务、专业服务等高端服务功能;"4"大开放创新经济业态:加强培育离岸经济、智能经济、总部经济、蓝色经济等开放创新经济业态。①

到 2025 年,南汇新城将初步建成具有较强国际市场影响力和竞争力的特殊经济功能区核心承载区,初步建成"开放创新、智慧生态、产城融合、宜业宜居"的连接全球、辐射长三角的独立综合性节点滨海城市,初步建成令人向往的"东海明珠"和新城建设的标杆典范。

具体产业发展战略上,主要围绕"十大赋能计划"展开,包括 45 条具体措施和 20 项重大项目,全面提升城市综合功能。"十大赋能计划"分别是开放创新引领计划、前沿科技产业攻坚计划、现代高端服务业培育计划、人才全方位导入计划、综合

---

① 参考《关于上海市"十四五"加快推进新城规划建设工作的实施意见》。

交通提升计划、公共配套完善计划、生态环境秀美计划、文化软实力塑造计划、城市治理提效计划和营商环境优化计划，①以下选取创新、科技、服务业、文旅产业与工业园区介绍其重点发展战略。

5.2.1 开放创新引领计划

"浦东将为各个区块特别是两翼、新城和南北，增强科技创新策源能力和高端产业引领能力，提供新引擎、集聚新资源；将为各个区块深化改革开放，激发内生活力，提供新契机、释放新红利；将为各个区块特别是中心城区和两翼，建设最高标准、最高水平的全球性功能平台和制度规则，更好服务构建新发展格局，提供新载体、建设新体系。"②其中，"五个新城"中的南汇新城是上海自贸试验区临港新片区的主城区，将成为浦东引领区建设乃至整个长三角地区打造开放创新引领区的"主战场"之一。

在打造开放试验区方面，南汇将积极布局顶尖科学家国际联合实验室。探索构建具有国际竞争力的自由化便利化政策制度体系。制定并落实临港新片区新一轮全方位高水平对外开放和深化改革方案。加快推进国际投资、国际贸易、资金跨境流动、国际人才跨境执业、国际运输等自由化便利化，推动数据跨境流动的便捷联通和有序流动。探索在若干领域率先实现突破的政策和制度创新，加大在若干重点领域的风险压力测试，率先试点放宽外商投资准入限制。进一步推动高水平资本项目可兑换，强化全球金融资源配置等功能。提升境外人才出入境便利化程度，放宽境外专业人士的从业限制。加快具有国际竞争力的税收支持政策落地。完善一体化信息管理服务平台，全面提升风险防范和安全监管水平。依托洋山特殊综合保税区打造最具国际市场影响力和竞争力的自由港。进一步完善《关于促进洋山特殊综合保税区对外开放与创新发展的若干意见》，建设离岸贸易创新发展实践区。着力增强创新策源和国际创新协同能力。坚持科技创新和制度创新双轮驱动，加强国际科技交流合作和创新协同，打造全球创新网络重要节点。集聚高水平研发主体，积极布局顶尖科学家国际联合实验室，建设 10 个以上顶尖科学家实验室。推动高水平研究型大学建设，支持国内外高水平研究机构和创新型企业设立总部、分支机构和研发中心。打造科技成果转移转化平台,建设朱光亚战略科技研究院等30家国内领先、有国际影响力的开放型产业创新平台,引进跨国公司研发中心20家,行业龙头企业研发中心20家。培育壮大更多创新型企业,强化企业作为技术创新主体地位。加快培育一批高科技企业,到2025年新增高新技术企业达到1 000家。

在发挥创新引领方面,构建创新共同体,突破关键核心技术瓶颈,大幅提升创新产业的国际竞争力和全球影响力,是长三角地区承担的国家使命,也是推进区域一体化发展所要实现的重要目标。要发挥浦东新区拥有的独特优势,加快关键核心技术研发突破,加速科技成果孵化转化,要以全球产业链供应链价值链的重要枢纽功能,有力牵引长三角创新产业的分工协作、培育壮大,大幅提升区域产业链供应链水平,在创新产业领域加快培育世界级产业集群,带动长三角地区实现"弯道超车"。[1]南汇新城将以"五个重要"为统领,构建集成电路、人工智能、生物医药、航空航天等"7+5+4"面向未来的创新产业体系,建设国际人才服务港、顶尖科学家社区等载体平台,加快打造更具国际市场影响力和竞争力的特殊经济功能区。

5.2.2 聚焦前沿科技产业

围绕前沿科技产业攻坚方面,南汇将大力发展集成电路、人工智能、生物医药、民用航空、智能新能源汽车、高端装备制造、氢能产业和绿色再制造产业。聚焦"东方芯港""生命蓝湾""信息飞鱼""海洋创新园"等特色产业园区建设,形成集成电路、智能新能源汽车和高端装备制造等3个千亿级产业集群,形成人工智能、生物医药、民用航空等百亿级产业集群。将以"五个重要"为统领,面向未来的创新产业体系,建设国际人才服务港、顶尖科学家社区等载体平台,加快打造更具国际市场影响力和竞争力的特殊经济功能区,具体产业发展规划如下[2]:

第一,聚焦全产业链融合的集成电路产业。建设"东方芯港"特色产业园区,围绕集成电路制造、核心装备、关键材料、高端芯片设计、集成电路贸易等产业领域,形成集成电路全产业链生态体系。着力推进中微半导体、微研院化合物、格科微、闻泰科技、国科微、天岳芯片材料等项目建成投产。重点加快突破EDA设计、关键IP开发等关键核心技术。积极引入海内外装备、材料头部企业,加快重点领域关

---

① 王振:《浦东如何服务带动长三角一体化》,《解放日报》2021年7月25日。
② 参考《南汇新城"十四五"规划建设行动方案》市政府新闻发布会。

键企业集聚。积极发展以集成电路为重点的电子元器件分销业务,建设面向亚太市场的贸易流通平台和支持服务中心。到 2025 年,集成电路产业规模突破 1 000亿元。

第二,聚焦开源创新赋能的人工智能产业。加紧布局人工智能开源开放平台,集聚高校、科研院所力量形成创新共同体,加快建设视觉、语音识别等开源技术平台,打造"平台+应用"人工智能生态链。推进商汤科技人工智能计算和赋能平台建成投用,支持落地的寒武纪、地平线、燧原科技、恒玄科技等重点企业发展壮大,支持以芯片、传感器等为代表的技术突破和产品应用。加速推进"人工智能+"多元应用场景落地,推动无人驾驶、智能工厂等应用示范。营造产业集聚范围,开展"黑客马拉松"等多种线上、线下活动。到 2025 年,人工智能核心产业及相关产业规模达到 900 亿元。

第三,聚焦面向高端前沿的生物医药产业。建设"生命蓝湾"特色产业园区,围绕创新药研、医疗服务,建设集研发、生产、测试、展示等功能于一体的国际生物医药产业基地。重点推动德建聪和、臻格生物、和元生物重大项目建成投产。优先发展先进生物医药技术,引进和发展以新活性、新靶点、新结构、新晶型、新工艺为代表的"五新"化学药。强化精准医疗先行示范,引进拥有核心技术和品牌的高端特色医药。推进临床转化平台建设,引入多方机构共建创新、研发、转化平台。到2025 年,生物医药产业规模达到 800 亿元。

第四,集聚集成创新驱动的民用航空产业。重点发展民用航空综合性产业,初步构建集设计、研发、制造、应用、服务于一体的产业体系,基本形成具有国际竞争力、影响力的民用航空集群。强化与机场南侧"大飞机园"特色园区联动发展,加快建设发动机试验验证平台,完善上下游产业链布局。围绕数据开发、卫星通信等,推动航天领域布局延伸。到 2025 年,航空航天产业规模达到 600 亿元。

第五,壮大跨界融合的智能新能源汽车产业。围绕特斯拉、上汽荣威等龙头企业,布局上下游产业链,进一步招引其他知名汽车企业落地,营造跨界融合的智能新能源汽车产业,加速推动整车企业供应链国产化、本地化。加快自主核心技术开发和掌控,提升国产化配套比重。到 2025 年,智能新能源汽车产业集群产值达到2 000亿元。

第六,壮大尖端硬核的高端装备制造产业。聚焦海洋高端装备、工程机械等,建设支撑"大国重器"的产业高地,重点推动上海电气、三一重工等项目转型升级,围绕集成电路、民用航空、智能新能源汽车等产业,实现若干关键零部件配套领域突破。聚焦燃气轮机、航空发动机、船舶动力等动力装置核心技术研发。打造一批智能制造平台和工厂,全面提升生产自动化水平、设备运行效率和产品创新能力,加快智能化转型升级。到2025年,高端装备制造产业产值达到1 000亿元。

第七,培育氢能产业。发展战略性新兴产业,全面落实国家氢能战略,打造全产业链模式。建设好中日(上海)地方发展合作示范区,发挥临港新片区氢产业园优势,补强国内氢能自主研发能力,建立跨界融合的燃料电池产业生态。打造氢能源汽车产业链,重点推动氢能燃料汽车应用示范,探索氢能电池整车制造。

第八,培育绿色再制造产业。聚焦重点领域高端化应用,拓展绿色再制造新模式,打造上海绿色再制造产业先行引领区。培育一批知名再制造企业,建立相应再制造技术标准,扶持本地再制造中小企业发展。建设具有影响力的再制造重点实验室、再制造国家工程中心等国家级再制造平台。争取进一步开放再制造原料旧件进口相关政策。

5.2.3 培育现代高端服务业

为推动金融开放创新发展,南汇先行试点更加开放的金融政策及创新措施,实施高水平金融改革开放创新风险压力测试。实施更加自由便利的跨境金融管理制度,以资金自由流动为目标,以服务高水平国际投资贸易自由化便利化为核心,进一步实施更加利于资金便利收付的跨境金融管理制度体系。加快高能级国际金融要素及资源平台建设,加快国际金融资产交易平台等高能级金融要素平台项目落地。促进金融业快速发展,加快"滴水湖金融湾"和"中银西岛"综合体建设。加快吸引持牌金融机构、新型金融机构、功能性金融机构入驻,打造金融科技集聚高地、资产管理创新高地、股权投资产业高地。提升金融对实体经济的服务能力,鼓励社会资本按市场化原则设立各类产业投资基金,支持实体经济发展,加速科技赋能和产品创新。到2025年,引入各类金融机构和投资类企业300家。

集聚发展总部经济,实施"总部激励计划",打造总部机构集聚高地。集聚一批跨国公司地区总部、本土跨国公司和企业总部,提升总部经济能级,提升跨境服务能力。大力培育贸易型总部、外资研发中心、跨国公司资金管理中心等功能型总部,提高要素集聚水平。到2025年,集聚不少于50家经认定的总部机构。

提升贸易航运服务能级,推动口岸贸易持续增长,提升大宗商品资源配置能力。加强国际分拨中心建设,增强转口贸易能力。加快服务贸易、离岸贸易发展,充分利用两个市场两种资源,做强国家外贸转型升级基地和上海国际服务贸易示范基地平台功能。加快国际油气交易平台等重大平台建设,打造"洋山价格"体系,提升中国在重要国际大宗商品领域的定价权和价格影响力。优化航运功能设施,打造高效港口集疏运体系,推动海、公、铁、水等多式联运,推进小洋山北侧综合开发,增强水转运能力。提高高端航运服务能级,打造洋山保税船供公共服务平台,拓展高端航运产业链集群。搭建国际航运中转集拼服务中心,增强国际航运综合枢纽功能。创新发展港航物流联动模式,打造仓储物流、高端制造、港航联运为一体的物流产业集聚区。

加快发展数字经济。聚焦"信息飞鱼"全球数字经济创新岛,打造"一十百千"大数据产业集群,探索建立高效安全的跨境数据流动体系,着力打造国际数据港。开展数据跨境流动安全评估,搭建跨境数据流通公共服务平台。建设国际信息通信设施,建成直达亚太、通达全球的海底光缆系统,规划建设跨境数据中心、新型互联网交换中心,打造多功能集约化的基础设施体系。推进工业互联网建设,以产业数字化为核心,打造国际领先的工业互联网功能和转化平台,加快发展"在线新经济"。

5.2.4 以"旅"兴城,以"文"塑城

南汇在文旅建设方面,主要包括 4 个方面 12 项内容:一是以"旅"兴城,塑造世界级旅游目的地,包括建设世界级目的地、构建旅游产业体系、整合旅游生态资源。二是以"文"塑城,打造世界级文化和旅游先锋地,包括打造文化特色品牌、打造先锋文化集聚地、培育文化和旅游产业新亮点。三是以"融"促城,推动文化和旅游产业改革创新,包括打造国家文化产业和旅游产业融合发展示范区、积极推动旅游业创新、持续探索制度创新。四是以"智"暖城,完善文化和旅游公共服务体系,包括提升智慧文旅能级、丰富公共文化供给。

南汇新城也十分重视商文体旅的融合发展。新城建设将加快构建商业基础设施布局,重点推进临港大道购物公园、申港大道商业综合体、海港大道商业广场、东港大道商业综合体等项目建设,完善社区、园区商业配套,推动标准化菜市场转型升级,建设新城商业数字化示范区,2025 年商业设施建筑面积达 100 万平方米。建设临港足球基地等体育运动设施,以体教结合为基础,建设大型综合体育场馆,形成以健身休闲、竞赛表演、体育服务等为重点发展方向的国际化体育产业体系。全域构建旅游产业,积极举办文旅品牌活动与节庆活动,构建工业游、科普游、滨海游等内容丰富的城市旅游产品体系,每年举办市级以上文旅活动和体育赛事不少于 5 次。全面建成上海天文馆、冰雪之星等重大文旅项目,打造环滴水湖国家旅游度

假区。到2025年,年接待旅游量达到1 500万人次。

在战略支持方面,上海市文化和旅游局与中国(上海)自由贸易试验区临港新片区管理委员会签署战略合作协议。根据协议,南汇新城将被建设成为近年来世界级文旅先锋地和中国文旅集聚投资、配置资源、创新发展的世界级平台。这是上海文化和旅游系统主动积聚优势资源,持续发力,赋能"五个新城"建设的重要举措。

围绕"世界海岸、未来之城"的发展理念,按照把南汇新城建设成独立综合性现代化海滨节点城市的要求,发挥文旅综合赋能作用,全面集聚文旅优势资源,确保南汇新城未来文旅建设案例和实践符合城市发展新趋势和新理念。在将南汇打造成为中国文旅集聚投资、配置资源、创新发展的世界级平台的同时,临港新片区文体旅产业基础也在南汇新城镇发展中逐渐累积壮大。

其中,临港重大文体旅项目主要集聚于滴水湖周边区域,以滴水湖为中心,临港新片区将发挥中国航海博物馆、上海海昌海洋公园、冰雪之星、上海天文馆等龙头项目的引领作用,构建滨水游、滨海游、乐园游等城市旅游产品体系,建设滴水湖国际旅游度假区。同时,这一区域将打造时尚演艺集聚区,鼓励发展沉浸式演艺、光影秀、水秀等演艺新业态,支持以音乐、戏剧、时尚表演、体育表演、数字艺术为主题的演艺场馆建设及项目开发。

在东海湾海洋休闲岸线,临港新片区将以海洋文化、水上运动、滨海旅游为内容主题,规划建设海上音乐厅等一批基于海洋文化、海洋科技的国际级文化载体。同时,集聚以帆船、皮划艇、摩托艇为主的水上运动相关产业,建设生态化、智慧化国际水上运动中心。以芦潮港港口码头为核心节点,结合沿河两岸独特的景观条件和岸线资源,打造向海开放的国际性海洋小镇。

在滨海游方面,临港新片区将联动东海大桥至洋山港海域,展望舟山群岛等周边岛屿,整体规划滨海岸线大海洋文体旅格局。将推出临港一卡通,实现多业态覆盖。推动商业、文化、体育、科技、艺术等跨界融合发展。据介绍,临港新片区将打造一个"商业联盟",实现区内商业、文化、旅游、交通等业态全覆盖。

5.2.5 开发与工业园区的建设

工业园区的建设是新城经济的发展中不可或缺的一部分,是新城产业升级、转型调整的一个非常重要的平台和载体。在大多数人印象中,作为区域经济发展的重要载体,每当论及产业园区,众人都会想到诸如北京中关村、上海张江高科技园区、苏州工业园、天津经开区、深圳高新区等诸如"中国产业园区 100 强排行榜"上的高大上种子选手。事实上,南汇工业园区也毫不例外,园区建设在新城产业发展中发挥着重要的引领作用。

自南汇工业园区成立以来,南汇园区建设经历着数量上的快速增长和质量上的整合升级等不同发展阶段。南汇新城作为中国(上海)自由贸易试验区临港新片区的主城区,南汇园区发展一定程度上与临港的发展经验密不可分,近年来,临港产业区发展从艰难到成熟,为南汇新城产业战略升级提供重要参考。

1. 临港产业区的基本情况①

临港产业区规划总面积 240.99 平方千米,包括主产业区、综合区、重装备产业区及物流园区、临港奉贤分区四个功能区域。其中集中开发区域包括重装备产业与物流园区、临港奉贤分区以及临港芦潮港、泥城两社区,临港产业区自 2003 年开发建设以来,瞄准"高端制造、极端制造、自主制造"领域,加大招商引资力度,已形成新能源装备、大型船舶零部件、海洋工程装备、汽车整车及零部件、大型工程机械等产业集聚的装备制造基地和一批世界级工厂,战略性新兴产业也开始培育发展。2020 年,临港产业区建成国家级现代装备产业基地、国际生产服务业枢纽以及具有海洋文化特色的生活服务业集聚区。

2. 临港产业区发展中面临的问题

临港产业区开发建设几十年来,在取得显著成绩的同时,也面临着一些瓶颈制约因素,特别是人气不足、配套设施缺乏、产城融合度低等问题,一定程度上制约着产业的持续发展和地区功能提升。主要表现在:

第一,产业区和居住区相隔较远,难以实现融合发展。主产业区距离临港新城的主城区以及上海市中心都比较远,距离临港新城主城区 15 千米,距离上海市中心 70 千米,且尚未有轨道交通等快速交通干线。截至 2021 年,临港产业区的非本地工作人员只有不足三分之一居住在临港地区,多数员工仍采取市区通勤方式上下班。过分的产城分割布局,以及规划中的产业区配套设施在总量、种类和能级上也相对缺乏,严重影响了当地员工的居住和产业区的发展,也限制了产城融合发展和新兴产业的发展,是造成产业区冷冷清清、缺乏人气的重要原因之一。

第二,配套设施严重不足,不利于产业和人口集聚。据有关部门调查,临港产业区的非本地工作人员不愿意居住在临港产业区的原因主要有:上下班通勤不便、购物不方便、子女教育难和文化娱乐设施不足。据上海临港集团公司调查,当地员

---

① 参见卢为民《工业园区转型升级中的土地利用政策创新》,东南大学出版社 2014 年版。

工最迫切的交通需求是轨道交通,最需要的配套设施是大卖场。限制其不愿留在临港的最主要因素是子女教育与市区交通联系。同时,又难以依靠主城区的生活配套没施。由此导致临港产业区虽然成立近10年,但至今仍较为冷清、缺乏人气,严重影响了产业发展的后劲。

第三,土地利用效率较低,存量用地盘活潜力大。临港产业区土地利用效率不高主要表现在两个方面:一方面,现有规划中局部地区绿化率偏高、道路绿化带面积也相对过大、部分公路过宽,不利于土地的节约集约利用。另一方面,部分产业项目容积率偏低,少量闲置土地的存在也造成了土地资源的浪费。

3.临港地区在产城融合方面的创新举措

为了促进产城融合,推动临港地区快速发展,2012年以来,上海市委、市政府高度重视,经过深入研究,2012年9月,正式发布了《关于在临港地区建立特别机制和实行特殊政策的意见》。2019年7月国务院印发《中国(上海)自由贸易试验区临港新片区总体方案》,提出优化土地使用结构,保障先进制造业用地供给,提高产业用地绩效;2020年6月上海市规划资源局发布《中国(上海)自由贸易试验区临港新片区国土空间总体规划(2019—2035年)》,提出积极发挥产业集聚效应,提高产业能级和土地利用水平。总结这些政策措施,在促进产城融合方面提出了以下土地利用调控政策。①

第一,"促进产城合发展"作为发展重点。根据上海市委、市政府的文件精神,临港地区改革的主要目的是实现临港地区"两聚一强化",即"集聚高端制造业、集聚创新创业人才、强化产城融合"。《上海市临港地区管理办法》明确提出,临港地区要突出高端制造、研发创新、综合服务、生活宜居等功能,将临港地区建设成战略性新兴产业创新引领区、创新创业人才集聚区和现代产城融合发展示范区。

第二,将控制土地成本作为集聚人气和产业的重要途径。政策提出,要保持临港地区土地成本低、居住成本低的优势,使临港地区成为生产、生活成本的洼地,集聚产业人气的高地。在控制产业用地成本方面,提出了实行工业用地弹性出让,对工业项目、大型城市综合配套、大功能性项目等用地,可采用带方案出让。确保临港区打造成上海土地成本洼地。同时,临港产业区实行绿化在园区内总体平衡。在控制居住成本方面,临港地将规划建设一定规模的"双定双限房"和"先租后售"

① 可参见《市政府新闻发布会介绍上海市在临港地区"建立特别机制和实行特殊政策"相关情况》、《上海发布临港30条5年投资1800亿打造40万人海滨新城》。

公共租赁房。所谓"双定"是限定区域和对公共租赁房,"双限"是限定价格和年限。入驻临港地区的企事业单位可以购买公共租赁房,符合一定条件的个人可以购买"双定双限房"。

第三,将优化土地利用结构作为提高土地利用效率、促进产城融合的重要手段。政策提出,在临港地区建立规划滚动修编、加强产城联动机制。结合浦东新区作为全国土地利用规划"滚动修编"试点区县之一,可进一步优化临港地区土地利用规划,提高土地节约集约利用水平。完善临港总体规划,形成更加科学合理的产城融合规划布局。

第四,将完善配套设施作为集聚人口的重要着力点。政策提出,实施工地优惠政策,支持加快建设配套设施。临港产业区产业、基础设施和市政公益类项目土地指标单列和耕地占补平衡全市统筹。对南汇新城重大市政交通基础设施、环境设施等公益性设施,实行土地指标单列和耕地占补平衡全市统筹。在公共基础设施、环境设施等公益性设施方面,实行土地指标单列和耕地占补平衡全市统筹。在公共交通方面,尽快建成和开通通往临港地区的轨道交通线,并完善地铁公交接驳,规划有轨电车等公共交通体系。在生活配套方面,以人为本,适度超前规划和建设一批重大基础设施,优先配置一批优质社会事业资源,强化商业与城市配套同步协调开发,加快吸引和集聚人气。提供优质生活配套服务,为中高端人才提供子女入学方便和本人就医的绿色通道,鼓励在临港举办各类大型活动。

第五,将完善管理体制作为促进产城融合的重要保障。为了加快产城融合,上海市政府将原来上海临港产业区管理委员会和南汇新城管理委员会进行合并,撤销申港街道、芦潮港镇建制,调整老港镇部分行政区划,设立南汇新城镇。在此基础上,成立了上海市临港地区开发建设管理委员会,明确管委会为上海市人民政府派出机构,委托浦东新区管理,负责统筹推进临港地区开发建设。同时,南汇新城镇和临港地区开发建设管理委员会进行合署办公,管理范围包括临港地区中心区(南汇新城)、主产业区、综合区、重装备产业区、物流园区和临港奉贤分区等,规划面积 315 平方千米。"管政合一"后,有利于在临港地区实现市区两级的事权、资源高度集中和统筹联动,形成临港地区统一规划、统一开发、统一管理的总体格局。

4. 南汇产业园区发展现状

随着上述政策的落实,临港地区产城融合发展和产业转型升级的步伐逐步加快,为南汇新城产业园区建设探索出了较为成熟的发展道路。截至 2021 年,南汇新城主要涉及以下几大园区:临港重装备产业基地、洋山保税港区、临港主产业园区、临港综合区、南汇新城产业社区、临港奉贤分区和海港开发区。

其中,南汇工业园区在新城发展中发挥着不可替代的重要作用,该园区成立于1994年8月,位于浦东新区中部,系市级工业开发区。2010年1月,根据浦东新区"7+1"生产力布局,南汇工业园区纳入国家级经济技术开发区——金桥出口加工区板块,成为浦东发展先进制造业组团的重要组成部分。

园区总规划面积为28平方千米,以大治河为界,分为北区和南区,其中北区13平方千米,南区15平方千米。上海南汇工业园区发挥毗邻空港的优势,功能定位于发展资本技术密集型的光电子光伏产业;依托临港产业配套区,大力发展以现代交通运输、电器机械、精密仪器等关键零部件生产为主的装备制造产业。同时,园区积极鼓励发展与两大主导产业相关联的生产性服务业,并结合大飞机组装、轨道交通、主题公园等大项目的明确选址,把握其辐射效应,适时推出航空产业配套园等特色产业园。①南汇工业园区2018年工业总产值156.53亿元,2019年为161.36亿元(如表5.4所示),增速达3.1%,占南汇新城工业总产值60%以上。其中,高技术产业发展最为突出,2019年产值达31.37亿元,同比增长23.3%;工业重点发展行业产值104.85亿元,同比增长6.3%;电子信息产品制造产值34.66亿元,同比增长7.2%;汽车制造业产值22.38亿元,同比下降13.6%;成套设备制造业产值43.34亿元,增长24.8%。可以看出,南汇新城2019年在高新技术、电子信息产品制造等方面呈现出良好的发展态势。

表5.4 2019年浦东重点开发区相关指标对比　　　　　　　　(亿元)

	南汇工业园区	临港产业区	张江高科技园区
固定资产投资额	4.48	289.9	212.53
工业投资额	3.03	204.7	130.48
工业总产值	161.36	327.68	869
高技术产业产值	31.37	12.18	1 108.33
工业重点发展行业产值	104.85	174.48	378.50
电子信息产品制造业产值	34.66	—	275.53
汽车制造业产值	22.38	20.86	378.50
成套设备制造业产值	43.34	134.29	275.53

资料来源:2019年《浦东新区统计年鉴》。

横向对比来看,在浦东重点开发区中,南汇工业园区与临港产业区、张江高科技园区在固定资产投资、工业投资方面存在较大的差距,但在高技术产业产值、汽

_____

① 参考上海南汇工业园区官网。

车制造业产值方面已高出临港产业区。通过"十四五"规划后的"十大赋能计划",相信这种差距会明显缩小,成为浦东,甚至有望成为上海新城开发的典范。

南汇工业园区作为市级工业园区,在上海全市 23 个市级开发区①中表现也较为突出,2019 年工业总产值位居全市 12 位。从具体经济指标来看,南汇工业园区工业总产值稳步提升,各项财务指标也渐趋合理化,年末资产合计从 2017 年 179.28 亿元上升到 2019 年 228.76 亿元(如表 5.5 所示),年末所有者权益从 2017 年 71.77 亿元上升到 2019 年 90.34 亿元,利润总额从 2018 年起均维持在 10 亿元以上,已成为南汇新城经济建设的重要组成部分。

表 5.5　南汇工业园区主要经济指标 （亿元）

指　　标	2017 年	2018 年	2019 年
年末资产总计	179.28	190.58	228.76
流动资产合计	126.11	125.76	146.85
年末负债合计	107.39	109.84	138.41
年末所有者权益	71.77	80.75	90.34
主营业务收入	147.63	153.11	183.15
利润总额	9.39	12.00	10.56
税金总额	3.15	2.67	2.52
亏损企业亏损额	2.91	0.84	0.83

资料来源:2018—2020 年《上海统计年鉴》。

产业园区成为南汇新城经济发展重要助推器。它在区域经济与产业经济之间形成了一个产业联动的桥梁,它承载着南汇产业的系统组合与补充,以及主导产业的合理链接与配套等功能作用。南汇产业园区的建设同时为科技创新型、经营创业型和配套加工型、咨询服务型等企业构建了一个适合企业发展的经营平台。随着园区经济的发展日趋完善、日渐成熟,现已形成了产业园区建设与发展的特有运营模式,在今后的经济建设中将进一步发挥拉动南汇区域经济快速增长的巨大作用。

① 分别是指上海新杨工业园区、上海未来岛高新技术产业园区、上海市市北高新技术服务园区、上海市莘庄工业园区、上海宝山工业园区、上海月杨工业园区、上海嘉定工业园区、上海嘉定汽车产业园区、上海浦东空港工业园区、上海浦东合庆工业园区、上海朱泾工业园区、上海枫泾工业园区、上海金山工业园区、上海松江经济开发区、上海青浦工业园区、上海西郊工业园区、上海浦东康桥工业园区、上海南汇工业园区、上海奉城工业园区、上海星火工业园区、上海奉贤经济开发区、上海崇明工业园区、上海富盛经济开发区。

5.3 南汇新城建设独立综合性节点城市的公共服务提升

5.3.1 南汇新城公共服务发展现状

2009 年 5 月,南汇区整体并入浦东新区后,两者发展密不可分。从 2010—2019 年浦东新区财政支出来看,一般公共预算支出增长迅速。2019 年,浦东新区一般公共预算支出 1 341.267 5 亿元,十年间增长率达 155％以上(如表 5.6 所示)。其中 2019 年教育、城乡社区事务与资源勘探信息等支出占比最大,分别占总支出的 11.19％、29.93％与 17.6％,可见近年来,浦东新区重点建设着重在教育与城乡社区事务方面。从增速上看,位居十年间财政支出增速前列的分别是教育、文化体育与传媒、城乡社区事务与农林水事务,增速分别为 203.77％、176.21％、172.00％与 359.77％。

表 5.6 2010—2019 年浦东新区财政支出 （万元）

	2010 年	2015 年	2017 年	2018 年	2019 年
一般公共预算支出	5 240 626	9 202 182	12 576 900	13 055 105	13 412 675
♯一般公共服务	337 484	432 633	480 600	502 927	520 185
公共安全	217 982	315 038	401 400	379 998	390 326
教育	493 988	897 053	1 156 400	1 218 603	1 500 567
科学技术	239 029	383 505	503 600	428 901	497 158
文化体育与传媒	55 135	112 665	157 700	286 605	152 290
社会保障和就业	456 319	851 218	1 011 100	1 110 271	1 098 273
医疗卫生与计划生育	260 061	453 358	573 600	528 387	550 032
节能环保	61 191	52 104	62 400	125 130	120 770
城乡社区事务	1 475 828	2 834 509	4 116 800	4 385 611	4 014 206
农林水事务	285 049	575 389	835 700	971 087	1 310 577
交通运输	153 107	285 133	414 900	438 560 011	285 214
资源勘探信息等支出	879 267	1 535 928	1 911 500	2 164 109	2 361 078
商业服务业等支出	63 436	76 582	17 700	2 250 023	14 736
金融支出	88 000	76 000	76 100	50 335	14 015

资料来源:2010—2020 年《浦东新区统计年鉴》。

未来,南汇新城在财政收支方面需要制定可行性策略,首先是要优化财政支出结构,将公共资源更多地分配到与人民生活密切相关的地方,这对于社会福利的增加有积极影响;其次是开创一种新型的转移支付制度,让财政转移支付的重点向基层政府倾斜。此外,还需完善公共财政体制,增强财政的支持能力,注意财权与事权的匹配,做到均等地分配基本公共服务。

在改善民生方面,从本质上讲,"民生改善"就是为"人的全面发展"提供公共服务,这是国家治理的基本内容,也是国民幸福的基本支柱之一。公共服务对南汇社会发展的意义是多方面的。首先,提供公共服务有助于缓解收入分配不公平造成的"不公平感";其次,公共服务有助于提升个体的人力资本和发展能力(例如,教育和医疗领域的公共服务是人力资本的重要决定因素,特别是对低收入群体);最后,公共服务有助于降低居民的"不安全感",降低居民的预防性储蓄,进而通过增加当期消费提高居民的福祉水平。因此,公共服务供给水平和公平度的提高有助于提升南汇居民的生活满意度和幸福感。

民生改善已经成为南汇当前发展阶段的客观需要,南汇的整体发展已经跨越了生存阶段,正朝着满足人民更高福祉要求的发展阶段迈进。2018—2019 年,南汇新城享受居民最低生活保障人数(参加城镇低保的保障对象人数)从 210 人下降到 152 人,2020 年略有回涨,但保障人数 171 人仍低于 2018 年。

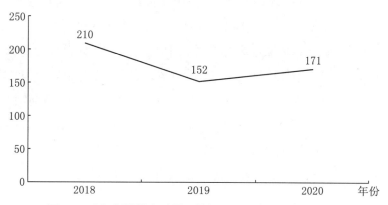

图 5.6 南汇新城镇享受居民最低生活保障人数(单位:人)

资料来源:2018—2020 年《浦东新区统计年鉴》。

5.3.2 南汇新城公共服务总体发展方向

1. 完善公共服务设施

在长三角区域中,优质公共服务资源集聚多,是上海最大的比较优势之一。近年来原先布局在中心城区的优质公共服务资源不断向郊区新城扩散,对于改善郊区的公共服务水平发挥了很大作用。对于南汇新城加快集聚的优质公共服务,不仅要更加方便地让乡村人口进城共享,还要推动建立以新城为牵引的城乡一体化公共服务设施体系,统筹镇、村两级的公共资源配置与服务。

2020年底,南汇新城18个社会民生项目集中开工,涵盖教育、卫生、养老、文体等领域。这样的密度,在南汇新城开发建设史上前所未有。确定了"社会事业适度超前于城市建设"的方针,"十四五"时期将在教育、医疗、养老配套设施等领域全面发力。

2. 基本公共服务供给模式从"供给导向"转变为"需求导向"

导致南汇存在公共服务供给效率低下、公众满意度低问题的重要原因是供给与需求的不对等。以前地方政府在制定公共服务供给目标时更多考虑的是上级部门的条条框框和指标要求,或者自行来决定,较少征求相关群体的意见。公众意见对于决策的影响微乎其微。政府自上而下的供给内容与百姓的真实需求并不匹配,导致社会资源巨大浪费,阻碍了公众共享改革成果的进程。在公共服务资源稀缺,公众需求日趋多元的社会背景下,公共服务供给模式必须从自上而下的"供给导向"转变为自下而上的"需求导向"。供给模式转变的关键在于对政府公共服务决策实行"硬约束"。所谓"硬约束"是指在决策阶段充分行使公众意见表决权,甚至是否决权,把公众表达意见的权利制度化,对政府决策实现硬性约束。2016年2月国务院发布的《关于全面推进政务公开工作的意见》中明确规定政务公开包括"决策公开、执行公开、管理公开、服务公开和结果公开"五个方面。其中决策公开是首要部分,要把"公众参与、专家论证、风险评估、合法性审查、集体讨论决定确定为重大行政决策法定程序",并"探索利益相关方、公众、专家、媒体等列席政府有关会议制度,增强决策透明度"(许耀桐,2015)。同时也要着力培养公众主动参与和自我服务的公民意识,充分利用现代化大众传播方式,鼓励公众理性参与,依法维权。

3. 以大数据为依托,促进公共服务由"粗放供给"向"精准供给"转变

"粗放"供给主要是指遍地开花的"补偿性"供给模式,"精准"供给是指服务内容准确符合公众需求,服务对象进一步聚焦特殊群体。精准供给旨在消除公共服务过度消费与供给不足并存的怪象。公共服务精准供给的前提是充分掌握公众对服务项目类型和数量的需求。现代化信息科学的进步,为基本公共服务由粗放供给向精准供给转变提供了有力的技术支撑。以深圳市织网工程为例,"织网工程"数据库可以准确观测到全市所有社区内流动人口、老年人口、孕龄人口、学前和义务教育适龄儿童、残障人士等群体的分布规模及变化情况,可以有针对性地根据群体分布特征类型来设置社区卫生中心、公立幼儿园及中小学、残障人士服务设施等

(尹栾玉,2016)。"循数供给"可以极大地改善公共服务供求不对等的格局,减少社会资源的浪费,提升公共服务供给效率。"精准"供给同时也表示服务对象的精准。近年来公共服务整体水平虽然大幅提升,但群体和区域间享有的公共服务差距却在不断扩大。下一阶段促进基本公共服务均等化的核心在于"补齐短板",而不是齐头并进。教育的缺失和情感的匮乏是导致留守儿童心理问题的主要原因。基本公共服务均等化绝不是城市幼儿园的贵族化,更应该是贫困地区和弱势群体公共服务的底线均等化。补齐公共服务短板的关键在于配套的财政体制改革。要充分发挥中央财政的"保底"功能,提高中央财政在基本公共卫生和社会保障方面的支出比例,扩大对南汇新城公共服务方面的转移支付比例,保证基本公共卫生和社会保障需求能得到有效供给。

4. 基本公共服务供给主体从"一元主体"向"协同供给"转变

传统的、以政府为单一主体的一元供给模式在当前社会遭遇了极大挑战。一方面是政府经济资源和管理能力的局限性不断凸显,另一方面却是公共服务需求规模逐渐扩大,需求质量要求提升,需求类别不断多元化。显而易见的是单靠政府唯一主体来满足越来越广泛多样的公共服务需求,在未来社会已经没有可能。政府并非"全能政府",也不可能是"无限政府",在公共服务供给方面,只能负担"有限责任"。政府直接和主要承担的应该是最基本、最迫切、最广泛的保底型服务,其职责在于"坚守底线、突出重点、完善制度、引导预期"。[①]莱斯特·M.萨拉蒙(2002)认为,"有效供给公共服务,应该由社会中多元行为主体基于一定的集体行为规则,通过相互博弈、相互调适、共同参与合作等互动关系,形成多样化的公共事务管理制度或组织模式"。多元供给并非简单的"多头供给",而是基于一定合作机制和合理分工的"协同供给"。"协同供给"包括两个层面。一是政府内部相关职能部门之间的协同。二是政府与市场、社会在公共服务供给方面的协同。协同供给主要是以信息化为依托,协同发改委、社工委、人力资源和社会保障部门、教育和卫生部门等公共服务相关政府机构,做到统筹规划、分头实施、有机合作和高效运营。"协同供给"的另一个层面是政府与市场和社会的协同。这种协同不能简单等同于政府购买公共服务。政府购买公共服务只是政府协同社会力量完善公共服务供给的一种方式。促进公共服务多元供给的困境和核心在于如何激发社会活力。没有市场经济组织和社会组织以及公众积极主动的参与,再多的政府购买也仍然只是一厢情

---

① 《中共中央关于制定国民经济和社会发展第十三个五年规划的建议》,人民出版社 2015 年版,第32 页。

愿的独角戏。社会活力的激发需要更多的顶层设计和系统性制度建设来全面支撑和逐步推进。

5.公共服务供给战略转变要分阶段、分步骤推进

改善公共服务必须遵循从南汇实际出发,因区制宜的原则。以信息化,特别是大数据为技术手段,搭建公共服务平台,整合相关部门,重构政府职能,优化组织结构,实现公共服务的统筹协调、精准高效供给。中央政府要加大财政投入力度,继续强化保底功能。未来五年是全面建成小康社会的关键时期,南汇新城基本公共服务均等化建设与"精准扶贫""教育扶贫"以及"扶贫攻坚"等工程要系统设计,统筹规划,提升社会资源配置效率。

5.3.3 南汇新城公共服务具体规划

1. 生态环境保护类公共服务

(1)建设公园城市,提高绿化面积。根据《南汇新城"十四五"规划建设行动方案》,南汇新城将加快建设绿丽港、黄日港、橙和港等楔形绿地,加快城市公园提质改造,启动建设南汇嘴生态园。第一,推动环城生态公园带建设,建设环湖核心公园景观带,加快推动二环城市公园景观、环湖80米景观带等项目。到2025年,美丽街区覆盖率不低于45%,建设绿道总长度不低于200千米,规划公园绿地实施率不少于50%。第二,加强骨干河道水系贯通和生态清洁流域建设,到2025年,河湖水面率达10.2%,主要河湖水质断面优于Ⅲ类水比例不低于60%。第三,依托森林板块和景观海岸线建设,促进蓝色滨河空间、绿色生态空间与市民游憩空间相融共生,到2025年,公园绿地服务半径基本覆盖3 000平方米及以上。在海洋防灾的前提下,协调海岸带生态恢复和海岸防护林建设。结合滴水湖风景区规划建设,打造城市水依赖型滨海城市风貌。

(2)依托海港区位,建设海绵城市。落实海绵城市建设理念,完善海绵城市建设技术标准体系,实行分级、零散、分类管理,采取"渗透、停滞、储存、净化、清洁"等多种措施,因地制宜地利用"渗、滞、蓄、净、用、排",改善水环境。建设弹性水网,深化排水系统升级改造,加快城市排水泵站和管网建设,在新社区、城市道路上建设雨水收集、储存和利用设施,因地制宜的公共绿地及其他配套设施。大约35%的城市化地区的排水能力为3—5年。实施渤马河等骨干河道整治和出海闸建设工程,提高防洪排涝能力。提高原水和供水保障能力,建设"从源头到龙头"的全程优质供水体系,建设优质饮用水示范区。

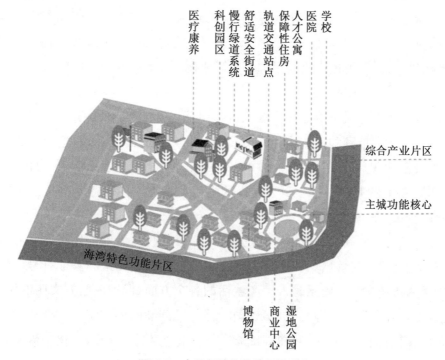

医疗康养　科创园区　慢行绿道系统　舒适安全街道　轨道交通站点　保障性住房　人才公寓　医院　学校

综合产业片区

主城功能核心

海湾特色功能片区

博物馆　商业中心　湿地公园

图 5.7　南汇新城的宜居场景意向

资料来源：上海市人民政府印发《关于本市"十四五"加快推进新城规划建设工作的实施意见》的通知。

（3）加强节能减排，建设无废城市。南汇新城将落实"三线一单"生态环境分区管控要求，探索环境分类监管模式，深化大气环境污染防治，开展重点区域重点行业 VOCs 减排。第一，加快城市废弃物生化处理中心、工业固废（危废）高值资源化与集约化示范基地项目建设，到 2025 年，土方区域内统筹平衡比例达 100％。第二，推进污水资源化利用试点示范，加强雨水集蓄利用，到 2025 年，城镇污水处理率不低于 99％。第三，全面实施垃圾分类，提高生活垃圾回收利用率，控制生活垃圾填埋量，到 2025 年，生活垃圾回收利用率不低于 50％，原生生活垃圾全部零填埋。加强危废全过程规范化管理与安全管控，推动农业高质量发展与主要农业废弃物资源化利用，实施重点监管企业土壤污染预防和农用地污染风险防控，促进工业、农业、生活废弃物末端处置管理向源头管控转变。

（4）优化能源消费结构，建设低碳城市。第一，积极推进绿色能源示范项目建设，提高天然气等清洁能源利用比例，加强屋顶光伏、海陆风电发展。到 2025 年，一次能源消耗占比超过 50％。第二，积极开展绿色生态城区试点建设，完善绿色建筑实施标准，加强交通节能减排，开展近零排放试点。到 2025 年，所有新的民用建筑都将通过装配式建造完成。

（5）提升饮用水品质，强化水源安全保障。改善饮用水的质量。加强水源安全，严格执行水源保护区分类分级管理。进一步推进二次供水改造，加快从源头到水龙头的供水监控，推进优质饮用水示范区建设。

2. 文化类公共服务

首先，弘扬上海城市精神和品格，培养南汇新城专有城市风格。践行社会主义核心价值观，大力培育和宣传中华优秀传统文化，弘扬"海纳百川、追求卓越、开明睿智、大气谦和"的城市精神内涵和"开放、创新、包容"的城市品格，大力传播红色文化、海派文化和江南文化，以开发建设的生动实践助力上海城市精神品格在南汇新城落地生根。

其次，利用南汇新城高度国际化的舞台，充分吸收和借鉴国外优秀文明成果。在新城规划建设中提炼出更多突出中国文化特色的经典元素和象征符号，更好地将中国优秀传统文化的内涵融入生产生活的各个方面，促进东西方文明的深度交融，充分融合红色海派江南文化，实现国际性与民族性的内在统一。推动中医、武术等传统文化代表性项目和戏曲等优秀传统文化艺术参与全国文化交流与合作，促进现代文化与传统文化的有机融合，积极打造"世界海岸、未来城市"文化大品牌。

最后，加强文化事业和文化产业发展。完善现代公共文化服务体系，提高公共文化服务水平。积极引导基层社区开展自发的文化活动，丰富基层群众的文化生活。全面推进文化设施网络建设，规划市区图书馆、剧院等文化设施建设，鼓励和引导社会力量参与文艺生产和公益性文化活动。试点跨境艺术品保税交易，拓展创意文化、文物、艺术品交易等创新形式。推进文化创意产业载体建设，以高科技影视制作基地为依托，建设国际文化创意港和文化产业集群。

3. 人才培育类公共服务

南汇依托临港大学园区的区位优势，实现人才、科研等优质资源聚集。临港大学园区位于上海浦东南汇新城镇，距离上海市中心约75千米，是上海高校布局结构调整"3＋2＋X"计划的组成部分。园区于2004年开工建设，共有上海海事大学、上海海洋大学、上海电力大学、上海电机学院、上海建桥学院五所高校，"两海两电一桥"的高校新格局正式形成。临港大学城的几所高校除中法学院外，基本上是沿着沪城环路分布——也就是南汇滴水湖的"四环"。

依靠临港大学园区，不仅直接提升了南汇新城的人力资本水平，而且扩大了该区域的大学生消费市场，对拉动当地就业具有重要意义。临港大学园区同样发挥集聚效应，汇集高素质人才，为提高高科技产业的创新能力，实现南汇的飞跃发展提供智力资本。

在具体人才战略上,南汇还将从以下几个方面发力:

(1)集聚高端人才。实施高端人才引领发展战略,聚焦重点产业、重点科学领域,加快引进一批具有全球影响力的领军型人才。"十四五"期间,南汇计划引进培育各类高层次人才不少于100名。对外籍高层次人才实行更加开放便利的出入境、停居留和工作许可政策,实施境外人才个人所得税税负补贴新政策,大力引进海外高层次人才。到2025年,主要劳动年龄人口中受过高等教育比例不低于45%。

(2)培育专业人才。实施"一十百千万"职工技能登高计划,结合紧缺急需人才需求,坚持引育并重,构筑高级、中级、初级技能人才队伍全方位、梯度化发展体系。完善产教融合育人机制,支持校企共建产教融合实训基地,在技术类专业推行现代学徒制和企业新型学徒制,"十四五"期间培养十万名具有初级及以上职业技能等级和专业技术职称的产业工人。深化职业教育人才培养模式改革,依托新城、优势产业和高校资源优势,建设一批"中等职业学校、高职院校和应用型本科"贯通专业和五年一贯制新型高职院校;鼓励发展本科职业教育,开展专业学位研究生试点培养,扩大高层次应用型人才供给,支持南汇新城建设混合所有制新型高职院校,探索在南汇新城引进1所德国高水平职业院校。依托上海市开展的国家产教融合型城市试点,支持南汇新城作为试点核心区,在产教融合制度、人才培养改革、重大平台载体创新等方面率先取得突破,健全产教融合协同发展机制。

(3)引进创新创业人才。支持人才创新创业,搭建创新创业交流平台、创新成果展示交易平台、大学生创新创业公共服务平台,举办创新创业大赛等活动。支持归国留学人员来新片区创业,依托留学人员创业园、欧美同学会等载体或活动,吸引海外留学人员、外籍留学生以及国(境)外高水平大学优秀外籍毕业生来新片区创新创业,强化青年人才的培育和引进。

(4)健全人才服务保障体系。完善新片区国际人才服务港,引进和培育一批高质量、专业化、综合性的人力资源服务机构,构建服务全国、连接全球的人才市场体系,2025年,南汇新城将引进各类高层次人才不少于100名,培养10万名以上具有初级及以上职业技能等级和专业技术职称的产业工人,集聚30家以上知名人力资源机构,力争年均导入人口达8万—10万人。支持科技创新人才通过挂职、兼职、短期工作、项目合作等多元灵活方式在科研事业单位与企业间合理流动。推进行业人才市场化评价体系建设,完善人才安居政策。

(5)构建新型新城人口结构。高端产业与创新链在新城的集聚,必然带来高端人才向新城流动,加上对新城实施差异化的人口导入和人才引进政策,将进一步提升新城的人才集聚优势。随着交通越来越便捷化,更多的创新人才愿意入驻到美丽乡村。比如美国硅谷,大学、研究所、高科技企业,很多都分布在乡村。新城与美丽乡村更近,一方面要鼓励和支持有意愿进城的乡村人口进城生活就业,另一方面也要允许那些愿意入乡的新城人才来到乡村居住生活,这样不仅可以增加当地农民的财产性收入,而且可以扭转乡村人口老龄化趋势,优化乡村人口结构。是可以考虑在南汇新城,试点宅基地改革,激活宅基地资源。不应简单地用郊野公园模式推进农民集中居住和乡村振兴,而要留下美丽村庄、美丽宅基,这是新城最宝贵的建设用地资源。二是可以把美丽村庄建成创新小镇、创新村庄,并用江南水乡的生态人文魅力,吸引人才和创新型企业。

(6)集聚优质教育资源。为满足区域内市民群众和产业人口对优质教育的需求,南汇新城优先发展中学、小学、幼儿园、托儿所,打造教育改革开放先行区。按照适度超前的原则,引入市级优质教育资源,与上海交大、华师大、上师大等合作办学,开办优质基础教育学校。到2025年,小学、初中、普通高中平均班额分别不高于40人、45人和40人。推动上海中学东校教育集团建设。上海中学东校高中部、华师大二附中临港校区、临港青少年活动中心等标志性项目建成投用。建设国家产教融合试点核心区,试点建设1所混合所有制的五年一贯制高职院校或二级学院。引进优质民办教育资源,按需设立独立法人的外籍人员子女学校。推动德国应用科技大学等世界高水平高等教育合作办学,支持教育发展研究机构落地。新办1所老年大学。

总体来看,为推进教育产业发展,南汇新城应从公共教育供给结构优化、公共教育的品质提高两方面入手。通过整合各级公共教育资源,同时增加有需要城市的公共教育资源,即可为教育的发展奠定基础。为提高公共教育的品质,缓解"学区焦虑",应关注优质中小学校和普通中小学校之间差距的缩小,政府部门应积极采取各类措施促进教育公平。除此之外,还应积极引进民间资金推进托幼教育发展,通过兴办幼儿园,并由政府和行业组织负责认证、监管工作,幼儿园的有序发展即可得到保障,配合具有针对性的法律法规,托幼教育的供给增加和质量的保障即可同时实现,需求释放也将受到较为积极的影响。

4. 能源资源基础设施类公共服务

"南汇新城将聚焦夯实电力、燃气能源基础发展,推动氢能、光伏、风能等新能源应用示范。"据临港新片区管委会相关领导介绍,"未来五年,将实现新建厂房光伏屋顶全覆盖,继续推进周边海域风电建设,适时启动深远海风电开发,探索氢能在公共领域的示范应用场景。"

南汇新城还将建设综合能源管控平台。通过调峰填谷互动应对,提高能源利用效率,实现电、气、热、政府、社会等各方数据资源共享,制定最优能源供应和储存策略,提高区域综合能源利用效率。同时,建设智慧、互联、协作、共享的数字城市和国际数字生活示范室,并建设不少于 10 个示范数字生活社区。数字生活社区甚至数字孪生城市将在这里成为现实。当数字技术融入生活,南汇新城的居民在衣、食、住、行、工、学等方面都将更加便利,这无疑是对未来规模的城市功能的探索和完善。

根据规划,南汇将重点推进能源市场体系建设。深入推进电力体制改革,推进以现货为核心的电力市场改革。稳妥推进燃气行业改革,优化天然气管网运营机制,稳妥推进燃气管网公平有序开放,完善与管网运营机制相适应的天然气产供储销体系和价格形成机制。进一步发挥上海国际能源交易中心作用,研究推进成品油、天然气等期货产品上市。支持上海石油天然气交易中心在临港新片区建设具有国际影响力的油气定价中心,探索开展国际保税低硫燃料油现货交易。以国际竞争力最强的自贸区为标杆,更好发挥开放政策和制度的吸引力,助力形成一批千亿级产业集群,打造一批更高开放度的功能型平台,初步构建世界一流滨海城市的框架形态和功能。在完善综合能源设施方面,南汇将搭建综合管控平台,完成电力、燃气两大骨干网络建设,重点抓好能源建设六大重点领域,在几个细分领域进行能源建设综合布局。推进 500 千伏远东站主变扩建及 4 个 220 千伏、16 个 110 千伏输变电工程,完成奉贤海上风电场并网。加强区域太阳能、风能等可再生能源开发。到 2025 年,光伏发电累计装机容量将增至 340 兆瓦,风电累计装机容量将增至 800 兆瓦。氢能利用链试点布局,新建 4 座油氢站,探索建立汽车综合能源供应站体系。

5. 交通运输类公共服务

世界城镇化历史表明,特定区域内城市的数量和规模与经济发展水平高度相关。以研究经济活动集聚为主要对象的空间经济学进一步揭示出,即使交通和通信技术迅猛发展,交通区位仍然是决定城市成长的主要作用力。可以说,不管是国家和上海最新政策导向,还是理论探索与实践经验积累都表明,"十四五"期间,南汇新城要实现从"新的城区"向"新的城市"这个定位的转变,全面改善交通区位条件或关键突破口。

南汇新城是位于上海东南部的沿海新城,位于临港新区产城融合区 386 平方千米范围内。除洋山岛南部和浦东机场南部区域外,新城规划面积达 343 平方千米。在这样一个大型的新城中,城市交通的便利性非常重要,目前交通体系建设已初具规模。

(1) 完善便民的交通体系。"十四五"时期,新片区综合交通发展将初步实现"15、30、60、90"的出行服务目标,即15分钟到达浦东枢纽、30分钟可达龙阳路枢纽、60分钟可达虹桥机场、90分钟可达长三角毗邻城市。南汇新城还将持续推动提高轨道交通16号线的运输能力,优化列车运营组织,缩短列车运行间隔。此外,启动研究直达中心城区的快速轨道交通方案。在路网建设方面,"十四五"时期将形成G1503、S2和两港大道3条高快速路的路网格局,加强新片区与长三角、上海中心城区、浦东、奉贤等地区的快速联系。"十四五"时期完成两港大道快速化改造,研究G1503绕城高速(G1503/S2以西)拓宽的可能性。

(2) 加大交通清洁能源的使用范围。在探索清洁能源示范应用场景上,"十四五"时期,临港新片区中运量建设里程达到50千米以上。2021年3月,全国第一条DRT数字轨道电车T1线将完成测试启动运营,将在37分钟内串联起主城区、以特斯拉为代表的产业区以及泥城社区。而规划建设T2、T6两条中运量线路,将增强滴水湖片区与先进智造片区、综合产业片区的快速联系以及片区内部的便捷联系,进一步促进产城融合。南汇新城将建成T1、T2、T6三条中运量线路,总里程达50千米以上,逐渐形成一张以中运量为骨架的公共交通网络。

其中,中运量T6线将是首个试用氢能的公交线路,车辆将使用3节编组、拥有优先路权专用道路,单次客运量更大,能有效联通临港产业区与奉贤园区。与此同时,能够加油、加氢、充电、加注LNG(液化天然气)、换电的平霄路油氢合建站也将为中运量公交车以及氢能集卡提供清洁能源,实现土地集约利用。

(3) 加快交通数字化体系建设。智慧化也是此次交通规划的亮点之一。南汇新城将全面推进城市数字化转型,构建面向不同交通治理场景的智能交通体系,推进共享化智能运载工具示范应用,构建适应自身发展需求的数据平台,提升数据驱动的治理能力。未来南汇新城的居民将充分享受"智慧出行"的便利:核心区路口信号灯能够联网控制、智慧停车信息平台能够共享停车位、新增公交站点将全部智能化,管委会还将加强研究按需响应的新型智慧交通服务,鼓励政企联手,率先在"公交+地铁+出租车+自行车"等城市公共出行领域先行研究MaaS(出行即服务)技术的应用,打造多业态一体化的共享出行平台。

(4) 发挥交通辐射带动作用。从辐射通道看,新城应分别对应上海的对外通道和经济走廊,着力构筑各通道上的枢纽节点。经济走廊是节点城市发挥辐射带动作用的基础和依托,一般以交通通道为支撑。五大新城应根据各自的地理位置,分别依托相应的交通通道,打造特定的经济走廊,形成各自的辐射范围。南汇新城应依托海港空港和跨海交通走廊,主要辐射舟山、宁波地区和连接全球市场。

(5) 加强各类交通的互联互通。在未来的南汇新城,城市交通、城际交通和跨区远程交通将高度融合。城市交通不仅依靠地铁、现代有轨电车、公交汽/电车等,也高度依靠市郊铁路、城际铁路、高铁等多种运输方式。在高速铁路与城市轨道交通市域线之间,或采取列车共线运行,或实现旅客零换乘,从而使新城市民跨城市居住、工作、上学、购物等都十分便利。这都需要依托城市轨道交通市域线与高铁的互联互通。轨道交通不仅具有强大的运输功能,而且具有强大的集聚和引导功能。因此,优化重塑空间布局,打造快速轨道上的上海五大新城,也是实现"交通引导发展"(TOD)的明智之举。

具体推进路径可以学习借鉴日本东京、法国巴黎等城市轨道交通建设经验,上升到市级层面来统筹推进。建设市域(郊)铁路或市域快铁,甚至接入到国家高速铁路网中,与上海市主城区的站点和其他长三角城市实现半小时互通;对新建的市域(郊)铁路以及已开通的新城与中心城区之间的地铁或轻轨实行分级管理,采取灵活编组、高密度、公交化的运输组织方式,如分别开设站站停、大站车和直达车等;完善郊区新城对外的伞状高等级公路体系建设,建设集城市地铁、城际轨道、高速公路、快速道为一体的城市交通枢纽。

6. 公共住房类公共服务

上海市人民政府发布《关于本市"十四五"加快推进新城规划建设工作的实施意见》提出,五大新城将探索出台与中心城区差异化的购房和租赁政策,研究完善租购并举、租售衔接的人才住房政策。同时强调,五大新城要促进产城融合发展,如在新城产业社区中增加租赁住房、公共空间和服务设施,提升整体品质、促进职住平衡;完善多样化住房供应体系,促进新城住房规划建设与轨道交通建设、就业岗位分布、公共设施配套联动发展,引导人口和住房合理分布,保持新城房地产市场平稳健康发展。完善多主体供给、多渠道保障、租购并举的住房制度,推进人才安居工程,探索支持利用集体建设用地规划建设租赁住房,提升新城"十四五"时期新增住房中政府、机构和企业持有的租赁性住房比例,在轨道交通站点周边优先规划建设公共租赁住房。

按照规划,南汇新城将新增规划住宅用地总规模约 720 公顷,新增供应住房约 1 600 万平方米,商业设施建筑面积将在五年内达到 100 万平方米。此外,"十四五"时期,南汇新城将新增供应住房约 20 万套。社区周边"15 分钟生活圈"将针对公共服务薄弱领域,以及服务盲点地区,适度超前布局,提供数字化、多样化、高品质、个性化的公共服务供给。

完善租购并举的住房体系。坚持"房住不炒"总体要求,落实稳地价、稳房价、稳预期的目标,促进房地产市场平稳健康发展。注重职住平衡,加大住房供应力度。加快先租后售公租房、公共租赁住房、共有产权房、征收安置住房"四位一体"住房保障体系建设。推进先租后售公租房建设及运营管理机制创新;增加租赁住房供应,新增住房中政府、机构及企业持有的租赁性住房比重不低于30%;优化住宅开发建设的空间布局,在轨道交通站点周边优先规划建设租赁住房;规范发展长期租赁住房市场,逐步使租赁住房和购买住房享有同等权利享受公共服务;探索利用集体建设用地建设租赁住房,重视工业园区租赁住房建设。加强房地产市场监管,建立健全房价与地价联动机制,规范房地产市场运行秩序,促进房地产市场健康可持续发展。

完善多元化的住房供应体系,指导新城住房的合理布局,完善新城大型居住社区功能等政策措施装配。比如,要研究建立人才租赁居住政策,加大新建人才公寓、公共住房等住房供应比例的保障。

7. 医疗卫生类公共服务

基于宏观经济形势,南汇医疗产业发展需关注医疗资源的公共投入增加,市场准入的开放、政府监管的加强也需要得到重视,医疗领域可由此引入更多的民间资金,并不断培育医疗市场,高质量供给的医疗保健服务增加、快速而持续的需求扩张均会推进医疗方面的发展。

南汇将与上海市第六人民医院对接,推进上海市第六人民医院临港院区医疗科研综合楼建设。新建浦东医院临港院区,引入优质中医医疗资源,建设1家中医医院,迁建浦东新区精神卫生中心,新建临港公共卫生中心,推进急救站点补点建设等。做优分级诊疗,加强构建紧密型医联体,打通服务百姓健康的"最后一公里",让人民群众在家门口获得更优质、更高质量的医疗服务。

提升医疗养老服务能级。优化医疗资源布局,建设高品质健康生活引领区。推进书院、四团平安社区卫生服务中心等项目建设。深化临港新片区与市六医院全面战略合作,推进紧密型健康医疗联合体建设。加快全科医生队伍建设,到2025年每千人常住人口中全科医生数达到0.45人。积极引入高水平国际医疗资源,增加差异化、特色化医疗服务供给。新建1所公办养老院,完善社区嵌入式养老服务设施,推进社区综合为老服务中心、长者之家、日间照护、长者助餐点和老年活动室等建设,做实社区"15分钟"养老服务圈。通过将养老与医疗资源有机结合、服务功能有效衔接,推进医养结合发展。

5.4 南汇新城建设独立综合性节点城市的创新性政策支持

综合性节点城市的主要特征是具有较大的独立性、广泛的连通性和较强的辐射性(王丹等,2021),从这一要求看,南汇新城还存在着明显的差距,只有通过创新性政策才能找到具备其特色化的可持续发展道路。

5.4.1 增强发展的独立性,赋予新城更大的发展自主权

南汇新城目前发展过程中面临独立性不足的问题。新城对中心城的依附度较高,尤其是在公共服务、要素投入和基础设施建设等方面对中心城区依赖较大,缺少自我发展的意识和能力。

首先,政府应进一步下放权力,以"新城事、区里办"为导向,进一步深化行政审批制度改革,在规划、土地、投资、民政、物价等方面给予新城更大的建设和管理自主权,改变"郊区"的自我意识和"跑市里"现象。要将自贸试验区和临港新片区的一些改革举措优先推广,积极鼓励新城在政府管理上进行制度创新。

其次,完善科技战略体系,进一步提升独立发展核心产业竞争力。不断提升中国芯、创新药、智能造、蓝天梦、未来车、数据港等硬核产业集群竞争力。在开创自主创新新局面的同时,应加强制度整合、制度创新。大力推进以重点产业为核心的综合改革试点,深化体制改革,推进市场准入、投资建设、生要素流动和产业创新等领域的改革,推进重大制度创新,全面联动,打造南汇一体化改革升级版。

5.4.2 增强发展的连通性,形成专业性功能特色

南汇新城目前存在的第二大问题是连通性不足。当前南汇新城的对外交往和人流、物流、资金流、信息流主要集中在与中心城区的单向联系上,新城与上海周边城市、新城与新城之间联系薄弱。其中,新城与上海市区内之间的通勤联系主要以新城人员在沪中心城,如漕河泾、徐家汇、人民广场、陆家嘴等地就业为主,流入新城的较少,由于新城与周边城市的产业雷同性较为突出、合作基础薄弱,产业跨城协作仍处于起步阶段。

针对这一问题,一是研究制定引导人口向新城流动的政策。支持新城根据新发展定位,结合实际制定重点人才目录,对于目录中的人才实施有力的政策支持。同时应加强人才引进政策,探索出台与中心城区差异化的购房和租赁政策,研究完善租购并举、租售衔接的人才住房政策。在新城产业社区中增加租赁住房、公共空间和服务设施,提升整体品质、促进职住平衡;完善多样、多渠道保障、租购并举的住房制度,推进人才安居工程,探索支持集体建设用地规划建设的途径。提高政府、机构和企业在新城"十四五"规划中的租赁性住房比例,在轨道交通站点周边优先规划建设公共租赁住房。

二是加大资金政策支持,实施新城范围内的"土地出让金返还"政策,加大新城交通基础设施、市政公建配套、改革试点项目市级投资力度和出资比例,研究成立上海新城建设基金和发行上海新城建设特别债券。

三是发展特色产业,根据发展规划纲要,结合南汇的产业发展特色,从顶层设计的视角引导产业发展。南汇新城应充分利用面向大海、海空港齐备的区位条件和临港新片区的政策优势,大力发展以海洋经济为特色的节点城市,争取建成全球海洋经济中心城市。

5.4.3　增强发展的辐射性,实现贸易自由化和便利化

辐射性不足也是南汇新城发展面临的问题之一,近年来,新城主要是以区级行政中心的定位来推进建设,产业功能和服务功能发展仍偏慢,行政化、内敛化发展特征明显,主要为本行政区内的企业和居民服务,面向区域的综合服务能力不足,各种资源要素流量流入大于流出,对周边城市缺乏吸引力、辐射力和带动力。

南汇新城应积极营造公平公正的市场竞争环境,加强对外经济联系。强化竞争政策的基础地位,坚持平等准入、公平监管、公开有序、诚信守法,形成高效、规范、公平竞争的统一市场。完善公平竞争社会监督机制,建立违反公平竞争问题反映和举报绿色通道。努力实现投资自由、贸易自由、资金自由、运输自由、人员从业自由,不断释放制度创新的综合效应,建立制度创新以安全监管为重点的商品贸易监管,体现更高层次的贸易自由化和便利化。

另外,也需要从法律、技术等方面发力。首先从立法的视角消除区域行政壁垒、市场壁垒等,扫清公共服务一体化的最重要障碍;其次从技术视角,加快5G技术、人工智能和智慧城市等先进技术手段在公共服务领域的应用,构建互联互通的信息服务平台,实施智能物联专网建设工程。促进教育、医疗、养老的同等化发展,在机构的设置上推动覆盖周边地区的教育机构协同联盟、医院协同联盟的发展,促进各地区资源自由流动。

参考文献

A. J., Scott, 1986b, Industrialization and Urbanization: A Geographical Agenda, *Annals of the Association of American Geographers*, 76(1):25—31.

Brackertz, N., and Kenley Enley, R., 2002, Evaluating Community Facilities in Local Government: Managing for Service Enablement, *Journal of Facilities Management*, 1(3):283—299.

Colean, M.L., Civic, and Community Construction for the Next Tenyears, *Journal of Finance*, 1960, 15(2):274—277.

Da Silva, D.F.C., J.P., Elhorst and R. Da Mota Silveira Neto, 2017, Urban and Rural Population Growth in a Spatial Panel of Municipalities, *Regional Studies*, 51(6):894—908.

McShane, Ian., 2008, *Bringing in the Public: Community Facilities and Social Value*, Melbourne: Swinburne University of Technology.

Salkin. P., and Lavine. A., 2010, Community Benefits Agreements and Comprehensive Planning: Balancing Community Empowerment and the Police Power, *Social Science Electronic Publishing*, (4):157—216.

Tiebout, C.M., 1956, A Pure Theory of Local Expenditures, *Journal of Political Economy*, 64(5):16—24.

Witten, K., Exeter, D., and Field, A., 2003, The Quality of Urban Environments: Mapping Variation in Access to Community Resources, *Urban Studies*, 40(1):161—177.

《2020 年上海市松江区国民经济和社会发展统计公报》,载《上海市松江区人民政府公报(2020)》。

华夏经纬:《网上海四大历史文化名镇——松江镇》,《魅力中国》2017 年第 7 期。

[美]理查德·佛罗里达:《创意阶级的崛起》,中信出版社 2010 年版。

《加快布局量子信息、类脑芯片、第三代半导体、基因编辑等产业——〈长三角G60科创走廊建设方案〉发布》,《上海质量》2021年第4期。

《青浦区学校德育综合改革》,《现代教学》2021年第Z2期。

《上海市国民经济和社会发展第十四个五年规划和二○三五年远景目标纲要》,《解放日报》2021年1月30日第5版。

《上海市松江区人民政府与腾讯签署战略合作协议》,《军民两用技术与产品》2020年第4期。

《上海松江:探索"好邻居"服务体系＋加快提升农村公共服务水平》,《中国经贸导刊》2021年第4期。

《松江,上海文化之根中华文明之源》,《文汇报》2014年6月12日第4版。

《长三角一体化示范区2021年65个重大项目敲定》,《上海质量》2021年第2期。

白瑾:《公园化、人性化、科技化——台湾科学园区规划经验》,《世界建筑》2000年第7期。

《上海农村经济》记者:《创新成为高质量发展的强大动能——松江G60科创走廊推动区域经济大发展》,《上海农村经济》2018年第11期。

陈劲、阳银娟:《协同创新的理论基础与内涵》,《科学学研究》2012年第2期。

陈劲松主编:《新城模式:国际大都市发展实证案例》,机械工业出版社2006年版。

陈萍:《城市经济发展理论与实践》,经济管理出版社2009年版。

陈群民、吴也白、刘学华:《上海新城建设回顾、分析与展望》,《城市规划学刊》2010年第5期。

陈天、孙鼎文、李阳力、臧鑫宇:《生态新城公共服务设施空间布局——以中新天津生态城为例》,《科技导报》2021年第39卷第4期。

陈小华:《深化人事制度改革努力办人民满意教育》,《上海教育》2020年第33期。

党秀云:《民族地区公共服务体系创新研究》,人民出版社2009年版。

冯洁:《滨海地区远郊新城规划发展路径探索——以上海市南汇新城为例》,《城市建筑》2019年第16卷第5期。

高先华:《松江新城城市功能优化与提升研究》,电子科技大学2011年硕士学位论文。

郭岚:《上海郊区新城发展研究》,《上海经济》2016年第1期。

哈利·邓·哈托格主编:《上海新城:追寻蔓延都市里的社区和身份》,同济大学出版社 2013 年版。

韩峰、李玉双:《产业集聚、公共服务供给与城市规模扩张》,《经济研究》2019年第 11 期。

何红:《探究我国宏观经济形势及产业发展战略》,《产业科技创新》2019 年第 1 期。

何鹏:《嘉定新城:规划导引最佳城市实践区》,《城乡建设》2013 年第 6 期。

胡晓玲:《企业、城市与区域的演化与机制》,东南大学出版社 2009 年版。

黄娟:《从规划土地管理视角对上海乡村振兴的若干思考——以松江区为例》,《上海农村经济》2020 年第 5 期。

姜浩峰:《五个新城,新在哪里?》,《新民周刊》2021 年第 5 期。

金璐:《推动长三角一体化高质量发展要立足乡村特点——上海市青浦区的探索与思考》,《上海农村经济》2020 年第 12 期。

莱斯特·M.萨拉蒙:《全球公民社会:非营利部门视界》,社会科学文献出版社 2002 年版。

李春成:《70 年来我国跨区域协同创新发展历程与展望》,《科技中国》2019 年第 10 期。

李佳炜:《基本公共服务均等化研究综述》,《西部学刊》2020 年第 23 期。

李秀元:《以海纳百川的城市文化品质提升海派新形象——以上海青浦区为例》,《江南论坛》2021 年第 3 期。

李雪娇:《打造工业互联网新高地——访上海市青浦区科委主任张宏洲》,《经济杂志》2021 年第 3 期。

林华:《关于上海新城"产城融合"的研究——以青浦新城为例》,《上海城市规划》2011 年第 5 期。

林华:《长三角视野下的环淀山湖地区发展研究》,《上海城市规划》2010 年第 5 期。

刘潇忆:《基于专利数据的 G60 科创走廊创新空间溢出效应研究》,上海师范大学 2020 年硕士学位论文。

卢为民:《工业园区转型升级中的土地利用政策创新》,东南大学出版社 2014 年版。

茅冠隽:《"顶流"布局:新城建设的上海路径》,《决策》2021 年第 7 期。

梅瑶卿:《城市生态廊道设计提升探究——以上海市青浦区天马生态廊道项目

为例》，《现代园艺》2021年第6期。

钱智、吴也白、朱咏、宋清：《长三角G60科创走廊产业协同创新中心建设调研报告》，《科学发展》2021年第2期。

青浦区：《"建管养运"同步提升——绘就"四好农村路"发展新蓝图》，《中国公路》2020年第23期。

汝刚、梅晓颖、刘慧：《以科创走廊探索科技创新协同发展新模式——基于G60科创走廊协同创新的理论分析》，《上海经济》2018年第2期。

上海社会科学院课题组：《提升郊区新城综合性节点城市功能的举措研究》，2020年专项课题。

上海市规划和国土资源管理局、上海市嘉定区规划和土地管理局、上海市城市规划设计研究院：《提升城市功能，优化空间布局——〈上海市嘉定新城主城区总体规划修改（2009—2020年）〉介绍》，《上海城市规划》2010年第5期。

上海市人民政府：《上海市城市总体规划（2017—2035）》，上海科学技术出版社2018年版。

上海市人民政府发展研究中心课题组、周振华、陈群民：《上海郊区新城建设状况评估》，《科学发展》2013年第5期。

宋杰：《上海"五大新城"谁能率先冲到"C位"》，《中国经济周刊》2021年第7期。

汤玉刚、陈强、满利苹：《资本化、财政激励与地方公共服务提供——基于我国35个大中城市的实证分析》，《经济学（季刊）》2016年第1期。

陶希东：《国际化大都市建设中的郊区新城发展政策》，《科学发展》2009年第2期。

田明：《中国就业结构转变与城市化》，科学出版社2008年版。

仝德、戴筱颀、李贵才：《打造全球城市——区域的国际经验与借鉴》，《国际城市规划》2014年第2期。

王丹、彭颖、柴慧、谷金、郑露荞：《上海五大新城打造独立综合性节点城市研究》，《科学发展》2021年第4期。

王剑锋：《上海嘉定新城：谋划产城融合新格局》，《经济杂志》2016年第18期。

王擅文：《上海青浦：服务"六稳""六保" 护航民企发展》，《方圆》2021年第1期。

王少青：《G60科创走廊人工智能产业发展调研分析》，《科技创业月刊》2020年第9期。

王肖惠、陈爽、姚士谋、张殷俊:《长三角新城区资源利用效率与环境可持续性评估研究》,《人文地理》2017年第4期。

王新雅、刘伟:《长三角一体化示范区建设产业共同体现状及对策研究》,《新经济》2021年第6期。

王兴平:《中国城市新产业空间——发展机制与空间组织》,科学出版社2005年版。

王振:《五大新城发力　构建上海城乡融合发展新格局》,《上海农村经济》2021年第4期。

吴薇:《上海市松江区基本公共服务满意度研究》,上海交通大学2018年硕士学位论文。

夏骥:《上海郊区新城的历史演变与未来发展》,《科学发展》2020年第11期。

夏南凯:《节点之上,松江新城要建设城市副中心》,《澎湃新闻》2021年4月7日。

夏怡然、陆铭:《城市间的"孟母三迁"——公共服务影响劳动力流向的经验研究》,《管理世界》2015年第10期。

谢东升:《新城建设中的产城融合路径研究——以嘉定新城为例》,上海交通大学2014年硕士学位论文。

徐仙:《上海"一网通办"政务服务研究——以松江区为例》,华东政法大学2019年硕士学位论文。

许耀桐:《决策公开是高端的政务公开》,《中国人口报》2015年8月7日第3版。

晏龙旭、王德、张尚武:《城市中心体系研究的理论基础与分析框架》,《地理科学进展》2020年第9期。

尹栾玉:《基本公共服务:理论,现状与对策分析》,《政治学研究》2016年第5期。

俞玮:《上海"五大新城"新一轮商业发展的思考》,《上海商学院学报》2021年第2期。

张捷、赵民:《"理想城市"的理性之路——论新城百年实践及我国未来的新城建设》,同济大学出版社2017年版。

张捷、赵民:《新城规划的理论与实践:田园城市思想的世纪演绎》,中国建筑工业出版社2005年版。

张婷:《推进生态文明建设　助力乡村振兴——上海市青浦区的探索与实践》,

《上海农村经济》2021 年第 3 期。

张晓伟、罗小龙、刘豫萍、许骁:《公共服务设施在产城融合中的作用——以杭州市大江东新城为例》,《城市问题》2016 年第 3 期。

张悦文:《特色产业引导下的空间组织创新——以上海松江科技影都为例》,载2019 年中国城市规划学会、重庆市人民政府《活力城乡美好人居——2019 中国城市规划年会论文集》。

张珍、徐磊青、郭蓉春、赵蔚:《新城社区公共服务设施的供需矛盾与优化策略研究——以南汇新城为例》,《城市建筑》2018 年第 36 期。

长三角 G60 科创走廊金融服务体系专题研究课题组、黄敏:《金融服务长三角G60 科创走廊发展的实践与展望》,《金融纵横》2020 年第 8 期。

赵维良、韩增林:《城市网络:形态、功能及治理》,《当代经济管理》2016 年第 38卷第 3 期。

周绍杰、王洪川、苏杨:《中国人如何能有更高水平的幸福感——基于中国民生指数调查》,《管理世界》2015 年第 6 期。

周振华:《全球城市:演化原理与上海 2050》,格致出版社 2017 年版。

周振华:《城市转型与服务经济发展》,格致出版社 2009 年版。

周振江、石义寿:《世界知名创新走廊的发展经验与启示》,《科技创新发展战略研究》2020 年第 4 卷第 2 期。

朱龙铭:《嘉定新城建设迈出新步伐》,《上海农村经济》2009 年第 7 期。

图书在版编目(CIP)数据

2022 上海城市经济与管理发展报告：上海五大新城
打造独立综合性节点城市研究/上海财经大学上海发展
研究院等编.—上海：格致出版社：上海人民出版社，
2022.8
（自贸区研究系列）
ISBN 978 - 7 - 5432 - 3335 - 5

Ⅰ.①2… Ⅱ.①上… Ⅲ.①城市经济-经济管理-
研究报告-上海-2022 Ⅳ.①F299.275.1

中国版本图书馆 CIP 数据核字(2022)第 101561 号

责任编辑 唐彬源 程 倩
装帧设计 路 静

自贸区研究系列

2022 上海城市经济与管理发展报告
——上海五大新城打造独立综合性节点城市研究

上 海 财 经 大 学 上 海 发 展 研 究 院
上 海 财 经 大 学 城 市 与 区 域 科 学 学 院
上海市政府决策咨询研究基地"赵晓雷工作室" 编
上海市教育系统"赵晓雷城市经济与管理工作室"

出　　版　格致出版社
　　　　　上海人民出版社
　　　　　（201101　上海市闵行区号景路 159 弄 C 座）
发　　行　上海人民出版社发行中心
印　　刷　商务印书馆上海印刷有限公司
开　　本　787×1092　1/16
印　　张　14
插　　页　2
字　　数　250,000
版　　次　2022 年 8 月第 1 版
印　　次　2022 年 8 月第 1 次印刷
ISBN 978 - 7 - 5432 - 3335 - 5/F · 1439
定　　价　59.00 元